화폐와 통화정책

안재욱

Money and
Monetary Policy

박영사

경제학, 특히 거시경제학의 궁극적 목표는 사회 전체의 부를 증대시키는 데 있다. 어떻게 하면 경제가 안정적으로 성장하여 국가가 번영할 수 있느냐의 문제를 다뤄야 한다. 자본주의 시장경제가 도입된 이후 인류의 삶이 풍요로워졌고, 자본주의 시장경제체제로 간 나라들은 모두 풍요와 번영을 누렸지만, 그 반대방향으로 간 국가들은 망하거나 곤경을 겪었다. 이런 역사적 사실에 비춰 볼 때 자본주의 시장경제체제가 국가 번영의 필수조건임은 분명하다.

그럼에도 불구하고 그 시장경제체제에서 국가 경제가 안정적으로 성장했는지에 대해서는 의문이 남는다. 왜냐하면 1930년대 대공황과 2008년 금융위기에서 보듯이 호황과 불황이 반복되는 경기순환이 발생했고, 그 과정에서 많은 사람들이 고통을 겪었기 때문이다. 경기순환을 파헤쳐보면 경제가 안정적으로 성장하지 못하는 근원에는 화폐가치의 불안정성이 자리하고 있다. 경제의 불안정성은 1971년 브레튼우즈 체제가 붕괴되면서 중앙은행이 무분별하게 화폐를 발행할 수 있는 불환화폐(fiat money)시스템으로 전환한 이후 더욱 심해졌다.

국가 번영의 초석인 시장경제가 원활하게 작동하기 위해서는 화폐가치 안정이 필수다. 어떻게 하면 화폐가치가 안정될 수 있는지를 이해하기 위해서는 화폐가 정확히 무엇인지, 화폐가 경제에서 어떤 역할을 하는지, 그리고 통화정책이 화폐가치와 경제에 어떻게 영향을 미치는지에 대한 확실한 이해가 필요하다. 이 책은 그러한 목적을 위해 지난 30여 년간 경희대학교 경제학과에서 화폐금융을 강의한 내용과 여러 단체 및 기관에서 특강한 내용들을 바탕으로 썼다.

이 책에는 화폐가 무엇인지, 화폐가 어떻게 생성·변천하여 왔는지, 화폐를 어떻게 다루어야 하는지에 대한 내용이 포함되어 있다. 또 화폐를 다루는 것과 관련하여 중앙은행의 역할과 통화정책을 검토하고, 화폐와 관련된 최근의 이슈들을 분석하고 있다. 뿐만 아니라 이자율의 개념과 이자율 이론, 인플레이션 문제, 경기순환과 금융위기가 왜 발생하는지를 다루고, 경제를 안정화시킬 수 있는 방안과 제도를 제시하고 있다.

이 책을 쓰게 된 배경은 한국의 사정과 환경을 바탕으로 한 화폐금융 교과서가 매우 희소한 데에 있다. 현재 대학에서 사용되고 있는 화폐금융의 교과서는 대부분 미국의 원서나 그것의 번역본들이다. 사실 저자도 원서를 주 교재로 삼고 한국의 경우와 연계하면서 강의해왔다. 강의를 하면서 항상 우리의 환경과 시스템이 기본이 되는 교과서가 필요하다

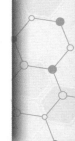

는 생각을 해왔다. 그런 생각 하에 우리나라 중앙은행인 한국은행의 통화정책을 주로 검토했으며, 우리나라 주요 금리에 대해 서술했다.

또 미시경제학과 거시경제학을 따로따로 알고 있는 사람들이 많은데 그러한 괴리를 줄여주기 위해 쓴 것이 이 책을 쓰게 된 또 다른 목적이다. 경제원리는 미시경제학이나 거시경제학이나 같아야 한다. 경제에서 가장 중요한 것이 가격과 시장과정이다. 그럼에도 불구하고 많은 교과서들이 미시경제에서는 이 점을 강조하다가 거시경제에 들어오면 고전학파, 케인즈학파, 통화주의 등등을 따지면서 이러한 개념들이 사라진다. 그러다 보니 많은 사람들이 미시경제와 거시경제를 전혀 다른 것으로 이해한다. 이 간극을 연결해주며 다리의 역할을 하는 것이 화폐다. 모든 재화와 서비스의 가격이 화폐로 표시되기 때문에 가격이론과 시장과정을 화폐에 적용해 거시경제를 설명할 수 있다. 본 책은 가격이론과 시장과정에 기초해서 썼다.

학생들이 경제학을 기피하고, 경제학이 대중으로부터 멀어지는 가장 큰 이유 중의 하나가 경제학이 수학을 이용한 복잡한 모형을 사용하고 있는 점이다. 이 점을 고려하여 이 책은 화폐금융에 대한 이해와 접근을 용이하게 하기 위하여 수학적 모형을 지양하고 주로 서술형식을 사용해서 썼다. 꼭 필요한 경우에만 아주 간단한 수식을 사용했다. 본 책은 화폐와 통화정책에 대해 관심을 갖고 진지하게 공부하고 연구하고자 하는 학부생, 대학원생, 일반인뿐만 아니라 정책수립자들에게도 많은 도움이 될 것으로 믿는다.

이 책은 크게 3부로 구성되어 있다. 제1부는 제1장에서 3장까지로 화폐금융을 이해하는 데 필요한 기초적인 내용을 다룬다. 제2부는 제4장에서 8장까지로 이자율과 화폐의 이론을 다루고, 제3부는 제9장부터 12장까지이며 중앙은행과 통화정책을 다룬다.

제1장에서 화폐의 중요성을 설명한다. 시장경제의 본질과 원리를 소개하며, 가격의 기능에 대해서 설명한다. 그리고 왜 시장경제에서 화폐가 중요한지 논의한다.

제2장에서는 화폐의 기원과 변천에 대해 서술한다. 물품화폐, 금속화폐, 주화, 은행권(태환권), 불환화폐(fiat money), 전자화폐(electronic money), 암호화폐(cryptocurrency)에 이르기까지 화폐가 어떻게 진화해왔는지 설명한다. 최근 이슈가 되고 있는 비트코인(Bitcoin), 중앙은행디지털화폐(CBDC)를 다룬다.

제3장에서는 화폐의 가치, 또는 화폐의 가격이 무엇인지를 논의하고, 경제 내의 화폐량을 어떻게 측정하는지를 설명한다.

제4장에서는 이자율의 개념과 이론에 대해 서술한다. 시간선호 개념을 바탕으로 이자가 왜 발생하는지를 설명하고, 이자율이 어떻게 결정되는지에 대한 이론을 제시한다. 그리고 시간선호를 근간으로 하여 형성되는 자연이자율과 현실에서의 이자율 간의 관계를 논의한다. 또한 실제에 있어서 금융수단에 따른 이자율 계산방법을 제시하며, 우리나라의 주요 금리에 대해 설명한다.

제5장의 내용은 화폐의 공급에 관한 것이다. 은행을 통한 신용화폐 창출과정과 통화승수 모형을 설명하고, 그와 관련해서 경제 내에 화폐가 어떻게 공급되는지를 다룬다.

제6장에서는 화폐에 대한 수요를 다룬다. 화폐수요에 영향을 미치는 요인을 분석하고, 화폐수량이론, 케인즈의 유동성 선호설, 프리드먼의 화폐수요이론을 검토한다.

제7장의 주제는 화폐와 인플레이션이다. 인플레이션이 발생하는 요인을 설명하고, 인플레이션이 경제에 미치는 효과에 대해 분석한다. 또한 화폐의 공급과 화폐에 대한 수요가 불균형을 이룰 경우 발생하는 상대가격 변화와 그에 따른 소득재분배와 소득 및 부의 불평등 문제를 다룬다.

제8장에서는 오스트리안 경기순환이론(ABCT: Austrian Business Cycle Theory)을 바탕으로 붐−버스트(bomm−bust)와 같은 경기순환이 왜 발생하는지를 설명한다. 그리고 오스트리안 경기순환이론과 기존의 경기순환이론, 즉 케인즈 경제학, 통화주의 경제학, 새고전학파 경제학, 실물경기변동(Real Business Cycle Theory)을 비교·검토한다.

제9장에서는 중앙은행과 통화정책에 대해 논의한다. 중앙은행의 기원에 대해서 알아보고 중앙은행의 통화정책의 목표와 수단, 그리고 통화정책 운영체계에 대해 설명한다. 우리나라의 중앙은행인 한국은행의 연혁을 살펴보고, 한국은행의 대차대조표를 이용하여 한국은행의 자산과 부채를 검토한다. 그것을 이용하여 통화정책이 구체적으로 어떻게 이뤄지는지를 설명한다. 한국은행의 통화정책 목표와 그 목표를 수행하기 위해 한국은행이 사용하는 통화정책 수단에 대해 논의한다.

제10장에서는 한국은행이 통화정책을 실제로 어떻게 운영하고 있는지에 대해 서술한다. 기준금리 목표 설정과 정해진 목표 기준금리를 달성하기 위해 한국은행이 어떻게 통화정책 수단을 사용하는지에 대해 설명한다.

제11장은 통화정책 운영 방식에 대해 논의한다. 이자율목표를 할 것인지, 통화량목표를 할 것인지에 대해 논의한다. 그리고 중간목표, 또는 명목기준지표로 활용되는 통화량목표제, 인플레이션목표제, 명목GDP목표제를 검토하며 이들의 장단점을 분석한다. 또한 2008년 금융위기 이후 많은 국가들이 사용한 비전통적인 통화정책(unconventional monetary policy)인 양적완화(quantitative easing)에 대해 논의하며, 마이너스 금리정책(negative interest rate policy)의 효과와 중앙은행디지털화폐(CBDC)가 통화정책에 미치는 효과에 대해 분석한다.

마지막으로 제12장에서는 경제를 안정시키는 데 있어서 중앙은행이 가지고 있는 한계를 논의하고, 중앙은행의 대안으로 금본위제와 화폐의 민영화(민간화폐제도)를 검토한다. 금본위제와 민간화폐제도의 실현가능성에 대해 논의하면서 현재의 중앙은행제도 하에서 화폐가치를 안정시키고 경제를 안정시킬 수 있는 통화정책의 개혁 방안을 제시한다. 끝으로 이 책의 핵심내용을 요약 정리한다.

이 책을 저술하는 데 있어서 가장 많이 참고한 문헌은 저자가 지금까지 <화폐금융론>을 강의할 때 주교재로 사용해왔던 J. Huston McCulloch의 *Money and Inflation*, 안재욱의 『시장경제와 화폐금융제도』, 한국은행이 발행한 『한국의 통화정책』이다. 또 Ludwig von Mises의 *The Theory of Money and Credit*, Jesus Huerta De Soto의 *Money, Bank Credit, and Economic Cycle*, Frederic Mishkin의 *The Economics of Money, Banking, and Financial Markets* 역시 이 책을 저술하는 데 많은 도움이 되었다. 이 책을 저술하는 데 이외에도 다양한 문헌들의 도움을 받았다. 기타 문헌들은 책 말미에 있는 <참고문헌>에 표기했다. 이런 문헌들이 없었다면 이 책이 나오기가 어려웠으며, 모든 저자들에게 경의와 감사를 표한다.

그리고 이 책의 출판을 적극 지지해주신 박영사의 안종만 회장님과 안상준 대표님, 조성호 이사님께 깊은 감사의 말씀을 드린다. 끝으로 편집과 교정을 맡아 수고하신 조보나 편집위원님과 모든 제작진 여러분께 깊이 감사드린다.

2022년 1월
저자 안재욱

차
례

화폐의 중요성

화폐는 경제의 중심이다. 모든 거래가 화폐를 통해 이루어지기 때문이다. 사물의 중심이 흔들리면 사물 전체가 흔들리고 중심을 잃으면 사물이 쓰러지고 붕괴되듯이 경제의 중심인 화폐가치가 흔들리면 경제가 흔들리고 심하면 붕괴된다. 경제의 중심인 화폐가 제 역할을 하기 위해서는 화폐공급이 안정적으로 이루어져 화폐가치가 안정적으로 유지되어야 한다. 그래야 시장이 왜곡되지 않고 경제가 안정적으로 성장한다.

인류역사에서 누구도 부인할 수 없는 두 가지 역사적 사실이 있다. 첫째는 영국의 산업혁명 이후 자본주의 시장경제가 도입된 이후 인류의 삶이 비약적으로 발전했고, 둘째는 자본주의 시장경제체제로 간 나라들은 모두 풍요와 번영을 누렸지만 그 반대 방향으로 간 나라들은 망하거나 곤경을 겪었다는 사실이다. 이 시장경제가 제대로 유지발전하기 위해서는 적어도 3가지 조건을 갖춰야 한다. 첫째, 사유재산권보장, 둘째, 자유경쟁, 셋째는 화폐가치 안정이다.[1] 화폐가치 안정이 왜 중요한지 자세히 살펴보기로 하자.

I. 시장경제의 본질

시장경제의 본질은 자발적 교환을 통한 사회적 협동이다. 우리는 우유를 마시기 위해 아파트에서 젖소를 기르지 않는다. 사실 그럴 필요도 없다. 나의 특성과 능력을 고려하여 가장 관심 있고 잘하는 일을 선택하여 거기에서 얻는 소득으로 슈퍼에 가서 우유를 사서 마시면 된다. 이것은 우리가 우유를 생산하는 사람과 협동하며 살아간다는 것을 말해준다. 다시 말하면 우리는 분업을 통해 서로 교환

---

[1] 시장경제에 대한 자세한 것은 안재욱(2006)을 참고하기 바람.

하며 협동하며 살아가는 것이다. 이것이 인간사회다.

인간사회가 분업을 통한 협동사회가 된 이유는 개개인의 능력과 선호, 개성이 각기 다른 데에 있다. 개개인의 능력과 선호, 그리고 개성이 다른 경우 개인들이 고립하여 활동하기보다는 서로 다른 일을 하며 협력하는 것이 모두에게 이익이다. 각자 가장 잘할 수 있는 일을 하면 모두가 동일한 일을 하는 것보다 사회 전체적으로 보다 많은 것을 생산할 수 있고 각자가 향유할 수 있는 몫이 늘어난다. 만약 자급자족이 더 이익이었다면 지금 우리 모두는 자기 자신에게 필요한 모든 것을 스스로 생산하여 소비하는 자급자족사회에 살고 있을 것이다.

한 사람이 사냥하면 잡을 수 없는 동물도 두 사람 이상이 협동하면 보다 쉽게 잡을 수 있었을 것이다. 한 사람은 뒤에서 몰고 다른 한 사람은 길목을 지키고 있다가 잡는다면 한 사람이 쫓아가면서 잡는 경우보다 훨씬 더 많이 사냥할 수 있었을 것이다. 이 점을 발견하고 가족 혹은 원시부족사회에서 구성원 각자가 상대적으로 가장 잘할 수 있는 일, 즉 비교우위가 있는 일에 특화하고 협동하였을 것이다. 사회구성원의 수가 커질수록 협동하여 이익을 얻는 기회가 많아졌을 것이다. 그래서 사람의 수가 늘어나고 협동이 다른 공동체로 확대됨에 따라 개인의 능력과 관심을 이용하여 특화할 기회가 더욱 늘어나고 분업이 더욱 확대되었다. 이로 인해 기술이 더욱 발전하고, 효율성이 증대되었으며, 생산이 늘고 사람들이 보다 많은 시간을 휴식, 오락, 사색에 쓸 수 있게 되어 사람들의 생활이 넉넉해지고 윤택해졌다. 협동하는 사람과 공동체의 수가 증가할수록 특화와 교환의 범위가 확대되었다.

시장은 사람들이 자신의 노동력과 생산물을 서로 교환하며 협동하는 과정에서 자연스럽게 형성되어 발달하였다. 따라서 자발적 교환을 통한 사회적 협동이 시장경제의 본질이며, 비교우위와 특화, 그리고 시장은 인류의 생활에서 자연스럽게 생성된 것이지 누가 발명해 낸 것이 아니다. 우리가 구매하는 최종소비재를 보면 시장경제의 본질이 자발적 교환을 통한 협동임을 알 수 있다. 간단한 예로 연필의 경우를 보자. 연필이 만들어져 우리의 손에 들어오기까지 수많은 단계를 거친다. 우선 산에서 나무가 베어지고 그 나무가 공장으로 운송되어 연필 크기로 잘린다. 그리고 연필심에 필요한 흑연이 광산에서 캐지고 그것이 공장으로 운송된다. 연필 크기로 자른 나무에 연필심을 넣고 겉에 색을 입힌다. 이 과정에서 각 단계마다 그에 맞는 전문인들의 노력이 들어 있다. 결국 연필은 수많은 전문인들의 협동의 산물이다. 연필만이 아니다. 우리가 사용하고 있는 모든 재화는 연필의 경우처럼 수많은 사람들의 협동에 의해 만들어지는 것이다.

뿐만 아니라 우리 자신의 생활에서 우리는 수많은 사람들과 명시적으로 암묵적으로 약속하고 계약을 하며 서로 협동하고 있다는 사실을 알 수 있다. 우리는 자신을 고용한 사람, 집주인, 식품점, 의류상, 의사, 은행원 등과 계약을 하고 거래를 하며 산다. 마찬가지로, 우리가 계약을 맺고 거래하는 고용인, 집주인, 식품점, 의류상, 의사, 은행원은 또 다른 고용인, 집주인, 식품점, 의류상, 의사, 은행원 등과 계약을 하고 거래를 하며 산다. 이처럼 인간사회는 복합적으로 관계되어 있고 알게 모르게 서로 협동하며 살고 있다.

2. 시장경제의 작동원리

■ 가격시스템

시장경제의 본질인 자발적 교환과 사회적 협동은 가격시스템을 통해 이뤄진다. 가격을 보고 소비자는 소비결정을 하고 생산자는 생산결정을 한다. 오렌지 주스 한 캔의 가격이 1,000원이라면 소비자는 자신의 지갑에 들어 있는 1,000원과 비교하여 오렌지 주스를 사 마실지 아닐지를 결정한다. 자신의 1,000원이 오렌지 주스 한 캔보다 더 가치가 있다고 생각하면 오렌지 주스를 사 마시지 않을 것이고, 오렌지 주스 한 캔이 자신의 1,000원보다 더 가치가 있다고 생각하면 사 마실 것이다. 한편 생산자는 오렌지 주스 가격을 보고 오렌지 주스를 어떻게 생산할지 결정할 것이다. 다시 말하면 생산자는 한 캔에 1,000원 하는 오렌지 주스 캔을 만드는 데 백금을 사용하지 않을 것이다. 백금 가격이 비싸서 백금을 사용하면 수지가 맞지 않기 때문이다. 그래서 그는 값이 싼 종이팩이나 페트병을 사용할 것이다. 이렇게 가격은 소비자가 무엇을 얼마나 구매할지, 그리고 생산자에게는 재화를 얼마나 어떻게 생산할지에 대한 정보를 제공한다.

가격변화는 소비변화와 생산변화를 유발한다. 예를 들어 티셔츠의 가격이 오르면 그 가격 상승은 기업들이 티셔츠를 더 많이 생산하는 것이 이익이 된다는 정보를 제공하여 기업들로 하여금 티셔츠를 더 많이 생산하도록 한다. 티셔츠

한 벌당 더 높은 가격을 받기 때문에 기업들은 생산을 늘린다. 만일 이 가격 상승이 일시적이 아닌 지속적인 것이라면 새로운 기업들이 티셔츠 생산에 진입할 것이다. 한편 티셔츠 가격 상승은 소비자들에게는 티셔츠의 소비를 줄이는 유인을 준다.

그리고 티셔츠 가격이 상승함에 따라 티셔츠를 더 생산하기 위해서는 옷감과 염색과 노동이 더 필요하다. 자연히 더 많은 옷감과 염료, 그리고 노동이 티셔츠 생산에 더 투입되게 된다. 다른 곳에 쓰일 수 있는 자원이 티셔츠 생산으로 이동된다. 그 과정에서 자원배분과 소득분배가 자연스럽게 이루어진다. 티셔츠 가격이 상승하고 생산이 증가함에 따라 티셔츠를 생산하는 기업과 그에 종사하는 근로자들은 전보다 더 많이 벌 것이다. 또한 티셔츠를 만드는 데 필요한 옷감, 염료 등과 같은 원자재의 가격도 상승할 것이다. 옷감과 염료 가격의 상승은 옷감과 염료의 생산이 증가해야 한다는 신호를 주고, 그에 따라 옷감과 염료를 제조하는 기업의 수입과 그 노동자들의 임금은 상승하게 된다.

이렇게 가격은 사람들에게 정보를 전달하고, 유인을 제공하며, 자원 및 소득분배 기능을 수행함으로써 자원이 최적으로 사용될 수 있도록 조정, 통제한다. 이런 과정을 통해 시장이 움직이고, 그 과정에서 자발적 교환이 이뤄지고 사회적 협동이 이뤄진다.

■ 사유재산과 가격시스템

앞의 소비자와 생산자의 결정은 경제계산(economic calculation)에 따른 것이다. 경제계산은 기대편익과 기대비용을 비교하는 것을 말한다. 사람들은 경계계산을 바탕으로 어떤 교환을 어떻게 할지, 또 어떤 생산을 어떻게 할 것인지를 결정한다. 앞에서 말한 것처럼 이런 경제계산은 재화와 서비스에 대한 가격정보가 있어야 가능하다. 그런데 가격정보는 사유재산이 있어야 가능하다. 소유한 것이 아무것도 없으면 교환할 것이 없기 때문에 교환이 일어나지 않으며 가격도 형성되지 않는다. 요컨대 가격시스템이 형성되고 그것을 바탕으로 사람들이 경제계산을 하여 소비와 생산, 교환함으로써 사회적 협동이 이뤄지기 위해서는 기본적으로 사유재산이 존재해야 한다.

이런 점에서 사유재산이 허용되지 않는 사회주의는 망할 수밖에 없다. 사회주의는 생산요소를 국가가 소유해서 생산요소에 대한 사유재산권이 없으므로 생산요소가 교환되지 않는다. 생산요소가 교환되지 않기 때문에 그 가치가 알려질 수 있는 방법이 없다. 즉 시장정보인 가격이 형성될 수 있는 방법이 없다. 각종 생산요소의 가격이 없기 때문에 생산요소를 사용하여 제품을 만드는 사람은 여러 가지 제작 방법 중에서 어떤 방법이 상대적으로 더 저렴한지에 대한 판단을 할 수가 없다. 다시 말하면 경제계산이 불가능하다. 미제스는 사유재산 부재에 따른 가격 부재로 인해 경제계산이 불가능하기 때문에 사회주의가 실패할 수 없다고 하였다.[2]

가격시스템 부재로 인한 경제계산이 불가능하기 때문에 자원이 비효율적으로 사용될 수밖에 없다. 앞에서 본 것처럼 시장가격들은 희소한 자원에 대한 정보를 전달하고 경제 활동을 효율적으로 조정한다. 가격에는 경제적 효율성을 향상시킬 인센티브가 있는 경제정보가 내포되어 있다. 그러나 사회주의에서 정부가 가격을 책정한다. 정부가 책정한 가격은 소비자의 욕구와 선호가 전혀 반영되지 않은 것으로서 자원 공급의 변화에 대한 잘못된 정보를 제공하게 된다. 그래서 사회주의 국가에서는 기업이 자원을 효율적으로 사용하는지, 소비자를 잘 만족시키는지에 대한 성과를 정확하게 측정할 장치가 없다. 기업의 성과는 중앙계획 당국이 내린 명령을 잘 이행했는지 여부에 의해 평가된다. 그러다 보니 쓸모없는 재화의 생산으로 인해 귀중하고 희소한 자원이 끊임없이 낭비된다. 예를 들어 정부가 신발생산 목표량을 정하고 각 공장에 생산량을 할당하면 공장장은 디자인은 고사하고 소비자에게 가장 잘 맞는 사이즈가 어떤 것인지를 고려하지 않은 채 수량만 채워서 만든다. 이러한 제품에서 소비자는 전혀 만족을 얻을 수 없다. 공장에서 만든 신발이 발에 맞는 발의 크기를 가진 사람은 다행이지만, 대부분의 경우는 그렇지 않다. 신발이 어떤 사람에게는 너무 크고 어떤 사람에게는 너무 작은 문제가 발생한다. 신발의 경우처럼 경제 전반에 걸쳐 많은 귀중한 자원들이 쓸모없는 재화를 만들어지는 데 허투루 사용되면서 경제가 쇠퇴하며 결국 망하게 되는 것이다.

---

2) Ludwig von Mises는 1920년 "Economic Calculation in the Socialist Commonwealth"에서 사회주의는 사유재산의 부재에 따른 가격시스템이 없어 경제적 계산이 불가능해 사회주의는 실패할 수밖에 없음을 주장했음.

■ **가격통제의 효과**

사회주의와는 정도가 덜할지라도 가격이 통제되거나 정부에 의해 간섭받는다면 가격이 정확한 정보를 전달하지 못한다. 기업가의 예측성을 높이는 데 필요한 정보전달과정이 방해받고, 그리하여 균형으로 가는 것이 방해받는다. 간섭이 커질수록 정보는 부정확해지고 경제적 조정이 되지 않으며 욕구충족이 되지 않는다. 그래서 시장이 파괴되고 교환 활동이 줄게 되어 경제성장이 파괴된다.

예를 들어 정부가 가난한 사람들을 위해 주택가격 혹은 임대료를 통제한다고 하자. 그렇게 되면 임대주택의 부족현상이 발생해 정부가 도움주려고 했던 사람들이 오히려 피해를 입는다. 임대료가 시장가격 이하로 통제되면 그렇지 않을 경우보다 더 많은 사람들이 임대주택을 원한다. 시장가격으로는 생각도 못할 아파트를 얻을 수 있게 되기 때문에 더 많은 사람들이 집을 원하고 또 더 넓은 집을 원하게 된다. 그러나 임대료가 낮기 때문에 새로 건물을 짓는 것이 수익성이 없어져 신축건물이 감소한다. 또 집주인들이 임대하기보다는 자신들이 직접 살거나 낡은 집을 수리하지 않아 공급이 감소한다. 그리하여 전체적으로 임대주택의 공급이 수요를 충족시킬 만큼 증가하지 못한다. 임대료 통제로 집을 구하는 데 어려움을 겪는 사람들은 다른 방법을 이용하여 지불하려고 한다. 대기자 명단에서 앞 번호를 받기 위해 집주인에게 뇌물을 주는 것이 한 방법이다. 이러한 것이 포함된 소비자의 실제 비용은 불법행위가 적발될 위험의 비용이 추가되기 때문에 자유시장에 의해 형성되었을 가격보다 훨씬 높다. 또 집주인이 인종, 성별 등 요인으로 주택을 임대하려는 사람을 쉽게 차별할 수 있다. 그리고 집주인이 비용을 줄이기 위해서 유지보수하지 않아 주택의 질적 저하가 초래된다. 결국 가난한 사람을 위한 임대료 통제가 오히려 가난한 사람으로 하여금 다 허물어져 가는 비좁은 아파트에 더 많은 임대료를 지불하며 살게 하는 결과를 낳게 된다.

식료품에 대한 가격통제 역시 마찬가지다. 식료품가격을 통제하는 목적은 가난한 사람들이 싸게 식료품을 구입하여 생계를 돕기 위함이다. 그러나 식료품가격이 통제되면 공급량이 줄게 되고 실제로 식료품을 구하는 비용이 증가하게 된다. 사실 통제된 가격이 농산물이나 가축을 키우는 데 드는 비용과 노동력을 보상하지 못할 경우 오히려 공급량은 줄어들게 된다. 가격통제로 인해 인센티브가 변화한 농부들은 생산량을 줄이고 가족을 위해 충분한 양을 재고로 유지하게 된다. 심지어 적자가 나는 농장을 아예 버리고 다른 직업을 찾아 도시로 이주하는 농부도 생겨난다. 그 결과 식료품의 공급이 더욱 줄어들고 도시에 사는 식료품 수요자는 증가하게 된다. 그리하여 충분한 돈을 가지고 있지 못하는 가난한 사람은 비싸진 식료품 가격에 오히려 식료품을 구하지 못하는 사태까지 벌어진다. 실제로 가격통제법을 통해 식료품의 가격을 인위적으로 낮추면 오히려 굶는 사람이 더 많아지고 심지어 아사하는 사람도 생겨난다.

대표적인 사례가 프랑스 혁명을 주도했던 로베스 피에르의 우윳값 통제다. 로베스 피에르는 생필품 가격이 올라 시민들의 불만이 높아지자 우유가격을 올리는 상인은 단두대에 보내겠다고 선언했다. 우유가격이 급락하였고 우윳값 통제 정책이 성공하는 듯 보였다. 그러나 우윳값이 떨어지자 농민들이 젖소 사육을 포기하였다. 그러자 우유 공급이 줄어 우윳값이 폭등했다. 로베스 피에르의 의도와는 달리 서민이 아닌 귀족들만이 우유를 소비할 수 있게 되었다.

3. 안정적인 화폐가치의 중요성

모든 재화와 서비스의 가치가 화폐로 표시된다. 그래서 화폐가치가 안정적이지 않으면 가격들이 불안정해진다. 불안정한 가격들은 소비자와 생산자 등 시장 참가자들에게 정확하지 않은 정보를 제공한다. 사람들의 경제계산이 잘못되어 생산과 소비에 교란이 발생하며 생산과 소비가 조정되는 사회적 협동이 깨지게 된다. 한 마디로 시장이 파괴되어 경제가 혼란에 빠진다.

화폐가치가 불안하면 사람들은 자기가 제공하는 재화와 서비스의 대가로 주는 화폐를 받으려고 하지 않을 것이며, 또한 미래의 구매력을 위해 화폐를 보유하지 않을 것이다. 그리고 대차거래가 잘 이루어지지 않는다. 화폐가치의 불안정은 투자를 매우 위험하게 만든다. 물가가 안정되지 않고 계속 오를 경우, 투자를 착수한 시점에는 수익성이 높아 보였던 사업이 시간이 지나면서 손실을 초래하는 사업이 될 수가 있다. 인플레이션에 의해서 불확실성이 높아지면 투자를 포기하는 사례들이 늘게 된다. 저축하는 사람 역시 마찬가지다. 저축에 따른 위험이 크기 때문에 저축을 잘 하지 않게 된다. 이렇게 되면 돈을 빌리려는 사람도 돈을 빌려주는 사람도 없게 되어 금융시장이 붕괴된다.

인플레이션으로 화폐의 기능이 상실될 경우 시장이 파괴되어 거래와 교환이 이루어지지 않는다. 시장과정을 통한 경제적 협동은 근본적으로 가격제도를 이용하는 것이다. 인플레이션은 가격이 보내는 신호를 방해하고, 시장발견이 덜 일어나게 하고, 기업가정신을 훼손하며, 그리하여 시장 협동을 파괴한다. 인플레이션 동안 가격제도가 그 신뢰성을 상실한다. 따라서 시장경제의 원활한 작동을 위해서는 화폐가치 안정이 필수적이다.

화폐가치의 불안정은 정부의 가격통제와 비슷한 결과를 초래한다. 그러나 정부의 가격통제는 특정 재화나 산업에 국한하여 영향을 미치지만, 모든 재화와 서비스의 가격이 화폐로 표시되기 때문에 화폐가치 불안정은 경제전반에 영향을 미쳐 경제전체가 혼란에 빠진다. 경제 전체의 안정을 위해서는 화폐가치 안정이 필수다. 지금 현재 화폐발행을 책임지고 있는 것은 중앙은행이다. 따라서 중앙은행의 가장 중요한 책무는 무엇보다도 화폐가치 안정이어야 한다.

■ 역사적 사례

화폐가치 불안정으로 경제가 파탄이 난 사례들을 보기로 하자. 2008년 2월 짐바브웨의 중앙은행이 공식적으로 발표한 2008년 1월의 연 인플레이션율은 24,470%였다.[3] 2007년 10월에 발표했던 인플레이션율이 약 8,000%로 4개월 사이에 인플레이션율이 3배나 증가한 것이다. 앞의 24,470%는 정부가 발표한 공식 통계이고, 실제로는 훨씬 높은 150,000%라고 추정되고 있다(<표 1-1> 참조). 닭고기의 가격이 2007년 1월과 2008년 1월 사이 236,000% 이상 올라 kg당 1천5백만 짐바브웨 달러이고, 그나마 적게 오른 설탕, 차, 기타 생필품의 가격도 15만%나 올랐다. 아이스크림 하나를 사 먹기 위해 20만 짐바브웨 달러를 지불해야 한다. 빵 한 덩어리의 가격이 450만 짐바브웨 달러다. 하루 정도 지나고 나면 물가가 2배로 뛰었다. 상점에선 하루에도 몇 번씩 가격표를 새로 적었다. 물건을 사기 위해 돈뭉치를 수레로 싣고 다녔다. 이런 불편함 때문에 정부가 1조 짐바브웨 달러 지폐를 발행했다. 그러나 1조 짐바브웨 달러를 내면 고작 달걀 세 알밖에 살 수 없었다. 국민들의 삶은 피폐해질 대로 피폐해졌다. 살인적인 물가상승으로

---

3) CNN뉴스(2008년 2월 1일).

http://www.cnn.com/2008/WORLD/africa/02/01/zimbabwe.inflation.ap/index.html

공식 화폐인 짐바브웨 달러는 휴지조각이나 다름없어 사람들이 짐바브웨 달러를 보유하기보다는 이웃 남아프리카의 화폐인 랜드(rand)나 미국의 달러화를 보유하려고 한다. 그래서 짐바브웨 정부는 미화 1달러당 250짐바브웨 달러로 환율을 고정해 놨지만 암시장에서 1달러가 수십만 짐바브웨 달러와 거래됐다. 이와 같은 살인적 고물가의 원인은 로버트 무가베 짐바브웨 대통령이 통치에 필요한 자금을 조달하기 위해 화폐를 무작정 찍어냈기 때문이다.

　2009년 4월 짐바브웨는 화폐발행이 쓸모없게 되자 자국화폐 발행을 중단하고, 남아프리카의 화폐 '랜드'와 같은 다른 나라의 화폐를 사용하기 시작했다. 그러자 2009년에 인플레이션율이 4~6%로 진정되었다. 2015년에는 미국 달러를 법정화폐로 사용하겠다고 발표했다. 그러나 2017년 무가베 전 대통령 다음으로 권좌에 오른 에머슨 음낭가와 대통령이 "짐바브웨 달러"로 알려진 RTGS(Real Time Gross Settlement) 달러를 다시 도입하고 예전처럼 화폐를 대량 발행했다. 그리고 2019년 6월 모든 외화는 더 이상 법정화폐가 아니라고 발표했다. 그러자 2019년 7월 중순까지 인플레이션이 175%로 증가하였고, 2020년 3월에 인플레이션이 연 500%를 초과하는 상황이 벌어졌다. 최근 2008년도와 유사한 경제상황이 다시 벌어지고 있다.

〈표 1-1〉 짐바브웨 하이퍼인플레이션

일자	월 인플레이션율(%)	연 인플레이션율(%)
2007년 3월	50.54	2,300.20
2007년 4월	100.70	3,713.90
2007년 5월	55.40	4,530.00
2007년 6월	86.20	7,251.10
2007년 7월	31.60	7,634.80
2007년 8월	11.80	6,592.80
2007년 9월	38.70	7,982.10
2007년 10월	135.62	14,840.65
2007년 11월	131.42	26,470.78
2007년 12월	240.06	66,212.30
2008년 1월	120.83	100,580.16
2008년 2월	125.86	164,900.29
2008년 3월	281.29	417,823.13
2008년 4월	212.54	650,599.00
2008년 5월	433.40	2,233,713.43
2008년 6월	839.30	11,268,758.90
2008년 7월	2,600.24	231,150,888.87
2008년 8월	3,190.00	9,690,000,000.00
2008년 9월	12,400.00	471,000,000,000.00
2008년 10월	690,000,000.00	3840,000,000,000,000,000.00
2008년 11월	79,600,000,000.00	89,700,000,000,000,000,000,000.00

출처: Hanke, S.(2009). "R.I.P. Zimbabwe Dollar," CATO INSTITUTE.
　　　https://www.cato.org/zimbabwe

베네수엘라 역시 과다한 통화발행으로 초인플레이션을 겪고 있는 국가다. 2016년 254.95%, 2017년 438.12%, 2018년 65,374.08%, 2019년 19,906.02%, 2020년 2,355.15%를 기록하고 있다.[4] 사회주의 체제를 도입함에 따라 경제가 쇠퇴해지자 화폐 발행을 늘려서 해결하려고 한 결과다. 경제가 더욱 파탄 난 것은 물론이다. 과다한 통화발행으로 경제가 파탄 난 국가는 짐바브웨와 베네수엘라 뿐만이 아니다. <표 1-2>에서 보는 것처럼 1차 세계대전 이후 독일, 2차 세계대전 이후 그리스와 헝가리, 그리고 1990년대 유고슬라비아 등이 있다. 또 1930년대 대공황, 1990년대 말 동아시아 국가들의 외환위기, 그리고 최근 미국에서 발생한 서브프라임 모기지 사태 등의 근본적인 원인은 통화팽창이었다.[5]

화폐를 잘못 다뤄서 경제를 망친 사례는 이것들 외에도 수없이 많다. 다음 장부터 차근차근 화폐가 경제에 어떻게 영향을 미치는지, 그리고 화폐를 어떻게 다뤄야 하는지를 살펴보기로 하자. 그러기 위해서는 먼저 화폐가 무엇인지, 화폐가 어떻게 생성 발전되어 왔는지부터 알아볼 필요가 있다.

〈표 1-2〉 하이퍼인플레이션을 겪은 국가들

국가	최고 인플레이션율 월	최고 월 인플레이션율	1일 인플레이셔율	물가가 2배로 된 시간
헝가리	1946년 7월	1.30×10^{16}%	195%	15.6시간
짐바브웨	2008년 11월 중순	79,6000,000,000%	98.0%	24.7시간
유고슬라비아	1994년 1월	313,000,000%	64.6%	1.4일
독일	1923년 10월	29,500%	20.9%	3.7일
그리스	1944년 11월	11,300%	17.1%	4.5일
중국	1949년 5월	4,210%	13.4%	5.6일

출처: Hanke, S.(2009). "R.I.P. Zimbabwe Dollar," CATO INSTITUTE.
https://www.cato.org/zimbabwe

4) 베네수엘라 인플레이션 데이터는 Statista 홈페이지 참조.
https://www.statista.com/statistics/371895/inflation-rate-in-venezuela/
5) 서브프라임 모기지 사태의 직접적인 유발요인으로 주택가격의 100% 이상으로 대출을 허용한 금융기관의 무리한 대출 행태, 미국 경기 둔화에 기인한 소득이나 일자리 감소 등에 따른 채무상환능력 저하 등을 일부에서 지적하기도 한다. 서브프라임 모기지 사태에 관한 자세한 논의는 제8장에서 다룰 것임. 또 서브프라임모기지 사태에 관한 것은 Angell and Rowley(2006), Kiff and Mills(2007), Demyanyk and van Hemert(2007), 그리고 Cecchetti(2008)를 참조하기 바람.

화폐의 기원과 변천

1. 화폐의 기원

■ 교환의 매개체

화폐는 거래에서 교환의 매개수단으로 사용되는 재화다. 교환이 없는 사회에서 화폐는 필요하지 않다. 교환에는 직접교환과 간접교환이 있다. 거래 당사자 자신들이 직접 사용하고자 하는 물품이 거래되는 것이 직접교환이다. 예를 들어 농부와 어부가 자신들이 직접 소비하기 위해 쌀 한 되와 고등어 한 마리를 서로 교환하는 것을 말한다.

간접교환은 적어도 두 개의 물품 중 하나가 그것을 받는 사람이 직접 사용하려는 의도가 아니라 순전히 나중에 다른 것과 교환할 의도로 거래되는 경우다. 이 교환에서 나중의 교환을 위해 받아들여지는 물품이 교환을 위한 매개수단이다. 예를 들어 어부가 농부에게 가서 고등어 한 마리와 쌀 한 되와 바꾸자고 한다고 하자. 농부가 그 제안을 거절하고 대신 노루가죽 한 장과는 바꿀 수 있다면 어부는 사냥꾼에게 가서 고등어 한 마리를 노루가죽 한 장과 바꿀 수 있는지를 묻는다. 사냥꾼이 그럴 수 있다고 한다면 어부는 고등어 한 마리를 노루가죽 한 장과 교환하고 받은 노루가죽 한 장을 가지고 농부에게 가서 쌀 한 되와 교환한다. 어부와 사냥꾼 간의 거래에서 노루가죽 한 장은 어부가 직접 소비하기 위해서 받은 것이 아니라 농부와의 거래를 위해 받은 것이다. 따라서 이 거래에서 노루가죽 한 장은 교환의 매개체가 된다.

많은 사람들이 자신이 가지고 있는 것을 노루가죽과 일단 교환하고 그 노루가죽을 이용하면 자신이 원하는 것을 직접 교환하는 것보다 더 쉽게 얻을 수 있다는 것을 발견했다고 하자. 그러면 점점 더 많은 사람들이 직접 교환하는 것보다는 자신의 물건을 노루가죽과 교환하려고 한다. 노루가죽의 교환의 가치는 더 높아지고 모든 사람에게 훨씬 더 받아들여질 수 있게 된다. 이렇게 되어 모든 사람들이 노루가죽과 교환하고 싶어 하면 노루가죽은 경제 내에서 교환의 매개체, 즉 화폐로서 적합한 것이 된다. 이러한 점에서 화폐는 "시장성이 가장 높은 물품(the most marketable commodity)"이다.[1]

위의 예에서 보듯이 직접교환이 이루어지기 위해서는 쌍방의 욕구가 일치해야 한다. 다시 말하면 내가 원하는 물건을 가지고 있는 사람이 내가 가지고 있는 물건을 원해야 교환이 이루어지는 것이다. 그렇지 않으면 두 사람 간의 직접교환은 이루어지지 않는다. 따라서 직접교환에서는 거래비용이 크다. 거래비용은 교환과정에서 발생하는 금전적 및 비금전적 비용 모두를 포함하는 개념이다. 직접교환에서는 자신이 원하는 물건을 가지고 있으며 자신의 물건을 원하는 사람을 찾아야 하는데 많은 시간이 걸리고 불편이 따르는 것이다.

그러나 화폐를 통해 거래가 이루어지는 간접교환 경제에서는 궁극적인 거래자들의 욕망의 쌍방일치가 필요치 않다. 내가 원하는 물건을 가지고 있는 사람이 내가 가지고 있는 물건을 원하지 않더라도 화폐를 가지고 가서 구입하면 된다. 그리하여 쌍방의 욕구일치 문제와 관련된 거래상의 불편이 사라지고 시간이 절약된다. 이렇게 해서 절약된 시간을 이용하여 내가 가장 잘하는 것을 생산하는 데 사용하여 더 많은 생산을 올릴 수 있고 사회가 발전한다. 달리 표현하면 화폐는 교환에서의 거래비용을 크게 줄여주어 경제의 효율성을 높인다.

화폐는 인간행동의 결과로 나온 형성물이다. 그러나 화폐는 특정인이 발명한 것이 아니고 오랜 옛날부터 인류의 교환 활동과정에서 자생적으로 생성하여 발전해온 것이다. 이러한 점에서 화폐의 발달과정은 언어의 발달과정과 매우 비슷하다. 언어 역시 인간행동의 결과이긴 하지만 특정인이 고안한 것이 아니라 사람들 사이에 의사소통을 위해 사용하다 자연스럽게 통용되는 언어가 생긴 것이다. 처음에 누군가가 어떤 사물을 가리켜 특정 소리를 냈을 것이다. 예를 들어 아침에 동쪽 하늘에 떠오르는 태양을 보고 누군가가 "해"라고 했을 것이다. 그것을 몇몇 사람이 따라서 사용했을 것이다. 그러면 다른 사람들 역시 태양을 "해"라고 하는 것이 그 사람들과 의사소통이 편하기 때문에 따라 했을 것이다. 그것이 더욱 확산되어 이제 모든 사람들이 태양을 보고 "해"라고 하게 되었을 것이다. 마찬가지로

---

1) 이것은 Mises(1949, 401쪽)가 정의한 것이다.

처음에 몇 사람이 어떤 특정 물품을 사용하여 거래하였고, 그것을 사용하는 것이 편리함을 알고 점점 그 물품을 이용하여 거래하는 사람들이 많아지게 되어, 한 경제 내에서 교환의 매개체로 사용하게 되었을 것이다.

■ 화폐의 기타 기능

가치척도, 또는 계산단위

어떤 물품이 교환의 매개체로 선정되어 화폐로 사용되면 그 화폐는 자동적으로 가치척도, 또는 계산단위(unit of account)의 기능을 갖는다. 일단 어떤 경제에서 간접교환의 공통 매개체가 정해지면 거래되는 모든 재화는 그 매개체, 즉 화폐와 거래된다. 그러므로 재화의 가치는 자동적으로 그 화폐로 표시된다. 만일 화폐가 아닌 다른 것으로 표시하면 또 한 번의 변환이 필요하기 때문에 불편하다. 그러므로 일반적으로 통용되는 화폐단위로 가격이 매겨지고 회계가 이뤄진다.[2] 그러나 화폐가치(구매력)가 불확실해지면 가격이 반드시 통용되는 화폐로 매겨지는 것이 아니다. 이러한 점에서 화폐의 가치척도기능은 화폐의 본질적인 기능이 아니다. 예를 들면 1923년 독일의 하이퍼인플레이션동안 가치가 급격히 하락하는 라이히스마르크(Reichsmark)가 계속 화폐로서 사용되긴 하였지만, 그 가치가 매우 불안정하여 상점들은 물건값을 라이히스마르크 대신에 미국 달러로 표시하였다. 물건을 살 경우 지불액은 달러표시가격에 외화시장에서 결정된 라이히스마르크의 가치를 곱하는 식으로 결정되었다. 당시 화폐로 통용되는 라이히스마르크가 가치척도로서 기능하지 못했다는 것을 보여주는 사례다.

가치저장의 수단

화폐의 또 다른 기능은 가치저장의 수단, 즉 미래에 대한 구매력을 저장하는 수단이다. 물론 화폐는 교환의 매개로서 받은 시점으로부터 그것을 다시 지출하는 시점까지는 저절로 가치저장의 기능을 수행한다. 그러나 때때로 화폐가 그 이상의 기간인 장기간에 대해서도 가치저장의 수단으로서 사용된다. 장기의 가

---

2) 현재 우리나라 화폐의 단위는 원이다. 1945년 8월 15일 우리나라가 일본에서 해방된 이후에도 얼마 동안 원(圓)이 화폐단위로 사용되었다. 1953년 2월 14일에 제1차 화폐개혁을 실시하여 우리나라의 화폐단위를 원(圓)에서 환으로 바꾸었다. 그리고 1962년 6월 12일에 제2차 화폐개혁이 단행되면서 환단위가 지금의 원단위로 바뀌었다.

치저장의 수단으로서 예금, 채권, 주식, 금, 은 등 미래의 구매력을 위해 보유할 수 있는 자산이 많음에도 불구하고 미래의 구매력을 위해 사람들은 화폐를 보유하는 것이다. 화폐가 장기의 가치저장의 수단으로 사용되는 이유는 유동성 때문이다. 유동성은 어떤 자산이 교환의 매개체인 화폐로 전환되는 속도를 말한다.

사람들은 은행이나 금융상품을 신뢰하지 않는다면 화폐를 그대로 손에 쥐고 있을 수 있다. 또한 화폐의 구매력이 비교적 안정적인 한 미래의 소비를 위해 화폐를 저장하는 것이다. 그것은 화폐가 여러 가지 재화와 직접 교환될 수 있기 때문이다. 만약 화폐 대신에 금으로 보유하고 싶다면 먼저 화폐를 금으로 바꾸어야만 한다. 그리고 나중에 재화를 구매하려고 할 때 보유하고 있던 금을 다시 화폐로 전화시켜야만 한다. 비록 그동안에 금값이 전혀 변동하지 않았다 하더라도 손해를 보게 된다. 왜냐하면 이윤을 목적으로 하는 금 상인은 동일한 금에 대해 자신이 사는 값을 파는 값보다 낮게 매기기 때문이다. 그러나 화폐를 보유하면 그와 같이 중개상인의 이익으로 가는 부분이 없게 된다. 다시 말하면 비화폐적 물품은 유동화하기 위해서는 금 상인의 이익으로 가야 하는 부분과 같은 거래비용을 수반하는 반면, 화폐는 100% 유동성을 갖기 때문에 그러한 거래비용이 들지 않아 비교적 물가가 안정적인 한 화폐가 가치저장의 수단으로 사용되는 것이다.

그러나 화폐의 가치저장 수단으로서의 기능은 가치척도 기능과 마찬가지로 본원적인 것은 아니다. 급격한 인플레이션기에는 전환비용에 의한 손실이 있다 하더라도 비화폐적 물품을 보유하는 것이 현명하다. 모든 물가가 두 배로 뛴다면 화폐가치(구매력)는 절반으로 뚝 떨어지기 때문에 그러한 시기에 화폐는 좋은 가치저장의 수단이 되지 못한다. 다시 독일의 1923년 하이퍼인플레이션기를 예로 들어보자. 1차 세계대전 후 물가상승률이 한 달에 1,000% 이상 되었고 이러한 인플레이션이 끝날 무렵인 1923년에 독일의 물가수준은 2년 전인 1921년보다 무려 300억 배 이상 뛰어올랐다. 이때 독일의 화폐가치는 급격히 하락하여 가장 기본적인 품목인 빵 한 조각을 사기 위해서 손수레로 가득 라이히스마르크를 싣고 가야 했고 노동자들은 화폐의 가치가 더 없어지기 전에 노임을 받아쓰기 위해서 하루에도 몇 번씩 작업장을 떠났다. 어느 누구도 라이히스마르크를 보유하기를 원하지 않았다. 라이히스마르크가 가치저장의 기능을 상실한 것이다. 흥미로운 것은 화폐가 가치저장의 기능을 상실하게 되면 교환의 매개기능도 상실하게 된다. 누구도 받아주려고 하지 않기 때문이다.

추후지급의 기준

화폐는 추후지급의 기준(standard of deferred payment)으로도 사용된다. 추후지급의 기준이란 미래의 지급의 수단으로 화폐가 사용된다는 것을 말한다. 화폐가 추후지급기준이 되는 필요조건은 화폐가치의 안정성이다. 미래에도 화폐의 구매력이 비교적 일정하게 유지된다고 생각한다면 화폐단위로 돈을 빌려주고 빌리는 대차계약을 하는 것이 좋을 것이다. 화폐가 아닌 특이한 상환 방식을 쓰면 대차거래가 잘 이루어지지 않을 것이다. 돈을 빌려주는 사람뿐만 아니라 빌리는 사람도 많은 불편을 느낄 것이기 때문이다. 그러나 화폐가 반드시 추후지급의 기준인 것은 아니다. 인플레이션을 예상하기 어려울 때는 사람들은 추후지급이 실질구매력의 측면에서 이루어지는 것을 선호할 것이다. 예를 들어 쌀이나 금, 은과 같은 물품이나 어떤 물가지수에 기초하여 상환되는 계약을 할 것이다.

2. 화폐의 변천

화폐의 변천은 <표 2-1>에 요약되어 있다. 화폐가 어떻게 변천되어 왔는지 자세히 살펴보기로 하자.

〈표 2-1〉 화폐의 변천

화폐의 종류	형태	특징
물품화폐	동물의 털과 가죽, 조개껍질, 가축, 화살촉, 곡물, 담배, 소금	내구성, 휴대성, 분할성
금속화폐	금, 은, 동, 철 등	칭량화폐 내구성, 휴대성, 분할성, 미적 특성
주화	금화, 은화, 동전, 철전	표준화된 형태: 원형, 네모형, 삼각형 등 화폐변조
지폐와 은행권	어음 금은의 보관증 금보증서, 은보증서 은행권, 중앙은행권	태환권 금본위제, 은본위제
불환화폐	중앙은행권	금 태환 금지

화폐의 종류	형태	특징
디지털화폐	가치저장 전자화폐	스마트카드형: 기프트카드, 교통카드 등 네트워크형
	비트코인	블록체인을 이용한 암호화폐
	CBDC	중앙은행이 발행하는 암호화폐

■ 물품화폐(commodity money)

인류가 처음 사용한 구체적인 형태의 화폐는 물품이었으며, 인류역사에서 여러 가지 물품들이 교환의 매개체로 사용되었다. 그러나 아무 물품이나 교환의 매개체로 사용된 것은 아니다. 적어도 내구성, 휴대성, 그리고 분할성의 조건을 만족하는 물품이 화폐로 사용되었다. 앞에서 설명한 바와 같이 당장 자신이 직접적으로 사용하기 위해 받는 것이 아니라 나중에 자신이 원하는 물건을 구입하기 위해 받아들이는 것이기 때문에 자신이 원하는 물건을 구입할 때까지 받아들이는 물품이 변질되지 말아야 했을 것이다. 또 교환하여 집으로 운반하든가 혹은 나중의 거래에서 다른 장소로 가지고 가야 할 필요성이 있었기 때문에 휴대하기 어려운 것은 화폐로 채택되지 않았을 것이다. 그리고 나중의 거래에서 소액의 물건을 살 수 있는데 거래로 받은 물품이 분할되지 않아 그러한 기능을 할 수 없으면 사람들이 교환의 매개수단으로 받아들이지 않았을 것이다.

구석기시대에는 동물의 털과 가죽이 화폐로 사용되었다.[3] 추운 지역에서 주로 사냥하면서 살았던 구석기시대 사람들 사이에서 가장 많이 거래된 품목이 동물의 털과 가죽이었다. 추운 기후 때문에 그들은 옷에 가치를 많이 두었고 고기보다 덜 상하기 때문에 거의 모든 사람들이 받아들였을 것이다. 구석기와 신석기 초기에는 조개껍질이 화폐로 사용된 흔적이 있다(<그림 2-1> 참조).

역사적으로 가축이 가장 빈번하게 교환되는 물품이었다. 동물을 길들여서 식량을 사용하였으며, 시장에 내다 팔기도 하였다. 특히 아리안인 사이에서는 소가 가치척도의 기준으로 사용되었다.[4] 청동기와 철기시대의 화살촉, 농경사회에서의 곡물, 과거 한국과 중국에서의 비단과 베, 기타 지역에서의 담배, 소금 등 인류 역사상 실로 다양한 물품들이 화폐로 사용되었다. 그것들은 시대와 장소에 따라

---

3) Burns(1927, 3쪽) 참조.
4) Burns(1927, 6쪽) 참조.

이 세 가지 조건을 만족시키는 것들이었다.

┃ 그림 2-1 ┃ BC16~8세기에 중국에서 화폐로 사용되었던 조개껍질

출처: https://commons.wikimedia.org/wiki/File:Chinese_shell_money_16th_8th_century_BCE.jpg

■ 금속화폐

물품화폐 다음에 나온 화폐가 금속화폐다. 금, 은 등이 화폐로 쓰인 것이다. 금속이 화폐로 사용되었다는 최초의 문헌은 함무라비법전(BC1870년)이다. 거기에 은이 언급되어 있다. "귀족이 평민의 뼈를 부러뜨렸을 때는 은 1미나(약 500그램), 이들 부러뜨렸을 때는 은 1/3미나(약 167그램)를 지급한다." BC1100년 중국에서는 작은 금 조각이 유통되었고, BC 수백 년 전에 소아시아와 많은 유럽지역에서 금이 사용된 흔적이 있다.

금속이 화폐로 쓰인 이유는 내구성, 휴대성, 그리고 분할성의 특성을 잘 지니고 있었기 때문이었다. 가축과 같은 것은 품질이 서로 다르고 산정하기 어려워서 교환에 어려운 점이 있었다. 이에 비하여 금과 은은 품질이 일정하고, 치아로 깨물어 본다든가, 두들겨 소리를 들어본다든가, 시금해보는 등의 방법으로 품질을 검증하는 것이 상대적으로 쉬웠다. 또한 곡물과 같은 물품은 상할 수 있어서 저장하는 데 비용이 많이 드는 것에 비하여 금과 은은 변질되지 않는 내구성을 지니고 있어 저장 비용이 적게 들었다. 그리고 금과 은은 쉽게 분할될 수 있어서 구매 규모에 맞추어 금액이 적은 거래에는 쪼개어 지불할 수 있었다. 큰 덩어리는 작게 나누어 사용할 수 있었고, 작은 덩어리들은 큰 덩어리로 만들어 사용할 수 있었다. 끝으로 금과 은은 크기에 비해 가치가 높았기 때문에 휴대성이 있었다. 소금과 같은 물품들은 무게에 비해 가치가 낮았기 때문에 거액 거래를 위해 한 장소에서 다른 장소로 옮기기가 불편한 점이 많았지만 금과 은은 운반이 상대적으로 수월하였다. 뿐만 아니라 미적 특성 때문에 반지나 목걸이를 만들어 사용될 수 있어서 모든 사람들이 보유하고 싶어 했다. 따라서 금과 은이 누구에게나 쉽게 받아들여져서 자연스럽게 화폐로 사용되었다.

■ 주화(coins)

주화의 발달

금속화폐의 진화된 형태가 주화다. 금과 은을 직접적으로 교환의 매개체로 쓸 경우 금속의 무게를 측정하고 순도를 평가하는 데 불편함이 있었다. 그래서 금속의 무게를 측정하고 순도를 평가해주고 사용하기 편리한 크기와 모양으로 만들어 주면 이익이 있음을 발견하고 이를 업으로 하는 사람들이 생겨났다.[5] 이윤이 존재하는 업종에 보다 많은 사람들이 들어와 영업을 하듯이 이 업종에 많은 사람들이 진입하였으며 서로 경쟁하였다.

경쟁하는 데에는 가격경쟁, 품질경쟁, 그리고 혁신하는 방법이 있다. 주화주조자들이 고객에게 주화를 제작해주고 받는 요금을 낮추고, 순도를 속이지 않으며 신뢰와 명성을 쌓고, 새로운 액면과 모양의 주화를 만드는 혁신적 방법을 사용하면서 서로 경쟁하였다. 어떤 혁신적인 방법이 성공하면 다른 주화주조자들이 모방하여 널리 사용되어 표준화되었다. 주화를 만든 사람들은 주화에 자신의 얼굴을 새기거나 주화의 가장자리를 톱니처럼 만들기도 하였다. 그러한 주화는 깎거나 변형시키는 것이 어렵게 되어 가치가 오랫동안 유지되었기 때문에 더 선호되었다.[6] 경쟁 때문에 주화를 주조하는 데 순도와 무게를 속일 수 없었다. 순도와 무게를 속이면 쉽게 발각되어 신뢰와 명성을 잃어 영업에 지장이 있고 심지어는 그 업종에서 자연스럽게 퇴출되었다.

현재 알려진 가장 오래된 주화는 BC650년 무렵 지금의 터키 지역인 리디아에서 만들어진 호박금(electrum, 금과 은의 자연합금)으로 만든 것이다(<그림 2-2> 참조). 리디아를 정복한 페르시아의 아케메네스 왕조는 세금을 은덩이로 징수하고 그것으로 주화를 만들었다. 최전성기의 왕 다리우스1세(BC550~486)는 전쟁도구를 든 왕의 모습을 새긴 '다레이코스' 금화, '시글로스' 은화를 만들었다. 그리

---

5) 한국 최초의 주화는 고려 중종16년(996)에 주조된 '건원중보'다.
6) Burns(1927, 59쪽).

스 아테네는 BC483년부터 은광을 채굴하여 은화를 발행했고 이는 활발한 무역과 폴리스의 성장을 이끌었다. 기원전 330년 알렉산더 대왕이 페르시아제국을 정복하고 페르시아의 제국과 그리스 통화제도를 본떠 '드라크마(drachma)' 은화(4그램)를 중심으로 한 수십 종류의 금화와 은화를 발행했다.

┃ 그림 2-2 ┃ BC6~7세기 터키 지역에서 만들어진 호박금 주화

출처: https://www.nationalgeographic.com/culture/article/money−human−origins−journey−
　　　humankind

　　BC31년, 로마 아우구스투스 황제는 '아우레우스'(라틴어로 순금이라는 뜻)라는 금화를 만들어 로마제국의 공식 통화로 사용했다. 은화인 '데나리우스'는 98%의 은을 함유하고 있었다. 금 또는 은을 기본단위로 하는 금·은본위제가 골격을 갖춘 것이다. 동양에서는 BC400년 무렵 중국의 전국시대에 주화가 보급됐고, 진나라가 천하를 통일한 뒤 시황제가 도량형을 통일하면서 원 한가운데에 구멍이 뚫린 동전인 '반량전(半兩錢: 1냥 무게의 절반)'을 사용했다.

정부의 주화 주조권 몰수

　　역사적으로 정부가 화폐제도에 직접 개입하기 시작한 것은 주화단계다. 주화를 만드는 것이 이윤이 나고 명성이 날 수 있는 것임을 인식한 정치 권력자가 화폐주조를 몰수하여 국가독점으로 만들었다.[7] 화폐주조를 국가독점으로 만든 인물은 BC7세기 소아시아 서부지방의 리디아 왕인 기게스(Gyges)로 알려져 있다. 기게스는 화폐주조를 이용하여 많은 자금을 확보한 후 그 자금으로 왕권을 탈취한 다음, 누군가에 의해 동일한 방법으로 자신의 권력이 탈취되는 것을 막기

---

7) Cameron and Neal(2003, 36쪽).

위해 민간화폐주조를 금지하고 화폐주조를 국가독점으로 만들었다.[8] 그 이후 정부가 화폐발행에 대해 독점권을 행사하는 것이 일반화되었다.

화폐변조(debase)와 시뇨리지(seigniorage)

화폐주조를 몰수한 정부는 일반주조업자가 만든 주화의 사용을 금지하고 정부가 주조한 주화만을 사용하도록 했다. 그리고 재원이 필요할 경우 화폐를 변조해 가치를 떨어뜨렸다. 발행했던 주화를 거두어들여 모양을 바꾸고 크기와 무게를 줄여 변조한 다음, 기존의 것과 동일한 무게와 순도를 가지고 있는 것처럼 표시하고 문양을 넣은 새로운 주화를 만들어 공급하였던 것이다.[9] 또는 금화나 은화를 거두어들여 주석이나 동과 같은 값이 덜 나가는 금속을 섞은 합금을 이용하여 기존의 주화와 동일한 가치가 있는 것처럼 표시한 새로운 주화를 사용하도록 하였다. 인쇄기가 발명된 후에는 화폐변조가 훨씬 더 쉬워졌다. 정부는 심지어 종이조차 화폐라고 선언할 수 있었다.

이렇게 만들어진 화폐를 법화(legal tender)로 선언함으로써 거래에서 강제로 사람들에게 받아들이게 하였다. 또한 채권자들로 하여금 변조된 주화나 가치가 떨어진 지폐를 마치 완전한 무게와 가치가 있는 것처럼 받도록 강제하였다. 정부가 자신의 부채와 비용을 채권자들에게 이 법화로 지불했음은 물론이다. 이와 같이 정부는 화폐발행 독점을 통하여 많은 이익을 얻었는데, 이를 시뇨리지라고 한다.[10] 정부가 재원이 필요할 때 세금을 올리면 국민들의 저항이 심하고, 심지어 혁명이나 폭동이 일어나기 때문에 국민들의 저항을 피하며 수입을 얻는 방법으로 화폐를 변조하는 방법을 자주 사용하였다.

예를 들어, 처음에 금 1,000그램으로 10그램짜리 주화 100개를 만들어 각각의 주화에 대해 단위를 1크라운이라 붙였다고 하자.[11] 이때 1크라운의 주화는 금

---

8) Burns(1927, 83쪽).

9) 실제로 7세기 말경 그리스 전역에서 국가가 이러한 동기로 주화를 주조하였다. 자세한 것은 Burns (1927) ch. 3과 4를 참조.

10) 시뇨리지는 영주를 뜻하는 프랑스의 시뇨르(seigneur)에서 유래하였다. 중세의 영주는 금화나 은화를 주조하는 독점권을 가지고 있었으며 신민들은 금이나 은의 함량이 아무리 적다하더라도 영주가 제작한 주화를 사용해야만 했다. 시뇨리지는 영주가 화폐주조 독점권을 행사하여 얻는 이윤이었다. 봉건제도는 사라졌지만 화폐발행권의 독점권을 갖고 있는 정부가 오늘날에도 여전히 시뇨리지를 누리고 있는 것이다. 정부가 발행하여 사람들로 하여금 화폐를 사용하게 하는 것은 민간으로부터 무이자로 돈을 빌리는 것이나 다름없다. 무이자로 민간으로부터 빌린 돈을 정부는 이자를 낳는 자산에 투자할 수 있다. 이 과정에서 얻는 이자수입도 시뇨리지다.

10그램과 동일한 가치를 갖는다. 그리고 경제 내에 존재하는 총화폐량은 100크라운이다. 그러다가 유통되는 주화를 정부가 모두 거두어들여 녹인 다음 금의 함량을 절반으로 줄이고 동을 섞어 새로운 주화 1크라운짜리 주화 100개를 만들었다고 하자. 새로운 주화의 1크라운의 실제 가치는 금 5그램밖에 되지 않지만 정부의 법령으로 계속 1크라운이라고 선언한다. 그리고는 정부가 재정을 위하여 돈을 빌린 사람에게 새로운 화폐로 빚을 갚는다면 정부는 실질적인 빚은 반으로 줄어든다. 그만큼 정부에 돈을 빌려준 사람은 손해를 본다. 새로 주조하면서 남긴 금 50그램은 정부의 수입이 되어 그만큼 이익을 본다. 즉, 금 50그램이 시뇨리지가 된다.[12]

또는 1크라운의 주화를 100개 아닌 200개를 새로 만들어 공급했다고 하자. 새로운 화폐로 정부가 필요한 물품을 구입한다면 정부가 쓸 수 있는 화폐량이 200크라운이 되어 정부의 구매력이 2배로 증가한다. 경제전체의 화폐량은 100크라운에서 200크라운으로 증가하였기 때문에 물가는 두 배로 뛴다. 상대적으로 국민들의 실질소득은 절반으로 준다. 이와 같이 정부가 화폐를 변조하면 화폐량이 증가하여 인플레이션이 일어나 국민들의 실질소득은 감소한 반면, 정부의 실질구매력은 증가하게 된다.[13] 이러한 점에서 정부가 화폐발행을 통해서 얻는 시뇨리지는 일종의 세금이고, 인플레이션 조세라고 한다.[14]

---

11) 크라운은 영국의 구 화폐단위다. 화폐에 왕의 초상이나 왕관이 디자인된 데서 유래한다. 1549년 하프크라운(half-crown)이 처음 발행되었고 그것은 2실링 6펜스의 가치가 있었다. 덴마크와 노르웨이의 크로네(krone)와 스웨덴과 아이슬란드의 크로나(krona)는 이 크라운(crown)에서 따온 것이다(wikipedia 백과사전 참조). 여기에서 시뇨리지에 대한 설명을 위해 크라운 화폐단위를 이용하였을 뿐 실제의 경우와는 다르다. 화폐주조를 독점한 후 정부는 그램, 온스, 파운드 등으로 표시되었던 화폐단위의 명칭을 국가에 따라 달러, 마르크, 프랑 등으로 바꾸었다. 이러한 변화를 통해 정부는 화폐변조를 보다 쉽게 할 수 있었다(Rothbard 1990, 63쪽).

12) 민간업자의 경우도 시뇨리지를 얻는다. 민간업자가 얻는 시뇨리지는 정부가 화폐변조에서 얻는 것과는 달리 사람들이 주화를 사용하는 것이 편리하기 때문에 동일한 금 1온스라고 하더라도 주화의 1온스에 대하여 더 많은 가치를 부여함으로써 발생하는 순수 이윤이다. 금괴를 금화로 만드는 데 비용이 들고, 금 1온스로 금화를 주조한 다음 거기에 1온스라고 표시하지만 실제로는 1온스가 되지 않아도 편리하기 때문에 사람들이 1온스의 가치로 기꺼이 사용한다. 이처럼 여기서 발생하는 이익이 화폐발행자의 시뇨리지가 된다. 혹은 금화 1온스를 정확히 표시하되 1온스 금화 10개를 만들어 주는 대신에 금괴 11온스를 요구할 수도 있다. 여기서 화폐발행자는 이익은 금 1온스로, 이것이 바로 시뇨리지다.

13) 주의할 사항은 화폐변조가 인플레이션을 일으키는 것이 아니라 화폐변조를 통한 화폐량의 증가가 인플레이션을 일으킨다는 것이다. 다시 말하면 화폐변조를 하되 기존의 통화량과 동일한 수량(여기의 예에서 100크라운)을 공급한다면 화폐단위의 구매력은 떨어져도 인플레이션은 일어나지 않는다.

　화폐변조에 대한 역사적인 실례는 로마제국에서 찾을 수 있다. 1세기 말 로마제국의 정복 활동이 일단락되었다. 원정이 멈춰지면서 전리품이 끊겼고, 기원전 167년에 접수한 마케도니아의 은 광산에 매장된 은이 고갈되자 재정지출에 필요한 재원이 부족했다. 로마제국의 재정지출은 조세수입으로 충당할 수 없었다. 조세수입이 재정지출의 70~80%에 불과했기 때문이었다. 그래서 만성적인 재정난에 허덕였고, 이런 재정난을 해결하기 위해 은 함유량을 줄이면서 주화공급량을 늘렸다. 실제로 앞에서 언급한 아우구스투스가 발행한 은화와 비교해 보면 제국의 영토가 최대로 확장되었던 트라야누스(98~117) 황제 때는 은 함유량이 15% 감소, 카라칼라(198~217) 황제 때는 50% 감소했다. 그리고 3세기 말에는 은 함유량이 5%밖에 되지 않았다. 중세에도 화폐변조는 유럽의 거의 모든 국가에서 일어났다. 예를 들면 프랑스의 리브르(livre)는 1200년에 은 98그램이었는데 1600년경에는 단 11그램에 불과하였다. 또 스페인의 사라센 제국의 화폐였던 디나르(dinar)는 처음 주조되었던 7세기에는 금 65그레인(grain)이었고 아주 견고하게 화폐제도를 유지해온 덕분에 12세기 중반에 여전히 60그레인이었다. 그러나 기독교 왕이 스페인을 점령한 후 13세기 초에 디나르는 14그레인으로 줄어들었다. 너무 가벼워서 유통되기가 어려워 은 26그레인의 은화로 바뀌면서 화폐단위가 디나르에서 마라베디(maravedi)로 변경되었다. 그 마라베디가 15세기 중반에 은 1.5그레인밖에 들어있지 않은 화폐로 변조되었다.[15] 정부의 화폐변조는 교묘한 방법으로 사람들이 알아채지 못하도록 세금을 걷어 가는 방법이다.

　화폐변조는 일종의 "위조"다. 위조는 다른 사람들의 사유재산을 몰래 훔쳐 가는 행위다. 화폐변조는 사유재산권을 보호해야 할 정부가 국민들의 사유재산을 탈취해감으로써 경제를 파괴하는 행위다.

---

14) 인플레이션 조세에 대해서는 제5장에서 자세히 다룬다.

15) Rothbard(1990, 63쪽)에서 참조.

그레셤의 법칙

일반적으로 "악화가 양화를 몰아낸다(bad money drives out good)"를 그레셤의 법칙이라고 한다. 그리고 보통 사람들은 금은 양화이고 은은 악화라서 결국 은화가 금화를 몰아내 은화가 유통된다고 알고 있다. 그러나 그레셤의 법칙에서 양화란 시장가치에 비하여 과소평가된 화폐, 악화란 과대평가된 화폐를 말한다. 금화가 금의 시장가격에 비하여 과소평가되면 양화가 되고, 과대평가되면 악화가 된다. 마찬가지로 은의 시장가격에 비하여 과소평가되면 은화는 양화가 되고, 과대평가되면 악화가 된다. 따라서 그레셤의 법칙은 과소평가된 화폐가 유통에서 사라지고 과대평가된 화폐가 사용된다는 말이다.

그레셤의 법칙이 생겨난 배경에는 영국의 헨리 8세의 화폐변조와 관련이 있다. 헨리 8세는 자신의 통치기간 동안 100%에 가까웠던 은화의 은 함량을 25%로 줄였다. 그러자 금화가 유통에서 사라졌다. 1558년 엘리자베스 1세가 집권한 후, 재정고문이었던 그레셤은 여왕에게 편지를 보내 영국에서 금화가 유통되지 않는 이유는 헨리 8세가 은화의 은 함량을 줄였기 때문이라고 하며, 은화를 다시 주조할 것을 권고했다. 이것이 '악화가 양화를 몰아낸다'는 그레셤의 법칙이 생겨난 배경이다.

당시 영국에서는 정부가 정한 교환비율에 따라 은화와 금화가 동시에 사용되었다. 은 함유량이 줄어듦에 따라 액면가치가 실제가치보다 커졌기 때문에 은화는 과대평가된 화폐로서 악화다. 반면 금화는 상대적으로 과소평가되었기 때문에 양화다. 사람들은 물건을 살 때 실제가치보다 액면가치가 높은, 과대평가된 화폐를 사용하는 것이 이익이다. 그래서 사람들은 물건을 살 때 과대평가된 화폐를 사용하고 과소평가된 화폐는 사용하지 않는다. 당시 영국에서 금화가 유통에서 사라진 이유는 은화가 과대평가되고 금화가 과소평가되었기 때문이다.

그레셤의 법칙은 정부의 간섭이 없는 시장에서 주조된 금화와 은화에 대해서는 일어나지 않는다. 시장에서는 양화가 악화를 몰아낸다.[16] 다시 말하면 악화가 유통에서 사라지고 양화가 교환의 매개체로 사용된다는 말이다. 만일 어떤 민간 주조업자가 금이나 은의 함량을 줄여서 금화나 은화를 주조한다면 사람들은 그

---

16) Hayek, F. A.(1978, 37-38쪽).

의 주화를 사용하지 않고 경쟁자가 만든 더 나은 주화를 사용할 것이다. 질이 떨어지는 그의 주화는 악화이고, 경쟁자의 질이 좋은 주화는 양화이다. 따라서 정부의 간섭이 없는 시장에서는 악화가 양화를 몰아내는 것이 아니라 양화가 악화를 몰아낸다.

그레셤의 법칙은 법화의 경우에서 발생한다. 위의 화폐변조의 예에서 만일 정부가 100개의 크라운 중에서 50개를 거두어들여 금의 함량을 절반으로 줄인 다음, 그것으로 100개의 크라운을 만들어 공급한다면 경제 내에 50개의 구 크라운과 100개의 신 크라운이 존재하게 된다. 정부가 법으로 두 개의 가치를 동일하게 정하였지만, 실제 가치는 구 크라운이 신 크라운보다 높다. 따라서 사람들은 재화와 서비스를 구매하는 데 구 크라운을 사용하는 것보다 신 크라운을 사용할 것이다. 만약 구 크라운이 손 안에 들어오면 그것을 재화와 서비스를 구매하는 데 사용하기보다는 녹여서 금으로 만든 다음 금으로 직접 팔면 이익이기 때문이다. 그래서 사람들이 구 크라운이 손에 들어오는 대로 녹여버리고, 거래에서는 신 크라운을 사용하게 된다. 결국 가치가 하락한 신 크라운(악화)이 사용되고 상대적으로 가치가 높은 구 크라운(양화)은 유통에서 사라지게 된다. 그래서 그레셤의 법칙을 "악법화가 양법화를 몰아낸다"고 해야 정확하다.

역사적으로 화폐변조의 결과로 그레셤의 법칙이 수시로 작동했다. 함유량이 줄어든 주화가 더 많은 함유하고 있는 주화를 몰아냈다. 앞에서 실례로 든 로마와 중세에서도 은의 함량을 줄일 때마다 그레셤의 법칙이 작용했다.

정부가 금과 은을 본위로 하는 복본위제도에서 금화와 은화가 어떻게 유통되는지를 보면 그레셤의 법칙을 보다 정확하게 이해할 수 있다. 복본위제도 하에서는 정부가 금화와 은화를 주조하고 그것을 모두 법화로 지정하면서 그 교환비율을 정한다. 이것은 일종의 금화와 은화에 대한 가격규제이다. 예를 들어 시장에서 금 1그램과 은 15그램이 동일한 가치를 갖고 교환된다고 하자. 정부가 금화와 은화의 1단위를 만드는 데 각각 1그램씩을 사용했다고 하자. 그리고 금화 1개와 은화 15개가 동일한 가치가 있다고 선언하며 유통시켰다고 하자. 그런데 후에 은광이 발견된 사건과 같은 이유로 은의 공급량이 증가하였다고 하자. 그러면 시장에서 은의 가치가 하락한다. 그래서 금과 은의 교환이 이제 1그램 대 15그램이 아니라 1그램 대 16그램이 되었다고 하자. 그러나 금화와 은화의 비율은 정부가 1개 대 15개로 정했기 때문에 금화는 금의 시장가격에 비해 상대적으로 과소평가되었고, 은화는 과대평가되었다. 이렇게 되면 그레셤의 법칙에 따라 과대평가된 은화만이 유통이 되고 과소평가된 금화는 유통에서 사라지게 된다.

그 과정을 보면, 사람들이 금화를 1개를 녹여서 시장에 가서 은 16그램을 바꾼다. 그러면 금화로 가지고 있는 경우보다 은 1그램을 더 얻을 수 있다. 따라서 사람들은 손에 들어오는 금화는 재화와 서비스를 구매하는 데 사용하지 않고 녹여버리고 거래에서는 은화만 사용한다. 따라서 금화가 유통에서 사라지게 된다. 반대로 금의 공급량이 증가하여 시장에서 금의 가치가 하락하면 정부가 정한 고정된 금화와 은화의 가치 때문에 금화는 과대평가되어 악화가 되고, 은화는 과소평가가되어 양화가 된다. 이 경우에는 은화가 유통에서 사라지고 금화만이 유통된다. 실제로 1792년에서 1861년까지 미국에서 금은복본위제도를 실시했는데 1834년 이전에는 은화가 금화를 몰아냈고, 1834년 이후에는 금화가 은화를 몰아냈다.

사실 그레셤의 법칙은 그레셤이 만들어 낸 것이 아니다. '그레셤의 법칙'이라고 명명한 사람은 1858년 스코틀랜드 경제학자 헨리 더닝 매클라우드다. 그러나 1526년에 이미 '그레셤의 법칙'을 이야기 한 사람이 있다. 그는 바로 폴란드의 천문학자 니콜라우스 코페르니쿠스다. 그리고 14세기 후반 프랑스의 철학자 니콜 오렘이 '그레셤의 법칙'의 현상을 언급한 바 있다. 그뿐만 아니라 훨씬 이전인 고대 그리스인들도 '그레셤의 법칙'에 대해 알고 있었던 것으로 보인다.[17]

---

17) 아리스토파네스의 희극 "개구리"에 나오는 합창에 이런 내용이 있다. "아테네 도시에는 현재의 동전이 아닌 금으로 만들어진 고대 주화처럼 분별 있고 훌륭한 사람들이 있다. 여기 그리스뿐만 아니라 다른 나라 사람들 모두 그것을 알고 있지. 우리는 얼마나 그 금화를 홀대하고 새로운 것에 손을 뻗쳤던가! 사람들한테도 그랬지. 명예를 존중하고, 조국에 충성하고, 현명하고, 예술에 능통한 학자, 운동선수, 군인, 시인들에 대해서 우리가 어떻게 했나? 그들을 모른 체했지. 아니, 우리는 동전을 선호했다. 한때는 속죄의식의 희생양으로도 쓰일 가치조차 없다고 생각했을 사기꾼, 쓸모없는 정치인, 몽상가, 졸부, 반건달, 개차반들 말이야."

■ 지폐와 은행권

교초(交鈔): 세계 최초의 지폐

주화의 다음 단계는 지폐다. 세계 최초로 지폐가 등장한 곳은 북송이다. 당나라 말기부터 북송시대(969~1127)에 경제규모가 비약적으로 커졌다. 당시 북송에서 사용되었던 화폐는 동(구리)전이었다. 동의 공급이 제대로 이뤄지지 않자 철전이 발행되어 사용되었다. 고액 거래 시 철전이 너무 무거워 운반하는 데 어려움이 있자 997년 민간 상인이 철전 대신 '교자(交子)'라는 어음을 유통했다. 지방 관료 가 교자의 발행권을 상인에게서 빼앗아 관청에서 인쇄하여 유통시켰다.

지폐는 남송을 거쳐 원나라로 계승되었다. 원나라는 동전의 사용을 일절 금지 하고 '교초(交鈔)'라는 지폐만 사용하게 했다(<그림 2-3> 참조). 13세기 마르코 폴로가 쓴 <동방견문록>에 이렇게 나와 있다. "그들은 어디에 가든지 이 지폐 로 모든 것을 지급한다. 즉, 진주, 보석, 금, 은을 비롯해 온갖 물품을 지폐로 살 수 있다. 그들은 갖고 싶은 물품은 무엇이든지 사들이고 정작 낼 때는 이 지폐를 사용한다."

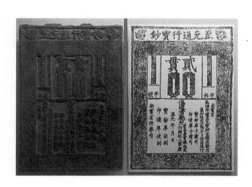

▮ 그림 2-3 ▮ 원나라의 교초(交鈔)와 그 원판

출처: https://ko.wikipedia.org/wiki/%EA%B5%90%EC%B4%88

유럽에서의 지폐

〈이슬람 세계의 '어음'〉

유럽에서는 17세기 초 영국에서 발행한 금과 은의 예치증서가 최초의 지폐로, 이는 오늘날 은행권의 모체가 된다. 그러나 유럽에서의 지폐 출현은 한참 이전인 이슬람 세계의 '어음'까지 거슬러 올라갈 필요가 있다. 아랍 유목민은 시리아와 이집트를 비잔티움 제국으로부터 빼앗았고 이란의 사산 왕조까지 무너뜨린 다음, 이슬람 교단을 사유화해 칼리프를 세습하며 세운 왕조가 우마이야 왕조(661~750)이다. 우마이야 왕조는 895년 로마제국의 금화와 사산 왕조의 은화를 통합하고 '디나르' 금화와 '다르함' 은화로 이루어진 금은복본위제를 시작했다. 아바스 왕조(750~1258) 하에 이슬람 세계는 인도양에서 벵골만, 남중국해로 경제를 팽창시켰다. 이슬람 상인의 활약으로 인도양을 중심으로 동아프리카에서, 동남아시아, 중국 남부에 이르는 해역을 연결하는 '아시아 대항해시대'가 시작되었을 뿐만 아니라 이란 상인이 동방에 개척한 '비단길', '초원길'이 연결되어 유라시아의 바다와 육지 경제가 통합되었다.

인도양이 개발되고 해안 도시를 중심으로 상업이 활기를 띠면서 유라시아 경제가 급속히 확대되었다. 그런 과정에서 은 공급량이 경제팽창속도를 따라가지 못하자 10세기에 이슬람 세계는 극심한 은화 부족사태를 겪었다. 상인들이 부족한 은화를 보충하는 수단으로 어음을 발행해 사용했다. 어음은 액면에 기입된 만큼의 돈을 약속 기일에 지급할 것을 약속·위탁하는 유가증권이다.[18]

10세기에 연이어 일어난 시아파 봉기 때문에 경제의 중심이 바그다드에서 지중해로 옮겨가게 된다. 그리고 십자군 전쟁이 종식되면서 도시가 발달하고 상업과 무역이 다시 부활했다. 도시가 가장 빨리 발달한 곳은 이탈리아였다. 대표 도시들이 피사, 제노바, 베니스 등이었다. 이들은 동방과 유럽 간의 중계무역의 중심지였다. 이들이 크게 발달할 수 있었던 요인은 십자군 원정과 밀접한 관계가 있다. 이들은 십자군에게 무기와 식료품 등을 대여해주는 조건으로 베이루트, 트

---

[18] 어음은 종이로 만들기 때문에 어음을 발행하려면 우선 종이가 공급되어야 한다. 종이 자체는 105년경에 중국의 후한시대에 발명되었다. 751년에 일어난 아바스 왕조와 중국의 당나라 간의 중앙아시아의 패권을 걸고 벌인 탈라스전투 때 당나라의 종이제조 장인이 아바스 왕조의 포로가 되면서 중국의 종이제조법이 중앙아시아에 전해졌다.

리폴리, 예루살렘, 키프로스 콘스탄티노폴리스, 이집트 등에 위치한 주요 무역 거점들을 장악하며 성장했다. 지중해에서 이슬람 상인, 유대상인, 이탈리아 상인 등을 중심으로 국제 상업이 발달하면서 '어음' 기술이 이탈리아의 도시들로 확산되었다. 그 후 17세기 초까지 무역결제가 외환어음을 통해 이뤄졌다.

13세기와 르네상스기를 거쳐 15세기까지 이탈리아 도시들이 무역과 금융의 중심지가 되었다. 15세기 중반부터 17세기 중반까지는 유럽인(주로 포르투갈과 스페인)이 아프리카, 아시아, 아메리카 대륙으로 대규모 항해를 떠났던 '대항해시대'다. 1540년대 페루와 멕시코에서 은광이 발견되어 엄청난 양의 은이 채굴되기 시작했다. 스페인은 멕시코에 화폐주조소를 짓고 대량의 은을 은화로 만들어 대서양을 통해 들여왔다. 이 돈이 바로 스페인 달러, 또는 멕시코 달러다. 멕시코 달러는 최초의 세계 은화로서 유럽과 아시아 대륙에 널리 유통되었다. 대항해시대 이전 유럽은 은 부족 사태와 은값 폭등으로 어려움을 겪고 있었다. 그런데 신대륙으로부터 엄청난 양의 은이 유럽에 유입되자 반대로 공급 과잉상태가 되어 은값이 폭락했다. 신대륙으로부터 들여온 은화로 인해 화폐공급이 증가해 스페인의 물가는 다른 유럽 국가들의 물가에 비해 빠른 속도로 상승했다. 이는 스페인의 수입 수요를 크게 증가시켰고, 수출산업의 국제경쟁력을 약화시켜 상공업 활동을 크게 위축시키는 결과를 초래했다. 신대륙으로부터 들여온 막대한 양의 은이 스페인의 지속적인 성장을 저해하고 나아가서는 경제적 쇠퇴를 야기했던 것이다.

스페인의 경제를 쇠퇴하게 했던 또 다른 이유는 신교탄압정책이었다. 1567년 이후 스페인의 무자비한 신교 탄압으로 네덜란드 독립전쟁이 일어나자 그 전쟁의 싸움터가 되었던 남부 네덜란드 지방의 도시와 산업이 파괴되었다. 이러한 혼란을 피해 많은 자본가적 노하우와 유동자본을 겸비한 상인과 숙련공, 금융업자들이 북부도시 암스테르담으로 모여들었다. 그 후 몇 년 동안 암스테르담은 네덜란드 남부에서 건너온 종교난민, 스페인과 포르투갈에서 건너온 유태인, 프랑스에서 건너온 위그노 등을 통해 금융자본과 인적 자본을 계속 확보하였다. 암스테르담은 금융업의 중심지였을 뿐만 국제적 중계무역지가 되었다. 암스테르담이 금융의 중심지면서 국제적인 도시로 자리 잡게 되었던 요인은 자유로운 경제 및 사회 환경이었다.

암스테르담에서 상품거래시장, 주식시장, 외환시장 등이 발달하였으며, 선물거래 등 거래 기법도 다양화되었다.[19] 150여 년간 암스테르담이 세계 금융의 중심지의 지위를 누리지만 17세기 후반 세 차례에 걸친 영국과 네덜란드 전쟁으로 성장세가 둔화되고 네덜란드의 해양권이 영국으로 넘어가면서 금융의 중심지 역시 런던으로 옮아간다.

〈지폐출현〉

유럽에서 지폐로의 대 전환은 17세기 런던에서 일어났다. 지금의 은행권, 은행예금, 부분지준제도 등이 런던의 금세공인들(goldsmiths)로부터 시작되었다. 금세공인들은 1530년대 수도원이 해체되면서 금 공급이 급격히 증가하자 16세기 후반에 자리를 잡은 장인 집단이었다. 많은 금세공인들이 왕실을 위한 장신구들을 만들고 조폐국에서 일하면서 왕실과 강한 유대관계를 가지고 있었다. 찰스 1세가 시민전쟁 이후 런던 탑에 있는 왕립조폐국(Royal Mint)에 보관되어 있는 개인의 금들을 압류하자 왕족과 귀족들이 자신들의 금과 은을 금세공인들에게 맡겼다. 대신 금장인으로부터 맡긴 금괴나 금화에 대한 보관증을 받았다(<그림 2-4> 참조).

---

19) 1602년 설립된 동인도회사가 최초의 주식회사다. 7세기 경제 및 금융제도의 또 다른 측면은 법인 형태의 발전이었다. 여기서 주목할 만한 것은 유한책임을 갖는 주식회사의 발달이었다. 주식회사가 확산된 배경은 신항로의 개척을 위한 항해에 뒤이어 16세기 후반에 새로운 형태의 무역이 발달된 데에 있었다. 이러한 형태의 무역에 참가하는 것은 과거에 영국해협을 무대로 전개된 전통적인 양모와 직물무역보다 훨씬 위험한 일이었다. 주식회사가 만들어지게 된 동기는 이런 해외무역에 수반되는 수많은 금융계약의 위험성을 분산시키기 위한 것이었다. 17세기 무렵에는 네덜란드와 영국에 무역특허를 가진 회사들이 일찍이 설립되었다. 이들은 해외의 특별한 지역과의 무역에서 독점권을 획득하였다. 동시에 이 회사들은 무역과 조선업에도 종사하였다. 17세기 후반에 법인 형태는 금융부문에도 도입되었다. 18세기 초에 영국과 프랑스에서 거의 동시에 발생한 영국의 남해회사 포말사건과 프랑스의 미시시피 거품 사건으로 주식회사에 대한 신뢰는 땅에 떨어졌다가, 19세기에 철도 건설이 시작되면서 비로소 주식회사가 정착하게 되었다.

┃그림 2-4┃영국 금세공인의 금보관증

출처: https://www.numismaticnews.net/paper−money/goldsmith−receipts−tell− interesting−tale

　이러한 관행이 점점 늘어났고, 두 사람이 교환할 때 물건을 구입한 사람은 보관증으로 대금을 지불했다. 금세공인은 보관증을 가져온 사람에게는 누구에게나 금을 내줬다. 이러한 거래 방법이 점점 확산되어 보관증이 교환의 매개체로 사용되었다. 시간이 지남에 따라 금 보관증의 형태가 다양해졌다. 맡긴 금에 대해서 단순히 한 장의 보관증을 써 준 것이 아니라 액면을 달리한 여러 가지 보증서를 만들어 맡긴 금의 해당 가치만큼 소액 보증서와 고액 보증서를 섞어 주었다. 이러한 보관증, 즉 금보증서(gold certificates)가 나중에 은행권으로 발전했다. 이러한 보증서는 소지하는 사람에게 금으로 태환해주었기 때문에 당시 은행권은 태환권(convertible notes)이었다. 구텐베르크(1456)의 인쇄기 발명은 은행권 발달에 크게 공헌하였다. 인쇄기 사용으로 은행권 발행이 용이하였고 발행 비용이 적게 들었기 때문이다.

　금세공인들은 일정 기간 동안 예금된 금과 금화의 일부만이 인출된다는 사실을 발견하였다. 그리고 예금의 일부를 대출해줄 수 있고, 고객이 예금을 인출할 때 그 의무를 이행할 수 없는 위험이 적다는 것을 알았다. 이러한 대출 활동은 그들에게 더 많은 이윤을 얻을 기회를 제공하였다. 그리하여 금세공인들은 은행가로 변모했고 예금을 끌어들이기 위해 서로 경쟁하였다. 예금을 끌어들이기 위해 기존에 받던 보관료를 받지 않고 오히려 예금에 대해 이자를 주었다. 고객이 맡긴 금화와 은화 모두를 금고에 보관하는 것이 아니라 고객의 인출 요구에 대비해 그 일부만을 보관하고 있기 때문에 이와 같은 제도를 부분지급준비제도, 또는 부분지준제도(fractional reserve system)라 한다.

　사실 유럽에서 최초로 발행된 은행권은 1661년 스톡홀름은행(Stockholms Banco)이 발행한 것이다(<그림 2-5> 참조). 이 은행은 1656년 설립된 은행으로서 스웨덴 국립은행(스베리예스 릭스방크; sveriges riksbank)의 전신이다. 스톡홀름은행은 당시 지불수단으로 사용되는 동판을 대체하기 위해 발행했다. 이 은행권이 발행되게 된 배경에는 동전 공급과 관련이 있다. 값싼 외국산 구리가 유입됨으로써 스웨덴은 은과의 상대가치를 유지하기 위해 구리 동전의 크기를 늘려야 했다. 새 동전의 무게가 너무 무거워지자 상인들이 그것을 예금하고 영수증을 받았다. 이 영수증이 은행권이 되었다. 3년 후에 그 은행은 파산하게 되는데, 그 이유는 준비금에 비해서 너무 많은 은행권을 발행했기 때문이었다. 이 은행이 1668년 릭센스 스텐더스 은행으로 다시 설립되고 스웨덴의 중앙은행이 되며, 19세기까지 은행권을 발행하지 않았다.

┃그림 2-5┃ 유럽 최초의 은행권(스톡홀름은행)

출처: https://www.riksbank.se/en－gb/about－the－riksbank/history/historical－timeline/1600－
　　　1699/first－banknotes－in－europe/

〈중앙은행과 중앙은행권〉

영국에서 발달한 중요한 것이 중앙은행제도다. 1694년 영국 정부는 프랑스와의 전쟁비용을 마련하기 위해 채권을 활용했다. 채권을 통해 조달한 자금의 평균 금리가 10%였다. 스코틀랜드 출신 상인이자 은행가인 윌리엄 패터슨의 청원을 받아들여 8% 금리로 120만 파운드를 대출해주는 대가로 40명의 투자자로 구성된 조인트스톡회사(joint-stock company) 형태로 잉글랜드은행(Bank of England)의 설립을 인가해줬다. 잉글랜드은행은 많은 특혜를 받았다. 먼저 잉글랜드은행 주주에 대해 유한책임의 특권이 부여되었다. 당시 조인트스톡회사의 주주들은 무한책임을 져야 했다. 또 잉글랜드은행과 경쟁할 수 있는 은행의 출현을 막기 위해 6명 이상의 합자은행은 은행권 발행을 금지하는 법을 제정하였다. 이 규제로 인하여 영국의 다른 은행들은 충분한 자본을 가질 수 없어 소형은행으로 발전할 수밖에 없었고, 소형 민간은행들은 동일한 선상에서 경쟁을 할 수 없어 어려움을 겪으면서 대부분의 민간은행권이 1780년경에 런던에서 사라졌다. 게다가 소형은행들이 잉글랜드은행과 거래를 하는 관행이 이루어져 잉글랜드은행이 서서히 중앙은행의 성격을 띠기 시작했다. 그리고 1833년 은행권법(the Bank Notes Act)에 따라 잉글랜드은행권이 법화(法貨)로 지정되었다가, 나중에 공식적으로 중앙은행이 되었다.

국제적인 금본위제도 탄생

고대부터 금이 화폐로써 사용되어 왔지만 법적으로 금본위제도를 실시하게 된 것은 19세기부터다. 영국이 금본위제도를 실시한 것은 사실상 1816년부터지만 법적으로는 1821년이다. 사실 19세기 말까지 대부분의 국가는 금화와 은화를 동시에 사용하는 복본위제도였다. 영국 역시 마찬가지였다. 영국이 복본위제에서 금본위제도로 바뀌게 된 데에는 만유인력의 법칙을 발견한 아이작 뉴턴 때문이었다.

뉴턴은 친구인 재무부 장관 찰스 몬터규(Charles Montague)의 제안으로 런던 탑에 있는 조폐국의 감사가 되었다가 나중에 조폐국장이 되었다. 당시 주조된 기니 금화(아프리카 기니에서 주조된 금화를 의미)는 약 금 1/4온스가 들어있었고, 1파운드, 즉 은 20실링의 가치가 있었다. 그러나 1717년 뉴턴은 금화 1개의 가치를 은 21실링으로 정했다. 뉴턴이 정한 비율로 인해 금화는 과대평가된 화폐(악화)가

되었고, 은화는 과소평가된 화폐(양화)가 되었다. 그레셤의 법칙에 따라 악화가 양화를 구축함에 따라 은화가 사라지고 금화만 남았다. 뉴턴으로 인해 우연히 복본위제에서 금본위제로 전환되면서 1816년 사실상 금본위제도가 실시되었고, 1821년 영국은 공식적으로 금본위제를 채택한 최초의 국가가 되었다. 국제적으로 금본위제도가 어떻게 변천되었는가를 보기로 하자.

〈순수금본위제(pure gold standard: 1879~1914)〉

세계적으로 금본위제도가 실시된 것은 1879년부터다. 영국이 앞에서 언급한 것처럼 금본위제도를 실시한 것은 1816년부터이다. 당시에는 다른 국가들이 금본위제도를 채택하지 않아 실질적으로는 영국이 유일한 국가였다. 따라서 당시를 세계적인 금본위제의 시기였다고 말할 수 없었다. 당시에 독일 국가들은 은본위제였다. 그러다가 1871년 프러시아로 통일된 이후 금본위제도로 전환하였다. 그리고 1873년과 1874년에 많은 유럽 국가들이 뒤를 이어 금본위제도를 채택하였다. 미국이 금본위제도법을 통과시킨 것은 1873년이었지만 1879년까지 달러를 금으로 태환하지 않았다. 그래서 미국이 참여한 1879년부터 제1차 세계대전 이전인 1914년까지가 금본위제도의 시기가 되며, 이시기의 금본위제를 순수금본위제라고 한다.

금본위제도는 각국의 화폐가 금으로 직접 교환될 수 있는 화폐제도다. 예를 들어 1달러짜리 지폐를 미국 재무부에 가져가면 미국 재무부는 1달러 지폐를 약 1/20온스의 금으로 교환해주었다. 마찬가지로 영국 재무부는 1파운드 스털링을 1/4온스의 금으로 교환해주었다. 미국인은 20달러를 1온스의 금으로 전환해 4파운드를 살 수 있었기 때문에 파운드와 달러의 환율은 실제로 파운드당 5달러로 고정되었다. 금본위제도 하에서 환율이 고정됨으로써 환율변동에 따른 불확실성이 제거되어 세계무역이 촉진되었다.

〈금환본위제도(gold exchange standard; 1922~1931)〉

1914년 제1차 세계대전의 발발로 전쟁에 참여한 대부분의 국가들이 금 태환을 중지하였고 재정자금의 마련하기 위해 화폐발행을 늘렸다. 그러나 전쟁이 끝나고 즉각적으로 금본위제도가 되지 않았다. 그 이유는 각국이 자국의 화폐에 대하여 충분히 평가절하하거나 통화량을 줄이려고 하지 않았기 때문이다. 전전(戰前) 금본위제도가 복귀될 수 있을 때까지 통화량을 줄이기보다는 차라리 금환본위제도라는 것을 통해 세계의 금 스톡을 절약하는 것이 더 낫다는 결정을 했다. 그것이 1922년 제노아 협정이다. 각국의 화폐는 국제 결제의 목적을 위해 외부적으로 금에 연결되었지만, 금화와 금보증서가 미국을 제외하고는 실제로 내부적으로 유통되지 않았다. 이것이 금에 대한 세계수요를 감소시킬 수 있고 최소한의 통화량 감소와 평가절하로 전전의 금본위와 유사한 것으로 되돌아갈 수 있다고 생각하였다.

1925년에 영국이 태환을 재개하였고, 그 후 5년에 걸쳐 다른 주요 유럽 국가들이 참여했다. 그러나 영국과 다른 국가들이 자신들이 정한 환율 목표를 보장하기에 충분할 만큼 통화량을 줄이지 않았다. 결과적으로 그들의 화폐는 과대평가되었으며 1920년대 후반 내내 국제수지 적자 문제로 어려움을 겪었다. 1931년에 영국과 다른 22개 국가들이 마침내 평가절하와 태환을 중지하였다. 대신 국가들이 국제수지 적자 문제를 해결하기 위해 무역장벽과 외환통제를 하였다. 대공황이 일어나면서 1930년대 초에 금환본위제가 붕괴되었다.

〈브레튼우즈 체제(Bretton Woods System: 1958~1971)〉

1944년 제2차 세계대전에서 연합국의 승리가 확실해짐에 따라 연합국들의 대표들이 뉴햄프셔의 브레튼우즈에서 만나 전후 화폐제도에 대해 논의를 하고 1930년대의 실수를 회피하고자 했다.[20] 순수금본위제도와 금환본위제도에서와 같은 어떤 고정환율이 필요했지만, 동시에 1920년대 영국에서 경험한 것처럼 "기초적 국제수지 불균형"(지속적인 대규모 국제수지 적자) 문제가 있는 경우 고정율을 조정하는 신축성이 있어야 한다고 생각했다. 이 문제를 미국 달러가 온스당 35달러에서 금으로 태환되고 주요 국가들이 어떤 고정율로 자신들의 화폐를 달러와 연계시키는 방식으로 풀었다. 이것이 브레튼우즈의 협정이다. 이러한 방식으로 다른 국가들의 화폐는 간접적으로 금으로 태환되었지만 미국만이 실제로 금지준(gold reserve)을 보유해야 했다. 브레튼우즈시스템은 실질적으로는 달러환본위제

---

20) 여기에서 최종 협정에 가장 영향을 미친 인물이 영국 대표로 참여한 케인즈다.

도(dollar exchange standard)였다.[21]

브레튼우즈 체제는 1945년 종전 후 바로 실행되지 못하고, 프랑스가 외환통제를 제거함으로써 달러 태환성이 가능해진 1958년에 비로소 기능하기 시작하였다. 브레튼우즈 체제가 시작되자 곧 미국의 금 보유량이 빠져나가기 시작하였고 국제수지 적자를 기록하기 시작했다. 특히 프랑스는 달러 지준을 금으로 교환함으로써 자신들의 금 보유량을 늘리기 시작하였다. 그리하여 1960년대 미국의 금 보유량은 계속해서 감소했다. 미국이 1960년대에 인플레이션 유발적인 통화정책을 추진하여 미국의 물가가 오르기 시작했으며 달러는 다른 국가들의 화폐와 금에 대해 심각하게 과대평가되었다. 달러가 평가절하되어야만 하는 상황에 이르자 투기가 일어나 국제수지 적자를 더욱 악화시켰다. 그러자 1971년 닉슨 행정부는 온스당 35달러에서 달러를 금으로 태환해주는 것을 중지하였다. 그러다가 1973년 주요국이 환율을 유동화시킴으로써 브레튼우즈시스템이 붕괴되었다. 금본위제도는 대내적 화폐제도에서뿐만 아니라 대외적 화폐제도에서 사라지고 불환화폐제도와 국가 간의 변동환율제도로 넘어가게 된다.[22]

■ 불환화폐(fiat money)

대부분의 국가에서 금본위제도를 유지하는 한 중앙은행과 법화로 인해 경제에 미치는 영향은 그리 크지 않았다. 그러나 금 태환의 금지로 중앙은행과 법화가 미치는 영향은 매우 컸다. 일단 화폐의 가치와 금의 양 간의 연계가 끊어지면서 정부의 지원을 받는 중앙은행이 원하는 대로 화폐를 발행하는 것을 막을 수 없게 되었다. 민간은 이전에 계약한 부채에 대해 중앙은행이 발행한 지폐를 법에 의해 가치가 적더라도 완전한 지금(地金)처럼 받아들이도록 강요되었다. 그리고 화폐 가치가 정치적 과정에 의해 결정되는 경우가 많았다. 중앙은행에게 불환지폐를

---

21) 브레튼우즈 합의에 따라 국제통화기금(IMF: International Monetary Fund)이 창설되었다. IMF는 고정환율을 유지하기 위한 준칙을 설정하고 국제수지의 어려움을 겪는 국가들에게 대출해줌으로써 세계무역의 성장을 촉진시키는 임무를 부여받았다. IMF가 설정한 준칙을 회원국들이 준수하는지를 감시하기 위해 IMF는 국제경제 통계자료를 수집하고 표준화하는 일을 수행한다. 뿐만 아니라 브레튼우즈 합의에 따라 세계은행(World Bank)이라고 부르는 국제부흥개발은행(International Bank for Reconstruction and Development)이 창설되었다. 세계은행은 개발도상국들에 댐, 도로, 기타 실물자본 건설을 위한 장기대출을 제공한다. 이와 같은 장기대출을 위한 자금은 세계은행 채권을 발행하여 주로 선진국들의 자본시장에서 판매함으로써 조달된다.

22) 물론 일부 국가에서는 고정환율제도를 실시한 경우도 있다.

발행하는 독점력을 부여하고 화폐가치를 무한정 하락할 수 있게 함으로써 고대의 국가 주화독점과 주화변조가 법에 의해 다시 출현한 것이다.

불환지폐는 정부가 개입하지 않는 시장에서도 발생할 수 있다.[23] 지폐가 교환의 매개체로서 물품화폐를 대체하게 되면 화폐제도는 궁극적으로 불환화폐(inconvertible money)로 발전하게 된다. 이 결과는 화폐제도가 완전지준제도에서 부분지준제도로 발전한 사실로부터 나온다. 부분지준제도는 물품화폐를 기본으로 하고 있다 하더라도 사실상 물품의 보증이 없는 불환지폐다. 발행인이 총의무의 일부만을 지준으로 보유하며 은행업을 하는 부분지준제도 하에서는 대부분의 사람들이 금보다는 보증서인 은행권이나 예금으로 화폐를 보유하게 된다. 그러한 제도에서 총 화폐량은 화폐적 목적으로 사용되는 금의 양보다 많아질 것이고, 그것이 갖는 물품가치는 액면가치보다 훨씬 낮을 것이다. 왜냐하면 그것은 단순히 종이에 불과하기 때문이고, 만약 모든 사람이 한꺼번에 발행인에 몰려가서 청구할 경우에 발행인은 그 청구를 모두 만족시킬 수가 없어서 소지자가 액면가치만큼 돌려받지 못하기 때문이다. 그럼에도 불구하고 사람들이 거래에서 사용하는 이유는 액면가치가 인정이 되고 서로 사람들이 받아주기 때문이다. 다시 말하면 지폐가 실제 물품가치는 거의 없다고 하더라도 이제는 그 자체의 사용가치를 갖게 된 것이다. 그래서 사람들이 지폐를 화폐로 사용하는 이유는 그것을 금이나 은으로 상환하기 위함이 아니라 자신들이 원하는 재화를 사는 데 사용하려고 하기 때문이다. 그래서 지폐의 사용가치의 변화가 없다면 사람들은 그것이 태환이 되든 되지 않든 상관치 않을 것이다. 사용가치가 존재하면 사람들은 그 지폐를 교환의 매개체로 사용할 것이다. 따라서 궁극적으로 화폐제도가 부분지준제도가 되면 순수불환화폐(pure fiat money)가 된다.

그러나 지금 우리가 사용하는 불환지폐는 시장에서 진화한 화폐가 아니다. 태환지폐에 대해 정부가 불환을 선언함으로써 태생된 것이다. 불환화폐는 시장에서 진화한 태환지폐가 없었다면 불가능했던 것을 이해할 필요가 있다. 아무리 강력한 정부라 하여도 아무것이나 명령한다고 화폐로 사용되는 것이 아니다. 주화시대의 법화의 경우도 이미 시장에서 주화가 민간에 의해 주조되어 사용되던 것을 중간에 정부가 압류하여 명령한 것이다. 법화는 그것이 주화든 불환지폐든

---

23) 보다 자세한 것은 McCulloch(1982, 8쪽)을 참조하기 바람.

이전부터 오랜 시간 시장에서 형성되고 사람들 사이에서 신뢰를 얻은 화폐를 바탕으로 한다. 어느 날 갑자기 정부가 명령하여 어떤 것을 화폐로 사용하라고 하여도 사람들이 신뢰하지 않고 사용하지 않으면 화폐가 되지 못한다. 좋은 예가 고려왕조의 동전·은화(銀貨: 銀瓶·標銀·碎銀 등) 및 저화(楮貨)다.[24] 이것들을 법화로서 유통시키려 했지만 사람들이 사용하지 않아 화폐기능을 하지 못했다. 한국은행권이 화폐인 이유는 정부가 그렇게 하라고 해서가 아니라 한국인들이 재화와 서비스의 판매 대금과 채무의 변제에서 그것을 기꺼이 받아주기 때문이다. 어떤 것을 화폐로 만드는 것은 사람들에 의해 교환의 매개로서 받아들여지고 사용되는 것이지 명령만으로는 화폐가 되지 않는다. 정부가 너무 많이 화폐를 발행했을 때 국민들이 그것을 받아들이기를 꺼려했음은 세계 각국의 역사에 나와 있다.

불환지폐가 가치를 지니는 이유: 미제스(Mises)의 회귀정리(regression theorem)

사람들은 어제의 화폐가치를 참고하여 오늘의 화폐가치에 대한 판단을 내리며, 어제는 그제의 가치를 참고하여 내린다. 이와 같은 회귀과정을 계속 거슬러 올라가면 어떤 재화가 교환의 수단으로 사용되기 직전에 이른다. 바로 그 시점에 그 재화의 소비나 산업적 용도로서의 교환가치에 다다르게 된다. 따라서 미제스는 어떤 재화가 화폐로서의 기능을 하기 전에 화폐적 기능과는 다른 어떤 다른 이유로 이미 교환가치를 가지고 있어야 하며, 그렇지 않고서는 화폐로 등장할 수 없다고 말한다. 불환지폐의 출현과 지속에서 보는 것처럼 이미 교환가치의 본래의 근원이 사라져 버린 경우에도 화폐로서의 가치를 유지할 수 있다는 점을 설명한다. 미제스의 회귀정리는 태환 중지에 따른 불환지폐 역시 어떤 상품에 그 근원이 있음을 보여줌으로써 불환지폐가 가치를 지니는 이유를 설명한다.

---

24) 당시에 은병(銀瓶)을 발행하면서 왕은 「근래에 간사한 백성이 동(銅)을 섞어서 도전(盜錢)하니 지금으로부터 은병을 쓰는 데는 모두 표인하여서 항식으로 삼고 위반하는 자는 중죄로 논하라」라는 명령을 내렸다(이석륜 1984, 10쪽).

■ 디지털화폐

컴퓨터가 개발되고 인터넷이 확산됨에 따라 전자적 지불수단(electronic payment)이 발달하였다. 이 전자적 지불수단을 디지털화폐라고 부른다. 디지털화폐는 지폐와 주화처럼 물리적으로 실체가 있는 것이 아니다. 컴퓨터를 사용하여 계산되고 전송된다. 전자지불수단은 과거 지폐와 수표를 사용하는 것보다 거래비용을 크게 절감시켰다. 과거에는 거래의 대금 지급을 위해 현금을 직접 전달하거나 수표를 우편으로 보내야 했다. 그러나 오늘날에는 은행들의 웹사이트를 이용하여 클릭 몇 번으로 지급액을 전송할 수 있다. 따라서 직접 찾아가야 하는 시간 및 교통비용과 우편 요금을 절약하는 것은 물론 대금 지불이 쉬워졌다. 더욱이 반복적으로 지급할 대금은 은행 웹사이트에 접속할 필요도 없이 계좌이체를 통해 자동으로 은행계좌에서 빠져나간다. 이러한 편리한 점 때문에 전자지불수단은 지난 수십 년 동안 지폐와 수표를 대체해 왔다. 그러나 모든 전자적 지불수단이 교환의 매개체, 즉 화폐가 되는 것은 아니다. 그 이유를 보자.

화폐(교환의 매개체)와 지불수단의 차이

화폐는 재화와 서비스를 거래할 때 사람들이 일반적으로 받아주는 자산(재화)이다. 사람들이 보유하고 있는 자산이 교환의 매개체로 사용되면 그 자산은 화폐가 된다. 여기서 중요한 것은 화폐가 될 수 있는 첫 번째 조건은 자산이어야 한다는 점이다. 그리고 그 자산이 재화와 서비스를 구매하기 위한 형태로 전환할 경우 화폐가 된다. 그것은 앞에서 언급한 바와 같이 최초의 화폐가 물품이었다는 사실에서 알 수 있다. 물품은 그것을 소유한 사람의 자산이고, 그 자산이 재화와 서비스를 거래할 때 보편적으로 사용되다 화폐가 되었다.

우리 주변에서 마치 화폐처럼 인식되는 것이 있다. 그것은 재화와 서비스를 구매할 때 사용하는 신용카드, 직불카드 등과 같은 지불수단이다. 지불수단은 화폐의 인도를 촉진하는 수단이지 그 자체가 자산이 아니다. 그래서 그 지불수단은 마치 교환의 매개체처럼 보이지만 화폐가 아니다. 그런 점에서 교환의 매개체(화폐)와 지불수단을 동의어로 사용해서는 안 된다. 달리 표현하면 교환의 매개체는 지불에 사용되는 '자산'을 말하는 것이고 지불수단은 그 자산을 인도하는 '방법'이다. 그래서 신용카드와 직불카드, 수표는 지불수단이지 화폐가 아니다. 100만 장

의 신용카드, 직불카드, 수표 등은 재화와 서비스에 사용되는 화폐량과는 아무런
상관이 없다.

가치저장을 기반으로 한 전자화폐: 디지털화폐

전자적 지불수단 중에서 화폐가 되는 것은 가치저장을 기반으로 한 전자화폐
다. 가치저장을 기반으로 한 전자적 지불수단만이 화폐가 되는 이유는 그것만이
'자산'이기 때문이다. 이러한 전자화폐에는 두 가지 형태가 있다. 하나는 스마트
카드형이고, 다른 하나는 네트워크형이다. 스마트카드형은 전자지갑(electronic
purse)으로도 알려져 있다. 스마트카드는 현금을 내장하고 있는 마이크로프로세
스를 가지고 있는 플라스틱 카드를 말한다. 재화와 서비스를 구입할 때마다 카드
에 들어있는 금액이 줄어든다. 스마트카드는 재충전이 가능하며, 여러 가지 목적
으로 사용될 수 있고, 직불카드나 신용카드와는 달리 자금을 이전할 때 온라인
공인이 필요 없다. 대표적으로 기프트카드, 교통카드 등이 이것에 해당한다.

네트워크형은 인터넷상의 가상은행 또는 거래은행과 접속되는 컴퓨터 내에 화
폐가치를 예치 저장하였다가 필요 시 공중통신망을 통해 대금결제에 사용하는
형태다. 컴퓨터 통신망을 통하여 즉시 상대방에게 전달되어 결제 처리된다. 네트
워크형 전자화폐를 이용하려면 먼저 컴퓨터로 은행통장기능을 겸비한 소프트웨
어를 통해서 자신의 거래은행에 전자화폐의 발행을 요청하여 이를 자신의 컴퓨
터 하드디스크에 저장해야 한다. 현금형 전자화폐와 수표형 전자화폐가 있다. 현
금형 전자화폐는 디지털화폐를 PC에 저장, 사용하는 것이다. 대표적인 예가 E−
캐시다. 수표형 전자화폐는 자신의 컴퓨터로 전자수표를 발행해서 인터넷으로
상대방에게 지급하는 것이다. 대표적으로 미국 FSTC(Financial Services Technology
Consortium)의 E−Check, 카네기멜론대학의 네트빌(NetBill) 등이 있다.

이 디지털화폐는 은행이나 다른 금융회사, 혹은 기업들이 발행하는 것으로서
특정 계좌와 연계되어 있지 않다. 이 점이 직불카드와 신용카드와 다른 점이다.
디지털화폐의 발행액은 발행자의 부채다. 은행이나 비은행 금융회사들이 디지털
화폐를 발행하려고 하는 것은 무이자로 자금을 조달할 수 있기 때문이다. 은행이
고객으로부터 일정 금액을 받고 그에 상응하는 액수를 내장된 전자화폐를 발행
하면, 그것은 고객이 은행들에게 해당 금액만큼을 무이자로 빌려준 것이나 다름
없다. 민간의 디지털화폐가 많이 사용되면 중앙은행권(현금)의 사용과 요구불예

금에 대한 수요가 줄게 된다. 따라서 디지털화폐는 중앙은행의 통화관리에 영향을 미치게 된다.

암호화폐: 비트코인(Bitcoin)

2008년 블록체인 기술을 기반으로 한 비트코인이라는 새로운 디지털화폐인 암호화폐가 등장했다. 비트코인은 2008년 10월 사토시 나카모토라는 가명을 쓰는 프로그래머가 개발했다. 이것은 성격상 디지털이라는 면에서는 전자화폐와 같지만, 아주 다른 시스템을 가지고 있다. 전자화폐는 불환지폐제도의 전자형태이고 여전히 원, 달러, 유로, 엔 등과 같은 단위로 거래된다. 그리고 정부나 은행의 중앙시스템 안에서 규제되고 통제된다. 이와는 달리 비트코인은 탈중앙화(decentralized) 된 전자화폐다. 다시 말하면 중앙은행 혹은 중앙통제기관 없이 P2P 방식으로 개인들 간에 자유롭게 송금할 수 있는 암호화폐(crypto-currency)다. 비트코인은 전 세계적으로 확산되어 가게, 식당, 병원 등과 같은 많은 장소에서 교환의 매개수단으로 받아들여지는 곳이 있다. 베네수엘라와 같은 국가에서는 정부화폐보다 더 신뢰성이 있는 것으로 간주되고 있다.[25] 비트코인 이후 블록체인을 이용한 암호화폐 종류가 2,000종에 이른다.

비트코인 거래는 평균적으로 10분 정도 걸린다. 현재의 국제 거래에서는 각각의 장부를 확인하고 승인하는 절차에 2~3일 걸리기 때문에 비트코인은 기존의 방법보다 거래비용을 크게 감소시키는 장점이 있다. 그러나 불특정 다수가 참여하는 퍼블릭 블록체인(public blockchain)을 기반으로 하는 비트코인과 같은 암호화폐는 거래의 즉각적인 처리가 필요한 금융서비스에는 맞지 않는 한계가 있다. 불특정 다수가 참여하다 보니 블록을 공유해야 하는 시간이 길어서 초당 수천, 수만 거래를 처리할만한 계정엔진을 구축하는 것이 물리적으로 불가능한 문제를 안고 있다. 실제로 비트코인 결제 시간은 지금의 신용카드 결제 시간보다 더 길다. 비트코인보다 더 발전된 이더리움에서 내가 보낸 거래 결과를 확인하려면 약 1~2분을 기다려야 한다.

이런 한계를 극복하고 오픈된 인터넷이 아닌 자사의 네트워크나 파트너끼리 이용하는 네트워크의 내부에서만 사용하자는 아이디어로 등장한 것이 프라이빗

---

25) 엘살바도르는 2021년 6월 세계 최초로 비트코인을 법화로 지정했다.

블록체인(private blockchain)이다. 퍼블릭 블록체인의 강점이 완전한 비중앙화에 의해 관리자 없이도 안정성과 항구적 서비스를 계속하는 것이라면, 프라이빗 블록체인의 강점은 컴퓨터나 네트워크 환경의 스펙을 자사에서 관리할 수 있기 때문에 유연하게 관리할 수 있고, 다양한 프라이버시를 확보할 수 있으며, 거래의 즉각적인 처리가 가능하다. 그리하여 금융서비스에는 프라이빗 블록체인이 더 적합하다.

그러나 프라이빗 블록체인에도 문제가 있다. 프라이빗 블록체인의 경우에는 퍼블릭 블록체인과 달리 해커의 공격과 같은 다양한 상황에서 그 내용이 위·변조될 수 있는 가능성이 있다. 그래서 이런 문제를 해결하기 위해 앵커링(anchering) 방법을 사용한다. 즉 프라이빗 블록체인의 거래 데이터를 주기적으로 비트코인 등 퍼블릭 블록체인의 거래 안에 포함시켜 서로 비교하면서 데이터의 위·변조를 확인하는 것이다. 이와 같이 지금 블록체인 시장은 암호화폐 거래 중심의 퍼블릭 블록체인과 제도권 시스템에 활용되는 프라이빗 블록체인이라는 두 개의 축으로 발전하고 있다. 실제로 계정시스템 등 은행 내 인프라에는 프라이빗 블록체인의 비중이 많고, 송금서비스 등에는 퍼블릭 블록체인의 비중이 많으며, 금융회사들 간의 거래시스템에는 프라이빗 블록체인과 퍼블릭 블록체인이 함께 존재한다. 앞으로 블록체인은 계속 진화하면서 발전할 것이다. 암호화폐는 가치를 저장하고 있기 때문에 자산으로서 일단 '화폐'로 선정될 가능성은 있다. 그러나 현재로 서는 화폐로 인정받기는 어렵다. 가치변동이 심하고 미제스의 회귀정리에 따른 역사성이 없기 때문이다. 그러나 나중에 암호화폐가 진화하여 사람들 간에 신뢰를 갖게 되면 미래에 화폐의 지위를 얻을 수 있는 가능성은 있다.

리브라(Libra)

월간 이용자 24억 명에 이르는 세계 최대 소셜 플랫폼 페이스북이 2019년 6월 18일 블록체인을 기반으로 하는 결제용 암호화폐를 2020년에 발행하겠다고 발표했다. 그 백서에 따르면 리브라는 실제 자산으로 100% 보증되는(a fully backed) 암호화폐이며, 전적으로 수요에 따라 발행되고, 그 가치는 지준금(reserves) 바스켓으로 정해진다. 그 바스켓은 안전자산과 안정적인 국제통화들로 분산화되어 구성되어 있다. 리브라는 현재의 통화들과 연계되어 있고, 지준금을 바탕으로 한다는 점에서 비트코인과는 다르다. 그래서 비트코인보다는 안정성이 있을 것이다. 그러나 여기에도 약점이 있다. 바스켓에 들어있는 통화들이 불환화폐들이므로 그 통화들의 바스켓이 변할 수 있으며, 그에 따라 리브라의 가치도 영향을 받을 수 있다.

페이스북은 미국을 비롯한 각국이 법정화폐를 위협할 우려가 있다며 반대하고 규제하자 리브라 발행을 포기했다. 대신 2021년 1월 '디엠'을 출시를 계획하고 리브라를 대폭 수정해 달러에 1대1로 연동된 '디엠'을 발행하려고 했다. 그러나 여전히 정부의 규제로 실현되지 못하고 있다.

CBDC(Central Bank Digital Currency; 중앙은행디지털화폐)

CBDC는 중앙은행이 블록체인을 이용하여 발행하는 암호화폐다. 암호화폐의 일종이면서도 중앙은행이 발행하는 통화이기 때문에 교환의 매개체로 쓰일 가능성이 가장 크다. 중국인민은행이 2020년 10월에 "디지털위안화 E−CNY"을 발행했고, 미국, 영국, 러시아, 일본, 네덜란드 등 각국의 중앙은행이 '디지털화폐' 발행을 추진하고 있다. 우리나라 한국은행도 2021년 7월 카카오 컨소시엄을 CBDC 모의실험 사업자로 선정하여 CBDC 발행을 추진하고 있다.

CBDC는 중앙은행이 직접 통제 가능한 통화이므로 중앙은행이 통화량을 조절할 수 있다는 장점이 있지만, 이것은 근본적으로 불환화폐이므로 불환화폐가 가져올 폐해가 존재한다. 1971년 부분적으로나마 금본위체제였던 브레튼우즈 체제가 붕괴되고 불환화폐체제로 전환된 이후 세계적으로 화폐가치가 급락했다. 절반 이상 구매력을 유지한 국가가 거의 없다. 또 과다하게 발행된 경우 경제위기를 초래했다. 대표적인 사례가 1990년대 말 동아시아 국가들의 외환위기와 2008년 미국의 서브프라임 모기지 사태로 촉발된 글로벌 금융위기다. CBDC의 경우 헬리콥터식 화폐공급이 더욱 쉽다. CBDC는 통화정책에도 영향을 미칠 수 있다. CBDC에 관한 자세한 것은 제11장에서 다시 다룰 것이다.

화폐의 가치와 화폐량의 측정

I. 화폐의 가치

■ 화폐의 시장가격

화폐는 앞장에서 정의한 것처럼 교환의 매개수단으로 사용되는 '재화'이지만, 다른 재화와는 아주 다른 독특한 특성을 지니고 있다. 화폐는 그 자신의 시장을 가지고 있지 않다는 점이다. 따라서 화폐는 자신만의 단 하나의 가격을 가지고 있지 않다. 어떤 재화의 시장가치는 시장에서 그것과 교환되는 것으로 표시된다.[1] 화폐경제에서 모든 재화와 서비스의 시장가치는 화폐로 표시되기 때문에 어떤 특정 재화의 가격은 그것과 교환되는 화폐의 양이 된다. 화폐의 '가격'을 이와 같이 '화폐의 양이 교환되는 화폐의 양'이라고 한다면 전혀 의미가 없다. 의미가 있으려면 화폐의 가격이 어떤 다른 것으로 표현되어야만 한다. 우리가 재화와 서비스의 가격을 그것과 교환되는 화폐의 양으로 표시되는 것처럼 화폐의 가격은 그것과 교환되는 재화와 서비스의 양, 즉 화폐를 구입하기 위해 사용되는 재화와 서비스의 양으로 표시되어야 한다.[2] 그리하여 화폐 한 단위의 시장가치는 다른 재화를 구입할 수 있는 양으로 표시되는 구매력(purchasing power)이며, 화폐 한 단위와 다른 여러 가지 재화와 서비스 간의 교환비율이다. 화폐는 모든 다른

---

[1] 거래를 하려고 할 때 사람들은 마음속으로 원하는 물건과 자신이 가지고 있는 것의 상대적 가치를 비교할 것이다. 그래서 자신이 가지고 있는 것보다 자신이 원하는 것의 가치가 더 크다면 자신이 가지고 있는 것과 원하는 물건을 교환할 것이다. 내가 생산한 쌀 한 말이 다른 사람이 만든 신발 한 켤레보다 가치가 작다 여긴다면, 그리고 신발을 만든 사람이 신발 한 켤레보다 쌀 한 말에 더 가치를 둔다면 나의 쌀 한 말과 그 사람의 신발 한 켤레는 교환될 수 있다. 서로가 낮게 평가한 재화를 높게 평가한 재화와 교환을 했기 때문에 나와 그 사람은 모두 이익을 본다. 두 사람 간에 교환이 이루어지면 신발 한 켤레의 가격은 쌀 한 말이 되고 쌀 한 말의 가격은 신발 한 켤레가 된다. 다시 말하면 두 재화의 교환비율이 가격이 된다.

[2] 교환에서 재화를 구매하는 사람은 그 재화를 얻기 위해 화폐를 "판다"고 할 수 있고, 재화를 파는 사람은 그 재화를 제공하고 화폐를 "구입한다"고 할 수 있다.

재화와 서비스로 교환되기 때문에 화폐의 가격은 하나가 아니라 무수히 많다.

화폐의 가격과 재화의 가격은 시장에서 구매자와 판매자의 선택, 행동, 그리고 선호에 의해 결정된다. 우리는 원하는 것을 얻기 위해 자신이 가지고 있는 것과 교환한다. 교환할 때 수중에 있는 화폐를 계속 보유할 것인지 아니면 다른 것을 얻기 위해 처분할 것인지 비교한다. 우리는 콜라, 피자, CD, 청바지, 스테레오, 카메라, 스포츠용품 등을 얻는 효용을 서로 비교하고, 동시에 그것들을 구매하는 데 필요한 화폐를 사용할 것인지 아닌지를 비교한다. 마찬가지로 모든 판매자는 항상 시장에 내놓는 물건의 양을 조절하는 것과 추가로 받을 화폐의 양으로부터 기대되는 것의 상대적 중요성을 비교한다. 판매자와 구매자 모두는 동시에 다른 것에 대한 필요성과 욕구를 화폐보유의 필요성과 욕구와 비교한다. 이러한 방법으로 수많은 구매자와 판매자들 간의 흥정에 의해 특정 재화와 서비스의 가격들과 화폐단위의 구매력이 동시에 결정된다.

근본적으로 보면 화폐의 시장가치는 개인이 시장에서 교환하는 재화와 서비스의 효용 혹은 유용성에 부여하는 가치로부터 나온다. 개인은 다른 모든 재화와 서비스와 함께 화폐를 개인의 주관적 가치척도 위에 놓고 순위를 매긴다. 최선이라 생각하는 것에 따라 재화, 서비스, 화폐에 대해 가격을 매긴다. 예를 들면 MP3플레이어를 사려는 사람은 그것을 얻기 위해 화폐를 "판다." 동시에 그 거래의 다른 한편에 있는 MP3플레이어를 파는 사람은 고객에게 MP3플레이어를 넘겨주면서 화폐를 "산다." 그리하여 화폐의 구매력은 다른 재화와 서비스와 마찬가지로 수요와 공급의 법칙에 따른다. 각 개인은 지니고 있는 화폐량과 그 화폐량으로 시장에서 살 수 있는 특정 재화나 서비스로부터 기대하는 상대적 효용을 고려한다.

어떤 특정 재화와 서비스, 혹은 화폐에 대한 수요가 시장에 나와 있는 수량에 비해 클수록 사려는 사람들은 그것들을 얻기 위해 가격을 제시할 것이다. 자유경쟁이 있다면 어떤 것을 가장 긴급하게 원하는 사람은 그것을 덜 원하는 사람보다 그에 대해 더 높은 가격을 제시할 것이다. 그리하여 어떤 재화나 서비스의 가격 상승은 그것의 수요와 공급 간의 교환비율이 변동했음을 나타낸다. 그러한 변동의 원인은 특정 재화의 공급과 수요의 변화에 있다. 그러나 대부분의 재화와 서비스의 화폐가격이 동시에 오르면 대부분의 재화와 서비스의 수요와 공급이 동시에 변동했다고 말하기 어렵다. 그러한 현상은 대부분 화폐 측면의 변화, 즉 화폐의 공급과 수요의 변화에 기인한다. 재화와 서비스의 전반적인 가격 상승은 (i) 화폐량의 증가 (ii) 화폐에 대한 수요 감소, 또는 (iii) 앞의 둘 모두에 기인한다. 화폐의 공급과 수요에 대해서는 다른 장에서 자세히 다루기로 하고 일반적으로 화폐의 가치를 표현하기 위해 사용되는 물가수준에 대해서 살펴보기로 한다.

2. 물가수준과 물가지수

■ 물가수준

화폐가치는 가격지수로 나타내는 물가수준의 역으로 표시되는 것이 일반적이다. 그러나 앞에서 본 것처럼 화폐의 가치는 하나가 아닌 수많은 재화 및 서비스와의 교환비율들의 집합임을 유의할 필요가 있다. 가격지수로 나타내는 물가수준은 여러 가지 상품의 가격을 일정한 기준에 따라 종합한 평균적인 가격수준을 의미하는 것이다. 따라서 화폐가치를 물가수준의 역으로 표시하는 것은 근사치에 불과하며 편의상 그렇게 하는 것일 뿐이다. 사람들의 소비 행태는 각기 다르다. 따라서 재화와 서비스의 가격들이 함께 움직이는 것이 아니라 각기 움직인다. 또한 지역에 따라 재화와 서비스의 가격들이 달리 움직인다. 이런 연유로 화폐의 가치가 정확히 얼마나 변했는지를 명확히 알기가 매우 어렵다. 이런 연유로 불완전하지만 물가지수를 사용하여 '평균적인' 물가수준의 변화를 대략 파악하는 것이다.

지수물가와 피부로 느끼는 물가가 다른 이유가 바로 여기에 있다. 지수물가는 종합한 평균적인 가격수준인 반면, 사람들이 피부로 느끼는 물가는 일상생활에서 지출하는 물품의 가격에서 느끼는 개인적인 느낌으로서 사람마다 소득수준이나 지출하는 대상에 따라 다르다. 예를 들어 물가지수로 나타낸 인플레이션율이 3%라고 했을 때 그것은 모든 재화와 서비스의 가격이 동일하게 3% 상승했다는 것을 의미하는 것이 아니다. 가격이 3%가 아닌 10~20% 이상 상승한 것도 있고 오히려 하락한 것도 있다. 자신이 지출하는 재화와 서비스의 가격이 많이 올랐다면 그 사람은 물가가 많이 오르는 것처럼 느낄 것이고, 반대로 자신이 지출하는 재화와 서비스의 가격이 하락하였다면 그 사람은 물가가 오르지 않은 것처럼 느낄 것이다. 경제에서 전체적인 평균물가수준도 중요하지만, 사람들이 느끼는 개별 재화의 가격 역시 중요하다.

■ 물가지수

라스파이레스 지수(laspeyres index)

물가지수를 계산하는 방법에는 라스파이레스 지수(laspeyres index)와 파셰 지수(paasche index) 두 가지가 있다. 라스파이레스 지수는 기준시의 가격에 대해 현재의 가격을 비교 계산해서 구한다. 라스파이레스 가격지수는 특정 상품 그룹에 대한 현재의 총구입비용을 기준 시의 총비용으로 나누어 비율을 구한 뒤 다시 100을 곱하는 방식으로 산출한다. 따라서 기준 시의 지수는 100이고, 비교 시의 가격수준이 기준시점보다 높을 경우 지수가 100보다 커진다. 라스파이레스 지수의 특징은 기준 시에 구매된 상품 그룹을 비교의 기준으로 삼는다는 점이다. 즉 지수를 계산하는 과정에서 상대가격(기준 시의 가격에 대한 현재가격의 비율)은 기준 시에 구입한 상품의 상대적 중요도에 따라 가중치가 계산된다. 이것을 수식으로 표현해 보자.

P_a^1은 1기에서 a재화의 가격, P_b^1은 1기에서 b재화의 가격, P_n^1은 1기에서 n재화가격, P_a^2은 2기에서 a재화의 가격, P_b^2은 2기에서 b재화의 가격, P_n^2은 2기에서 n재화가격이라고 하자. 1기와 비교되는 2기의 물가수준을 나타내는 지수 ($\frac{P_2}{P_1}$)를 단순히 각 재화가격의 비율, 즉 $\frac{P_a^2}{P_a^1}$, $\frac{P_b^2}{P_b^1}$, ⋯ $\frac{P_n^2}{P_n^1}$ 들을 평균하는 방법으로 생각해볼 수 있다. 그러나 이 방법은 경제에서 각 재화가 얼마나 중요한지와 관계없이 모든 재화에게 동일한 가중치를 주고 있는 것이나 마찬가지다. 그래서 이 방법은 모든 재화의 가격이 동일한 비율로 변화할 경우에는 의미가 있지만 그렇지 않을 경우에는 의미가 없다. 실제에 있어서 보통 가격들은 동일한 비율로 변동하지 않기 때문에 각 재화의 중요성을 고려하는 것이 중요하다. 이 문제는 어떤 시점에서 각 재화가 총지출에서 차지하는 비중을 고려하면 해결할 수 있다.

Q_a^1를 1기에 팔린 a재화의 양이라고 하면 $Q_a^1 P_a^1$는 1기에서의 a재화 판매액이 된다. b, c 등의 재화에 대해서도 동일하게 표시할 수 있다. 그러면 총지출에서 a재화가 차지하는 비중을 다음과 같이 표현된다.

$$w_a^1 = \frac{Q_a^1 P_a^1}{Q_a^1 P_a^1 + Q_b^1 P_b^1 + \dots + Q_n^1 P_n^1} \tag{3-1}$$

b, c 등의 재화에 대해서도 동일하게 w_b^1, w_c^1 등으로 표시할 수 있다. 이 비중의 총합은 반드시 1이 된다. 각 재화의 중요성을 반영하는 1기와 2기의 상대적 물가 지수($\frac{P_2}{P_1}$)는 다음과 같이 가중평균으로 나타낼 수 있다.

$$\frac{P_2}{P_1} = w_a^1 \frac{P_a^2}{P_a^1} + w_b^1 \frac{P_b^2}{P_b^1} + \dots + w_n^1 \frac{P_n^2}{P_n^1} \tag{3-2}$$

(3-1)을 이용하면 $w_a^1 \frac{P_a^2}{P_a^1}$ 는 아래와 같이 된다.

$$w_a^1 \frac{P_a^2}{P_a^1} = \frac{Q_a^1 P_a^2}{Q_a^1 P_a^1 + Q_b^1 P_b^1 + \dots + Q_n^1 P_n^1} \tag{3-3}$$

$w_b^1 \frac{P_b^2}{P_b^1}$, $w_n^1 \frac{P_n^2}{P_n^1}$ 등도 마찬가지다. 이제 $\frac{P_2}{P_1}$ 는 아래와 같이 표현된다.

$$\frac{P_2}{P_1} = \frac{Q_a^1 P_a^2 + Q_b^1 P_b^2 + \dots + Q_n^1 P_n^2}{Q_a^1 P_a^1 + Q_b^1 P_b^1 + \dots + Q_n^1 P_n^1} \tag{3-4}$$

(3-4)식에서 분자를 보면 2기의 가격들에 1기의 수량들이 곱해진 것을 알 수 있다. 이것은 기준 시에 구입한 상품의 상대적 중요도에 따라 가중치가 계산된다는 것을 보여준다.

<표 3-1>과 같은 간단한 예를 들어 라스파이레스 지수를 계산해보자. a, b, c의 재화가 있다 하자. 1기에서 2기 사이에 a재화의 가격은 15에서 20으로 상승, b는 19에서 16으로 하락, c는 7로 변화가 없다고 하자. 1기에 a가 8개, b가 9개, c가 23개 팔렸다면 우리는 1기에 대한 2기의 상대적 물가지수를 구할 수 있다.

$$\frac{P_2}{P_1} = \frac{Q_a^1 P_a^2 + Q_b^1 P_b^2 + Q_c^1 P_c^2}{Q_a^1 P_a^1 + Q_b^1 P_b^1 + Q_c^1 P_c^1} = \frac{8(20) + 9(16) + 23(7)}{8(15) + 9(19) + 23(7)}$$

$$= \frac{160 + 144 + 161}{120 + 171 + 161} = \frac{465}{452} = 1.029$$

P_1을 기준연도라고 하고 1로 놓으면 P_2는 1.029가 된다. 그러면 1기에서 2기 사이에 물가상승 $\triangle P$는 0.029이고, $\frac{\triangle P}{P} = \frac{0.029}{1} = 0.029$, 또는 2.9%다. 이것은 1기에서 2기 사이에 물가가 2.9% 상승했음을 말해준다.

〈표 3-1〉 물가지수 산정을 위한 간단한 예

	a재		b재		c재	
	1기	2기	1기	2기	1기	2기
가격	15	20	19	16	7	7
수량	8	11	9	13	23	26

파셰 지수(paasche index)

파셰 지수는 현재의 가격·수량을 기준시점의 가격·수량과 비교측정하기 위한 지수다. 이 지수는 현재 시점의 가중치를 사용한다는 점에서 라스파이레스 지수와는 다르다. 다시 말해 각 상품의 기준시점에 대한 현재의 가격변화비율을 그 상품이 현재의 구매에서 차지하는 상대적 중요도로 가중 평균하는 것이다. 파셰 지수의 계산방법은 현재 소비되고 있는 재화를 현재의 가격으로 구입하는 데 드는 총비용을, 기준시점의 가격으로 동일한 재화를 구입할 때 드는 총비용으로 나누어 100을 곱하면 된다. 파셰 지수를 수식으로 표시하면 아래와 같다.

$$\frac{P_2}{P_1} = \frac{Q_a^2 P_a^2 + Q_b^2 P_b^2 + \dots + Q_n^2 P_n^2}{Q_a^2 P_a^1 + Q_b^2 P_b^1 + \dots + Q_n^2 P_n^1} \tag{3-5}$$

(3-5)식의 분모를 보면 1기의 가격들에 2기의 수량들이 곱해진 것을 알 수 있다. 가중치를 계산할 때 현재의 수량을 이용하고 있음을 보여준다. <표 3-1>을 이용하여 파셰 지수를 계산해보자.

$$\frac{P_2}{P_1} = \frac{Q_a^2 P_a^2 + Q_b^2 P_b^2 + Q_c^2 P_c^2}{Q_a^2 P_a^1 + Q_b^2 P_b^1 + Q_c^2 P_c^1} = \frac{11(20) + 13(16) + 26(7)}{11(15) + 13(19) + 26(7)}$$

$$= \frac{220 + 208 + 182}{165 + 247 + 182} = \frac{610}{594} = 1.027$$

파셰 지수를 계산하면 물가상승률이 2.9%가 아닌 2.7%임을 알 수 있다.

라스파이레스 지수나 파셰 지수 모두 장단점을 가지고 있다. 그러나 실제에서는 편의상 라스파이레스 방식이 많이 사용된다. 왜냐하면 최근의 가격지수를 계산할 때 최근의 가격정보를 수집하고 이전의 수량을 가중치로 사용하는 것이 보다 편리하기 때문이다.

■ 물가지수 종류

물가지수는 이용목적에 따라 여러 가지 형태로 작성되는데, 현재 우리나라에서 작성되는 물가지수에는 도시에 사는 소비자들이 사들이는 상품의 가격과 서비스 요금의 움직임을 종합적으로 측정하기 위해 작성하는 "소비자물가지수", 생산자가 공장에서 생산한 물건을 도매상에게 판매할 때 적용하는 가격수준을 알기 위해 작성하는 "생산자물가지수", 경제 전반적인 물가수준을 알기 위해 작성되는 GDP디플레이터가 있다.

소비자물가지수(CPI: Consumer Price Index)

소비자물가지수는 도시가계가 일상생활을 영위하기 위해 구입하는 상품가격과 서비스 요금의 변동을 종합적으로 측정하기 위해 작성하는 지수다. 총 소비지출 중에서 구입 비중이 큰 460개 품목을 대상으로 조사된 소비자 구입가격을 기준으로 산정된다. 식료품 및 비주류 음료, 주류 및 담배, 의류 및 신발, 주택·수도·전기 및 연료, 가정용품 및 가사 서비스, 보건, 교통, 통신, 오락 및 문화, 교육, 음식 및 숙박, 기타상품 및 서비스 등 12항목으로 각각 집계한다. 지수 작성의 현재 기준시점은 2015년도로 하며 라스파이레스 방식으로 매월 지수를 산출하여 통계청이 발표한다. 소비자물가지수 발표 시 소비자물가지수를 구성하고 있는 농축산물, 공업제품, 집세, 공공서비스, 개인서비스 등의 지수를 함께 발표한다.

이외에 근원물가지수와 생활물가지수도 발표한다. 근원물가지수는 소비자물가 조사품목 중 곡물 이외의 농산물과 석유류(도시가스 포함) 같은 외부충격 등에 취약한 품목들을 제외한 물가지수다. 근원물가지수는 물가변동의 기조를 분석하는 데 활용된다. 생활물가지수는 소득증감에 관계없이 소비지출이 필요한 기본생필품을 대상으로 작성한 지수다. 141개 품목으로 구성되어 있다. 최근 소비자물가지수와 증가율이 <그림 3-1>에 나타나 있다.

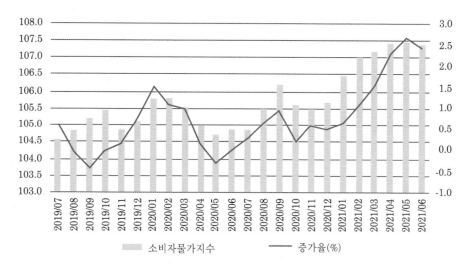

‖ 그림 3-1 ‖ 소비자물가지수와 증가율(2019.7~2021.6)

생산자물가지수(PPI: Producer Price Index)

생산자물가지수는 국내생산자가 국내시장에 공급하는 상품 및 서비스의 가격 변동을 측정하는 통계를 말한다. 국내 출하액이 모집단금액의 1/10,000 이상인 781개 상품, 서비스의 경우 1/2,000 이상인 거래비중을 갖는 103개 품목을 대상으로 한다. 소비자물가지수와 마찬가지로 지수 작성의 현재 기준시점은 2015년도로 하며 라스파이레스 방식으로 매월 지수를 산출하여 통계청이 발표한다. 생산자물가지수 발표 시 생산자물가지수를 구성하고 있는 농림수산품, 공산품, 전력·가스 및 수도, 서비스 등의 지수를 함께 발표한다. 최근 생산자물가지수와 증가율이 <그림 3-2>에 표시되어 있다.

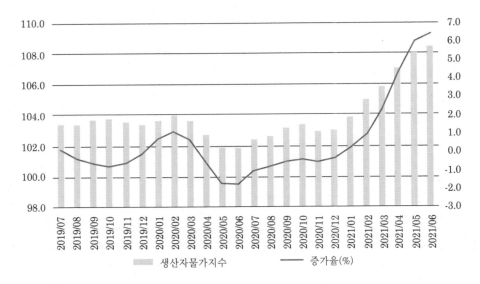

┃그림 3-2┃ 생산자물가지수와 증가율(2019.7~2021.6)

GDP디플레이터

당해연도의 최종생산물에 당해연도의 시장가격을 곱하여 얻는 GDP를 명목GDP라고 하며 당해연도의 최종생산물에 기준연도의 시장가격을 가중치로 하여 추계하는 GDP를 실질GDP라고 한다.[3] 명목GDP는 당해연도의 경제 활동규모와 실적을 나타내는 데에는 유용하나 다른 연도와 비교해서 실질적으로 얼마나 변동했는가를 알고자 할 때는 실질GDP가 더 적절한 지표가 된다. 이때 명목GDP를 실질GDP로 나누어 사후적으로 얻어지는 값을 GDP디플레이터라고 한다. 즉

$$GDP디플레이터 = \frac{명목\,GDP}{실질\,GDP} \times 100$$

GDP디플레이터는 GDP추계에 관련되는 모든 재화와 서비스의 국내가격뿐만 아니라 수출가격변동까지도 포함하기 때문에 가장 포괄적인 물가지수라고 할 수

---

[3] 기준연도 가액을 가중치로 해 실질GDP를 추계하는 방식을 고정가중법(fixed weighted method)이라고 하는데 최근에는 이 방법을 사용하고 있지 않다. 한국은행은 2009년 3월부터 GDP추계방법을 국제기준(1993 SNA)에 맞춰 고정가중법에서 연쇄가중법으로 변경하였다. 연쇄가중법은 매년 직전연도를 기준년으로 삼아 당해년의 전년대비 물량증가율(연환지수)을 먼저 구하고 이를 누적하여 당해년의 연쇄지수와 실질GDP금액을 사후적으로 계산하는 방식이다.

있다. GDP디플레이터는 생산자물가지수나 소비자물가지수와 함께 국민경제 전체의 물가수준을 나타내는 지표로 사용되기도 한다. 한국은행은 매분기별 국민소득통계를 공표하는데 이때 GDP디플레이터도 함께 공표하고 있다. <그림 3-3>은 최근 GDP디플레이터와 그 증감률을 보여주고 있다.

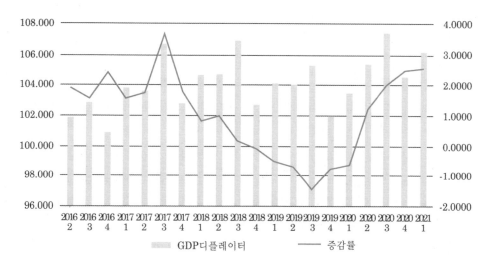

▎그림 3-3 ▎GDP디플레이터와 증감률(2016 2/4~2021 1/4)

■ 명목과 실질의 개념

'명목'개념은 화폐단위로 표시되는 것을 말하고 '실질'개념은 실물단위로 표시된 되는 것을 말한다. 예를 들어 2020년에 쌀 80kg의 가격이 10만 원이라면 10만 원을 주고 쌀 80kg을 구입할 수 있다. 2021년에 쌀 80kg의 가격이 20만 원으로 올랐다면 쌀 80kg을 구입하기 위해서는 20만 원을 지불해야 한다. 쌀 80kg이 화폐단위로는 20만 원이지만 실물단위로 보면 여전히 80kg이다. 이처럼 실질가치는 마치 재화의 가격이 변동하지 않은 것처럼 수량을 비교할 수 있도록 물가의 변화를 조정한 값이다. 따라서 실질가치의 변동은 물가상승의 효과를 배제한다. 실질가치와는 반대로 명목가치는 물가상승이 조정되지 않은 것이기 때문에 명목가치의 변동은 물가상승의 효과가 반영되어 있다.

예를 들어 2020년 GDP의 크기를 단순히 다른 연도들의 GDP와 비교하는 것은 의미가 없다. 물가수준이 변화하기 때문이다. 이때 등장하는 것이 실질GDP(real

GDP)다. 실질GDP는 '특정 연도'의 GDP를 '기준연도'의 시장가격으로 측정한다. 그리고 '당해연도'의 시장가격으로 측정한 것이 명목GDP(nominal GDP)가 된다. 2020년을 포함하여 다른 연도들의 GDP를 기준연도인 2015년의 시장가격으로 측정한 실질GDP를 비교해야 경제가 실제로 얼마나 성장했는지를 알 수 있다.

금리도 명목과 실질로 구분한다. 물가변동을 고려하지 않는 금리를 명목금리라 하고 물가변동을 고려한 금리를 실질금리라고 한다. 예를 들어 한 은행의 1년 만기 정기예금금리가 5%라고 하자. 여기서 말하는 5% 금리는 명목금리다. 만약 소비자물가상승률이 3%라면 실질금리는 2%에 불과하게 된다. 물가상승률을 빼야 하기 때문이다. 우리가 5% 정기예금에 가입하더라도 물가상승률을 감안하면 실제 받는 이자는 2%에 불과하다.

임금에도 명목과 실질의 개념이 사용된다. 근로자가 회사에서 지급받는 임금은 명목임금이 된다. 여기에 물가상승분을 감안하면 실질임금이 된다. 예를 들어 올해 임금을 2% 올린 회사가 있다고 하자. 2% 오른 임금은 명목임금에 해당된다. 이때 소비자물가상승률이 3%라면 실질임금은 오히려 1% 줄어들게 된다. 임금은 올랐지만 물가가 더 오르는 바람에 근로자들은 오히려 임금이 줄었다고 느끼게 된다.

3. 화폐량 측정

■ 우리 사회의 화폐량은 얼마나 되나?

우리 사회의 화폐량이 얼마나 되는지를 측정하는 것은 매우 중요한 과제다. 그러나 화폐량을 정확히 측정하기가 쉽지 않다. 이론으로부터 실제 적용으로 넘어가면 통화량을 어떻게 측정할지 그 기준이 분명하지 않기 때문이다. 그 이유는 자산이 가지고 있는 유동성, 즉 화폐적 성격 때문이다. 그래서 화폐공급량을 어떻게 정의하느냐는 어느 정도 자의적일 수밖에 없다. 다시 말하면 화폐공급량을 정하는 데 있어서 어느 자산이 포함되고 어느 자산은 제외되어야 하는지를 결정하는 데에 만족스러운 방법이 없다는 것이다.

화폐의 정의상 현금과 요구불예금(수표를 발행하거나 계좌이체를 통해 재화와 서비스를 구매할 수 있는 은행예금)은 당연히 화폐량으로 측정된다. 참고로 현금은 은행의 외부에서 유통되고 있는 것만 계산해야 한다. 왜냐하면 중복계산을 피하기 위해서다. 만약 어떤 사람이 5만 원을 은행계좌에 예치하면 요구불예금은 5만 원 증가하지만 유통되고 있는 현금은 그만큼 감소한다. 이것은 단순히 화폐의 보유형태를 현금에서 요구불예금으로 바꿨을 뿐이다. 만약 은행이 보유한 현금도 화폐량에 포함시킨다면 이러한 보유형태 변화가 우리 사회에 존재하는 교환수단의 양을 증가시킨 것이 된다.[4] 즉 중복계산되어 정확한 화폐량이 되지 못하는 것이다.

그러나 우리가 이렇게 현금과 요구불예금만 화폐공급량에 포함시켜야 할까? 화폐공급량에서 중요한 것은 사람들이 재화와 서비스를 구매할 때 사용하는 자산이다. 만약에 사람들이 저축성예금에 들어있는 돈도 언제든지 활용할 수 있는 현금으로 간주한다면 화폐량에 포함시켜야 하지 않을까. 이러한 모호성 때문에 경제학자는 중심통화지표라는 것을 개발하여 화폐의 정의와 다소 관련이 있는 자산들을 포함시키거나 제외시킴으로써 만들어 사용한다.

■ 중심통화지표

한국은행이 중심통화지표를 공식적으로 사용한 것은 1951년부터다. 2002년부터는 변경된 IMF의 통화금융통계매뉴얼 기준에 따라 M1(협의통화)과 M2(광의통화)지표를 사용하고 있다. 2006년부터는 유동성지표인 L(광의유동성)지표를 새로 공표하고 있다. 우리나라 통화지표의 자세한 내역은 <표 3-2>에 나와 있으며, 2001년부터 최근까지의 각 통화지표의 변화는 <표 3-3>에 나와 있다.

---

4) 은행이 보유한 현금을 시재금(時在金)이라고 한다. 이것은 지급준비금으로 산정된다. 지급준비금에 대해서는 나중에 자세히 설명할 것이다.

〈표 3-2〉 우리나라 통화지표 내역

협의통화(M1)	=현금통화+요구불예금+수시입출식 저축성예금
광의통화(M2)	=M1+정기예·적금 및 부금*+시장형 상품(CD, 표지어음, RP 등)+실적배당형 상품*(금전신탁, 수익증권, CMA 등)+금융채*+종금사 발행어음 등 *만기 2년 이상 제외
금융기관유동성(Lf)	=M2+M2 포함 금융상품 중 만기 2년 이상 정기예적금 및 금융채 등+한국증권금융의 예수금+생명보험회사의 보험계약준비금 등
광의유동성(L)	=Lf+정부 및 기업 등이 발행한 유동성 시장금융상품(증권회사 RP, 여신전문기관의 채권, 예금보험공사채, 자산관리공사채, 자산유동화전문회사의 자산유동화증권, 국채, 지방채, 기업어음, 회사채 등)

자료: 한국은행(2008). 「우리나라의 통화지표해설」, 42쪽.

〈표 3-3〉 통화량과 연 증가율(2001~2020)

	M1(말잔)	증가율	M2(말잔)	증가율	Lf(말잔)	증가율	L(말잔)	증가율
	십억 원	%	십억 원	%	십억 원	%	십억 원	%
2001	246,720.5	25.42	764,979.3	8.09	1,017,715.3	11.63	1,178,178.9	13.39
2002	283,580.8	14.94	872,075.6	13.99	1,155,739.8	13.56	1,336,291.0	13.42
2003	298,952.9	5.42	898,069.4	2.98	1,209,750.8	4.67	1,411,095.8	5.59
2004	321,727.7	7.61	954,722.5	6.30	1,295,821.8	7.11	1,517,011.0	7.50
2005	332,344.9	3.30	1,021,448.7	6.98	1,391,559.6	7.38	1,654,005.2	9.03
2006	371,087.6	11.65	1,149,262.1	12.51	1,538,299.7	10.54	1,830,671.3	10.68
2007	316,382.7	−14.71	1,273,611.9	10.82	1,691,565.2	9.96	2,037,173.6	11.28
2008	330,623.7	4.50	1,425,887.5	11.95	1,845,199.1	9.08	2,243,277.0	10.11
2009	389,394.5	17.77	1,566,850.0	9.88	2,018,785.0	9.40	2,486,671.5	10.85
2010	427,791.6	9.86	1,660,530.0	5.97	2,137,197.9	5.86	2,665,003.8	7.17
2011	442,077.5	3.33	1,751,458.4	5.47	2,277,679.0	6.57	2,889,657.5	8.42
2012	470,010.6	6.31	1,835,641.6	4.80	2,456,120.5	7.83	3,121,879.3	8.03
2013	515,643.4	9.70	1,920,795.0	4.63	2,615,093.5	6.47	3,350,482.5	7.32
2014	585,822.6	13.61	2,077,234.0	8.14	2,841,785.1	8.66	3,635,757.6	8.51
2015	708,452.9	20.93	2,247,375.0	8.19	3,098,949.4	9.04	3,947,914.3	8.58
2016	795,531.1	12.29	2,407,459.1	7.12	3,344,919.6	7.93	4,259,952.8	7.90
2017	849,862.4	6.82	2,530,353.6	5.10	3,565,892.7	6.60	4,551,374.6	6.84
2018	865,851.8	1.88	2,700,362.4	6.71	3,824,267.7	7.24	4,849,985.3	6.56
2019	952,922.8	10.05	2,913,609.6	7.89	4,134,277.5	8.10	5,227,257.2	7.77
2020	1,197,828.9	25.70	3,199,835.7	9.82	4,477,538.8	8.30	5,678,723.7	8.63

자료: 한국은행

■ MZM(Money of Zero Maturity)

최근 미국에서는 MZM통화지표를 발표해 사용한다. MZM은 Money of Zero Maturity의 약자다. 말 그대로 만기가 없는 화폐다. 유동성 화폐를 측정하는 것이다. 유통되는 모든 지폐와 동전, 저축예금계좌에서 입출금이 자유로운 모든 계좌 잔액, 그리고 MMF(Money Market Funds)를 포함한다. 이것은 미국의 M2에서 정기예금을 제외하고 모든 MMF를 포함하는 개념이다. 이것은 수시입출금식 저축성예금을 포함하는 우리의 M1과 유사하다.

■ 가중통화지표

통화성(유동성의 정도)을 고려하여 시중 유동성을 파악하는 방법으로 가중통화지표(divisia Index)가 있다. 가중통화지표는 통화지표(M2)를 구성하는 세부 항목의 규모에 각 자산의 통화성을 가중치로 곱하여 계산한 지표이다. 예를 들어 M2(250조)=현금(10조)+요구불예금(40조)+저축성예금(200조)이라고 하자. 현금은 그 자체가 100% 유동성이므로 현금에는 가중치 1을 적용하고, 요구불예금의 유동성이 90%라면 요구불예금의 가중치는 0.9, 그리고 저축성예금의 유동성이 50%라면 그에 대해 0.5 가중치를 적용한다. 그렇게 하면 divisia M2는 146조(=현금+0.9요구불예금+0.5저축성예금=10조+36조+100조)이다. 가중통화지표를 측정할 때 가중치는 각 금융자산의 수익률을 활용할 수 있다. 유동성이 높은 자산일수록 보유에 따른 기회비용이 높고 수익률이 낮으므로 수익률이 낮은 자산에 높은 가중치를 부여하는 것이다.

M1, M2, Lf, L과 같은 기존의 통화지표들은 구성 자산 간 유동성 정도의 차이를 고려하지 못하는 단점이 있다. 그래서 실제 시중 유동성을 정확히 측정하지 못하는 문제점이 있다. 예를 들어 단기 저축성예금에서 유동성이 낮은 장기 저축성예금으로 대규모 자금이 이동할 경우 단순 합계하면 M2는 변하지 않는다. 그러나 실제로는 실제 유동성 사정은 악화된다. 가중통화지표는 자산들의 유동성을 고려하기 때문에 시중 유동성을 판단하는 기준으로 활용할 수 있다. 다시 말하면 M2증가율과 divisia M2증가율의 차이, 즉 (M2증가율-divisia M2증가율)이 축소되면 시중 유동성은 좋아지고 그 반대의 경우 나빠진 것으로 판단할 수 있다.

■ **실질화폐량(real money balance)과 명목화폐량(nominal money balance)**

화폐량을 측정하는 방법에는 두 가지가 있다. 하나는 실질화폐량(잔고)이고, 다른 하나는 명목화폐량(잔고)이다. '명목'화폐량은 일상적인 현재 화폐단위, 즉 '원'으로 측정되는 화폐량을 의미한다. 반면 실질화폐량은 구매력으로 측정되는 화폐량이다. 명목화폐량을 물가지수로 나누면 실질화폐량이 나온다. M은 명목화폐량, m은 실질화폐량, P는 물가지수를 나타낸다고 하자. 그러면 우리는 다음과 같이 쓸 수 있다.

$$m = \frac{M}{P} \tag{3-6}$$

기준연도에서는 물가지수 P가 1이므로 실질화폐량 m과 명목화폐량 M은 같다. 그러나 기준연도 이후 물가가 상승하여 P가 증가하면 실질화폐량은 명목화폐량보다 적다. 반대로 물가가 하락하면 실질화폐량은 명목화폐량보다 많다. <그림 3-4>는 명목M1의 양과 실질M1의 양을 나타낸 것이다.

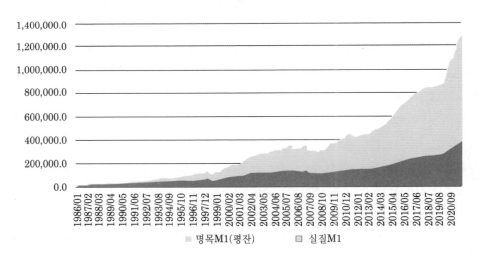

┃그림 3-4┃ **명목화폐량(M1)과 실질화폐량(M1)(1986.1~2021.7.)**

* 실질화폐량 계산 시 1986년 1월 기준 소비자물가지수 사용.

2

이자율과
화폐의 이론

이자율의 개념과 이론

화폐금융에서 가장 중요한 변수 중의 하나가 이자율이다. 이자율은 우리의 일상생활뿐만 아니라 경제 전반에 미치는 영향이 대단히 크다. 이런 점에서 이자율에 대한 정확한 이해가 필요하다. 단순히 이자율을 돈, 즉 화폐의 가격이라고 알고 있는 사람들이 많다. 그러나 화폐의 가격은 앞장에서 배운 바와 같이 재화가격의 역수다. 그래서 재화의 가격만큼이나 많다. 다만 화폐의 평균적인 구매력(가격)을 파악하기 위해서 물가지수를 사용하고, 화폐의 평균적인 구매력은 물가지수의 역수로 나타낸다고 했다. 이 장에서는 이자가 왜 발생하는지, 그리고 이자율이 정확히 무엇인지에 살펴볼 것이다.

I. 이자율

기원전 1800년경의 고대 바빌로니아의 함무라비법전에 이자에 대한 기록이 나와 있다. "상인이 곡물을 빌려줄 때 곡물 1구르(gur)에 대하여 100실라(sila)의 이자를 받는다. 은을 빌려줄 때는 은 1세켈(shekel)에 대하여 1/6세켈 6그레인(grain)의 이자를 받는다." 1세켈은 176.24그레인이므로 이자율은 20%가 된다. 그리고 이자를 20% 이상 받는 상인은 "원금을 상실하는 처벌을 받는다."고 나와 있다.

사실 이자에 대한 기록은 함무라비법전보다 훨씬 이전에 수메르인들이 설형(쐐기)문자로 남긴 점토판에도 등장한다. 이 점토판은 인류 역사에서 가장 오래된 기록이다. 여기서 우리는 이자가 기록된 역사만큼이나 오래되었을 뿐만 아니라 문자가 발명되기 이전부터 존재했음을 알 수 있다. 이것이 시사하는 것은 이자란 인간사회에 내재되어 있다는 사실이다.

그렇다면 이자가 인간사회에 내재되어 있는 이유는 무엇일까? 그것은 바로 우리가 시간 속에서 살고 있기 때문이다. 우리가 오늘만 사는 것이 아니기 때문이다. 우리는 살아가기 위해 당장 소비할 수 있는 현재재화도 필요하고 나중에 소비할 재화, 즉 미래재화도 필요하다. 바로 이 현재재화와 미래재화 간의 관계에서 이자가 발생한다. 어떻게 현재재화와 미래재화 간의 관계에서 이자가 발생하는지 보도록 하자.

■ 시간선호와 이자

사람들은 동일한 재화라면 나중에 갖기보다는 지금 갖는 것을 선호한다. 예를 들면 똑같은 주택이라면 10년 후에 갖는 것보다는 지금 갖는 것을 선호한다. 일반적으로 사람들은 미래재화보다는 현재재화에 더 가치를 두는 것이다. 일반적으로 미래재화보다 현재재화에 더 가치를 두는 이유는 현재에 재화를 갖고 있으면 더 많은 기회를 가질 수 있기 때문이다. 현재에 재화를 갖고 있으면 시간이 흐름에 따라 소득을 늘릴 수 있는 일을 할 수 있어 미래에 더 많은 재화를 누릴 수 있는 것이다. 그래서 사람들은 미래재화보다는 현재재화를 더 선호한다. 이렇게 미래재화보다는 현재재화를 더 선호하는 것을 시간선호(time preference)라고 한다. 이 시간선호에서 저절로 드러나는 것이 이자다.

동일한 재화에 대한 미래의 가치가 현재의 가치와 같다면 시간선호 때문에 누구도 미래를 위해 그 재화의 소비를 연기하지 않고 현재에 소비해버릴 것이다. 미래재화의 가치가 현재재화의 가치보다 커야만 미래의 소비를 위해 그 재화를 현재에 소비하지 않고 연기할 것이다. 이것은 동일한 재화라면 미래의 가치가 현재의 가치가 커야만 한다는 것을 말한다. 여기서 바로 이자가 발생하는 것이다. 즉 이자란 현재재화에 부여한 가치와 미래재화에 부여한 가치 간의 차이다. 그리고 이자율은 가치의 증가율로서, 미래가치를 현재가치와 등가를 이루게 하는 것이다. 예를 들어 어떤 재화의 현재가치가 100원이고, 그 재화에 대한 현재소비를 기꺼이 포기하게 만드는 미래의 가치가 110원이라면 110원과 100원의 차이인 10원이 이자이고, 그 증가율인 10%가 이자율이다. 이자율 10%는 미래의 110원을 현재의 100원과 등가를 이루게 만든다. 110을 (1+0.1)로 나누면 100원이 되기 때문이다.

■ 시간선호에 영향을 미치는 요인

사람들의 시간선호가 강할수록 현재재화의 가치와 미래재화의 가치 간의 차이, 즉 이자가 크다. 재화를 지금 소비하지 않고 미래로 연기하게끔 만들기 위해서는 그만큼 보상을 더 해줘야 하기 때문이다. 사람들의 시간선호에 미치는 요인은 다양하다.

우선 불확실성이다. 미래의 불확실성이 커지면 사람들의 시간선호는 강해진다. 예를 들어 곧 우주의 행성과 지구가 충돌하여 지구의 종말이 가까워진다고 생각한다면 사람들의 시간선호가 극도로 높아질 것이고, 그에 따라 이자율 역시 매우 높을 것이다. 반면에 새로운 신약이 개발되어 사람들이 오래오래 살 수 있게 된다면 시간선호는 낮아질 것이고, 그에 따라 이자율 역시 매우 낮을 것이다.

시간선호에 영향을 미치는 또 다른 요인은 현재의 실질소득이다. 소득이 증가하면 그만큼 현재 소비할 수 있는 재화의 양이 많아진다. 현재재화가 많아지면 그에 따른 한계효용이 감소한다. 이는 상대적으로 미래재화에 대한 선호가 증가함을 시사한다. 그래서 실질소득이 증가하면 시간선호가 낮아지고, 그에 따라 이자율도 낮아진다.

사람들의 선호가 주관적이듯이 시간선호 역시 주관적이다. 그래서 시간선호는 사람마다 다르다. 높은 시간선호를 가진 사람은 현재소비를 연기하는 데에 대하여 높은 보상을 요구할 것이고, 낮은 시간선호를 가진 사람은 낮은 보상을 요구할 것이다. 100개의 사과 소비를 1년 동안 연기하는 데 10개의 사과를 더 요구하는 사람이 있고, 5개만 더 요구하는 사람이 있다. 10개를 요구하는 사람의 시간선호가 5개를 요구하는 사람의 시간선호보다 높다. 10개의 사과를 더 요구하는 사람은 1년 후 110개의 사과를 갖게 될 것이고, 10개의 이자를 얻게 되고 이자율은 10%가 된다. 5개를 요구하는 사람은 1년 후 105개의 사과를 갖게 될 것이고, 이자는 5개가 되며 이자율은 5%가 된다.

■ 현재재화와 미래재화 간의 교환

시간선호에 의해서 사람들이 미래재화보다는 현재재화를 더 선호하는데 어떻게 현재재화와 미래재화 간의 교환이 이루어지는가? 그 이유는 사람들이 가지고 있는 자원이 각기 다르고, 시간선호 또한 각기 다르기 때문이다. 현재에 자원을 많이 가지고 있는 사람도 있고 그렇지 않은 사람도 있다. 현재에 자원을 가지고 있지 않은 사람은 자원을 가지고 있는 사람보다 상대적으로 현재재화를 더 선호할 것이다. 현재재화를 이용하여 미래에 더 많은 재화를 생산할 것이란 기대 하에 자원을 빌리려고 한다. 현재에 자원을 많이 가지고 있는 사람은 현재에 그것을 다 소비하기보다는 일부에 대한 소비를 연기하면 미래에 더 많은 재화를 획득할 수 있으므로 현재에 자원을 가지고 있지 않은 사람보다 상대적으로 더 미래재화를 선호할 것이다. 그래서 자신이 소비하고 남는 부분을 다른 사람에게 빌려주려고 한다. 이러한 이유로 현재재화와 미래재화 간에 교환이 발생한다.

현재재화와 미재재화 간의 거래는 이자율을 통해서 이뤄진다. 현재재화를 빌리는 사람, 즉 차입자의 경우에 이자율은 현재재화를 사용하는 것에 대한 가격이다. 그래서 차입자의 관점에서 보면 이자율은 현재에 재화를 얻어서 그것을 나중에 갚는 것에 대한 프리미엄이다. 현재재화를 빌려주는 사람, 즉 대여자의 경우 이자율은 현재재화를 포기한 것에 대한 대가다. 현재재화를 빌리고 빌려주는 것은 시간 사용을 빌리고 빌려는 것이나 마찬가지이므로 이자율은 시간 사용에 대한 가격이라고 할 수 있다.

한 가지 주의할 점은 앞에서 언급한 것처럼 이자율은 화폐(돈)의 가격이 아니라는 것이다. 즉 이자율은 화폐(돈)를 사용하는 것에 대한 대가가 아니라 현재재화를 사용한 것에 대한 대가다. 화폐(돈)는 제2장에서 설명한 것처럼 교환의 매개체다. 식품점에서 채소와 우유를 사고 화폐(돈)를 건네고, 직장에서 일을 한 후 고용주로부터 임금으로 화폐(돈)를 받는다. 재화와 서비스를 구매할 때도 화폐(돈)를 사용한다. 여기서 우리가 화폐를 사용한 것은 재화와 서비스에 대가를 지불하기 위함이다. 화폐를 사용해 재화와 서비스에 대가를 지불한 것이 이자가 아님은 분명할 것이다.

그러면 많은 사람들이 이자를 화폐의 가격이라고 오해하는 이유는 무엇일까? 그것은 일반적으로 재화와 서비스를 교환할 때 화폐가 사용되듯이 현재재화를 미래재화와 교환할 때 화폐가 사용되기 때문이다. 제2장에서 설명한 화폐의 연지급 기준의 기능이 이것이다. 대차거래는 실제로는 현재재화와 미래재화 간의 교환인데, 그것이 화폐를 통해서 이루어지기 때문에 마치 이자율이 화폐의 가격처럼 인식되는 것이다.

2. 순수대부자금시장(pure loanable fund market)

■ 현재재화의 공급과 수요

현재재화와 미래재화가 교환되는 시장을 순수대부자금시장이라고 한다. 현재재화와 미래재화를 교환하는 것은 사실상 시간을 교환하는 것과 같다. 그래서 시간시장(time market)이라 부를 수 있다. 이 순수대부자금시장에서 사람들은 현재재화를 빌리고 빌려준다. 여기서 현재재화는 '순수대부자금'이 된다. 현재재화를 빌려주는 것은 현재재화의 공급이고, 현재재화를 빌리는 것은 현재재화에 대한 수요다. 높은 이자율은 현재재화가 미래재화에 비해 상대적으로 비싸다는 것을 말해준다. 그래서 현재재화가 필요해서 그것을 빌리려는 사람은 현재재화를 적게 구입하려(빌리려) 하고, 현재재화를 빌려주려는 사람은 더 많은 미래재화를 위해 현재재화를 많이 판매(저축)하려고 한다. 높은 이자율에서는 현재재화에 대한 수요량이 적고 현재재화의 공급량은 많다는 것을 시사한다. 반면 낮은 이자율은 현재재화가 미래재화에 비해 상대적으로 싸다는 것을 말해준다. 그래서 현재재화를 빌리려는 사람은 현재재화를 많이 구입하려(빌리려) 하고, 현재재화를 빌려주려는 사람은 현재재화를 적게 판매(저축)하려고 한다. 이것은 낮은 이자율에서는 현재재화에 대한 수요량이 많고 현재재화의 공급량은 적다는 것을 시사한다. 이 두 가지 사실로부터 우리는 이자율과 현재재화에 대한 수요량 간에는 음(−) 관계, 이자율과 현재재화의 공급 간에는 양(+)의 관계를 갖는다는 결론을 얻을 수 있다.

■ 자연이자율 혹은 순수이자율

위의 사실을 바탕으로 <그림 4−1>에서 보는 바와 같이 현재재화에 대한 수요곡선은 우하향하고, 현재재화의 공급곡선은 우상향하는 곡선을 그릴 수 있다. 현재재화의 공급과 신용에 대한 수요가 일치하는 지점에서 균형이자율(r_0)이 결정된다. 이 이자율을 자연이자율(the natural rate of interest), 순수이자율(the pure rate of interest), 또는 본래이자율(the originary rate of interest)이라고 한다. 이것을 자연이자율이라고 하는 이유는 현재재화의 공급과 수요로 나타나는 저축자와 대여자들의 시간선호와 부합하여 결정되는 것이기 때문이다. 여기서 현재재화에 대한 모든 수요는 미래재화를 현재재화와 교환하고자 하는 욕구로부터 나오고, 모든 현재재화의 공급은 현재재화를 미래재화와 교환하고자 하는 사람들로부터 나온다. 그래서 이 이자율에서 현재재화와 미래재화의 시점 간 조화(coordination) 가 이뤄진다.

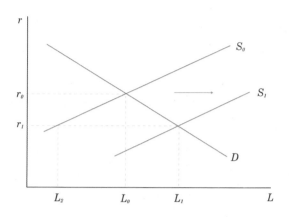

‖ 그림 4-1 ‖ 순수대부자금시장과 균형이자율

■ 이자율의 기능

먼저 이자율은 교환에 참여한 사람들로 하여금 미래 소득과 비용의 현재가치를 산정하도록 해준다. 이자율은 미래의 돈에 대한 할인(discount)이 얼마인지, 동시에 현재 돈에 대한 할증(premium)이 얼마인지를 나타내준다. 현재재화와 미래재화 간의 가치 차이가 있기 때문에 그 재화의 가치를 단순 비교하면 안 된다. 현재재화가 미래재화보다 얼마나 더 가치가 있는지, 혹은 미래재화가 현재재화보다 얼마나 가치가 있는지를 비교하기 위해서는 현재재화의 가치를 이자율을 통해서 할증한 후 그것을 미래재화의 가치와 비교하던가, 혹은 미래재화의 가치를 이자율을 통해서 할인한 후 그것을 현재재화의 가치와 비교해야 한다.

예를 들어 한 기업이 2019년에 원자재를 사서 2020년 동안에 노동자를 고용하여 그 원자재를 가공하고, 2021년에 최종적으로 만들어진 재화를 판다고 하자. 이 경우 기업은 여러 가지 지출과 수입에 대한 시간 요소를 무시할 수 없다. 2019년에 원자재에 대한 지급과 2020년 노동에 대한 임금지불을 2021년에 얻는 수입과 단순 비교해서는 안 되는 것이다. 전체 3년간 생산과정을 놓고 이윤이 나는지를 보기 위해서는 2019년 원자재에 대한 지급과 2020년 임금지급을 할증 (premium)하여 2021년에 얻는 수입과 비교하든지, 2021년에 얻는 수입을 할인 (discount)하여 2019년과 2020년의 지급들과 비교해야 한다. 이자율은 그 적용하는 적정 할증, 혹은 할인을 결정하는 데 도움을 준다.

다음으로 이자율은 다른 시장가격처럼 기업가에게 제한된 자원을 효율적으로 투자하도록 인도한다. 제1장에서 가격은 시장참가자에게 정보를 제공하여 시장참가자들로 하여금 경제계산을 가능하게 한다고 하였다. 이자율 역시 가격이기 때문에 마찬가지로 시장참가자인 기업가에게 정보를 제공하여 투자와 생산결정을 하게 한다. 이자율이 높을수록 기업의 생산과정은 점점 더 현재 지향적, 즉 생산 기간이 짧아질 것이다. 최종재가 나오기까지 오랜 기간 동안 노동과 원자재를 요구하는 매우 긴 생산과정은 이자율이 높을수록 이윤이 적을 것이다. 먼 미래의 어떤 시점에서 수입을 얻기까지 오늘과 여러 해 동안 돈을 지출할 것이기 때문이다. 이자율이 높을수록 생산과정의 기간에 대한 비용이 커지기 때문에 기업가는 최종재 생산까지의 생산과정이 짧은 프로젝트를 수행하려고 할 것이다.

반면에 낮은 이자율은 기업가에게 생산과정이 긴 프로젝트를 시작해도 좋다는 청신호를 준다. 자원과 최종재의 모든 가격을 동일하게 유지할 때 높은 이자율에서는 이윤이 없는 것처럼 보인 프로젝트가 낮은 금리에서는 이윤이 있을 수 있는 것처럼 보일 수 있다. 그래서 예전의 이자율 수준에서는 이윤이 날 것 같지 않았던 장기 프로젝트가 이윤이 나게 함으로써 이자율 하락은 기업가에게 새로운 장기 프로젝트를 수행하도록 하는 신호를 보낸다.

■ 시간선호가 변하는 경우

시간선호가 현재보다 미래를 더 중시하는 방향으로 변화하면 사람들은 현재소비를 줄이고 미래소비를 늘린다. 다시 말하면 사람들이 저축을 많이 한다. 사람들이 저축을 많이 함에 따라 현재재화의 공급이 증가해 이자율이 하락한다. <그림 4-1>에서 저축이 증가하면 현재재화의 공급곡선이 우로 이동해 r_0에서 r_1로 하락한다. 이자율 하락은 소비자들의 현재재화와 미래재화에 대한 선호변화를 기업가에게 전달한다. 앞에서 언급한 것처럼 현재재화에 대한 소비가 줄었다는 신호를 전달받은 기업가들은 미래생산을 생산(긴 생산과정)에 투입한다. 그렇게 하여 미래의 최종재 생산을 늘리는 데 기여할 여러 가지 자본재 생산을 증가시킨다.

3. 신용시장(credit market)

■ 신용의 의미와 원천

현재재화와 미래재화 간의 거래는 신용과 관계가 있다. 신용은 일상적으로는 한 개인에 대한 믿음을 의미하는 것으로 사용되지만, 경제학에서 신용은 나중에 미래재화를 제공하기로 약속하고 현재재화를 사용할 수 있는 능력을 의미한다. 그래서 미래재화를 제공하기로 약속하고 현재재화를 얻는 것은 신용을 얻는 것이고, 미래재화를 받기로 약속하고 현재재화를 제공하는(빌려주는) 것은 신용을 제공하는 것이다.

간단한 예를 들어 설명해보자. A가 빵 10개를 만들어 2개는 자신이 먹고 나머지 8개는 저축한다. 그리고 저축한 8개의 빵을 1주일 후 구두 1켤레를 받기로 하고 구두를 만드는 B에게 빌려준다. 여기서 미래의 신발 1켤레와 교환하면서 A로부터 B에게로 이전된 빵 8개(실제 재화)가 바로 신용이다. 그리고 이로부터 우리는 신용의 양을 결정하는 것이 실질저축(실물저축)이라는 사실을 알 수 있다. 만약 A가 4개의 빵만을 저축했다면 신용의 양은 8개가 아닌 단지 4개의 빵이 된다.

화폐가 도입된다고 해서 신용의 본질이 바뀌지 않는다. A가 B에게 빵 8개를 빌려주는 대신 저축한 빵 8개를 10만 원을 받고 팔았고, 그 10만 원을 B에게 빌려준다고 하자. 빌린 10만 원으로 B는 구두를 만드는 동안 먹고 지낼 8개의 빵을 구입하거나 자신이 필요한 재화를 구입할 수 있다. 여기서 분명한 것은 신용(10만 원)이 8개의 빵으로부터 나왔다는 사실이다. 그리고 이렇게 실물에 의해 뒷받침되는 저축, 즉 실질저축(real saving)만이 진정한 신용(true credit)이라는 사실을 이해하는 것이 중요하다. 실물이 뒷받침되지 않은 채 화폐공급 증가로 인한 신용은 진정한 신용이 아니고, 이것이 경제를 왜곡시킨다는 사실을 인지할 필요가 있다. 이에 대해서는 제8장에서 자세히 다룰 것이다.

■ 시장이자율과 자연이자율 간의 관계

현실세계에서 현재재화와 미래재화가 교환되는 것을 우리가 직접적으로 관찰할 수 있는 시장은 신용시장이다. 신용시장에서 현재재화를 빌리고 빌려주는 것은 앞에서 언급한 것처럼 화폐로 이뤄진다. 사람들이 '화폐를 빌리는 것'은 그것으로 필요한 현재재화를 구입하기 위함이다. 즉 화폐를 빌리지만 실제로는 현재재화를 빌리는 것이다. 차입자는 대여자로부터 화폐를 빌리고 그 대가로 미래 특정일에 원금과 이자를 포함한 금액을 지불하겠다는 약속의 차용증서(IOU)를 대여자에게 준다. 상환 일에 차용증서에 명시된 금액만큼이 차입자의 미래소비에서 감소한다. '화폐를 빌리는 것'은 미래재화를 현재재화와 교환한 것이 된다. '화폐를 빌려주는 것'도 마찬가지다. 화폐를 빌려주지만 실제로는 그것으로 소비할 수 있는 현재재화를 빌려주는 것이다. 대여자는 현재 소비할 수 있는 재화를 포기하고 나중에 소비할 재화를 얻는 차용증서(IOU)를 받는다. 이것은 현재재화를 미래재화와 교환한 것이 된다. 이런 신용시장에서 결정되는 이자율을 앞의 순수대부자금시장에서 결정되는 자연이자율과 구분하기 위해서 시장이자율(market rate of interest)이라고 하자.

화폐경제에서 신용시장은 화폐제도와 대중의 의사결정의 영향을 받는다. 화폐제도는 화폐공급자의 역할을, 대중은 화폐수요자로서의 역할을 한다. 나중에 자세히 배우겠지만, 화폐공급의 주체는 중앙은행과 은행, 대중의 행위에 영향을 받는다. 앞에서 언급한 것처럼 실제 신용시장에서 대부자금의 교환은 화폐로 이루어지기 때문에 신용시장은 화폐의 공급과 수요의 영향을 받는다. 따라서 우리는 신용시장을 화폐시장(화폐의 수요와 공급)과 연계해서 생각해야 한다.

앞에서 배운 것처럼 사람들은 시간선호에 따라 저축의 형태로 신용(대부자금)을 공급하려고 한다. 그 저축에는 은행예금도 들어 있다. 그뿐만 아니라 사람들은 시간선호에 따라 신용(대부자금)에 대한 수요를 형성한다. 신용에 대한 수요 형태에는 은행과 다른 대여자들로부터 빌리는 것이 있다. 그래서 화폐의 공급과 수요가 일치하는 화폐균형이 이뤄지면 신용시장에서 사람들의 시간선호는 시점 간 조화가 이루어지는 방향으로 순조롭게 이동된다. 이 경우 자연이자율과 시장이자율은 일치하게 된다. 이자율은 빌릴 사람과 빌려줄 사람의 주관적 시간선호율의 조정에 의해 결정되고, 이자율은 시간선호율에 접근하고 그에 따라 경제가 순조롭게 돌아간다.

그러나 화폐균형이 이루어지지 않으면 시장이자율과 자연이자율 간에 괴리가 발생하며 신용시장에서 사람들의 시간선호에 따른 시점 간 조화가 깨진다. 예를 들어 중앙은행이 화폐공급을 늘린다고 하자. 그러면 은행은 사람들이 실제로 저축한 양보다 더 많은 화폐량을 보유하게 된다. 더 많은 화폐량을 보유한 은행은 이자율을 낮추면서 더 많은 신용을 창출할 것이다. 이것이 바로 앞에서 언급한 실물이 뒷받침되지 않은 신용의 양이다.

화폐공급 증가로 <그림 4-2>에서 시장이자율은 r_1이 되고, 자연이자율은 r_0로 그대로다. 사람들이 자발적으로 내놓는 대부자금이 추가된 것이 아니기 때문이다. 자연이자율과 시장이자율이 괴리가 발생해 현재재화와 미래재화 간의 시점 간 조화가 깨진다. 그로 인해 시장에 왜곡이 발생하고 경제문제가 발생한다. 화폐공급 증가에 따른 화폐불균형이 경제에 미치는 영향에 대해서는 제7장과 8장에서 자세히 하기로 한다.

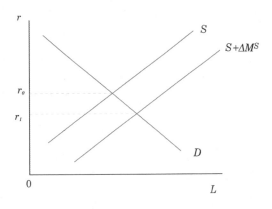

| 그림 4-2 | 신용시장과 화폐의 초과공급

■ 중립이자율(neutral interest)과 자연이자율

중립이자율은 자연이자율과 동의어처럼 보이고 가끔 호환해서 사용하는 사람들이 있다. 그러나 중립이자율과 자연이자율은 엄연히 다른 개념이다. 자연이자율은 앞에서 설명한 것처럼 사람들의 시간선호에 따른 대차 활동의 결과로서 시

장에서 발생하며 시점 간 자원배분의 조화가 이루어지는 이자율이다.[1] 이와는 달리 중립이자율은 통화정책에 의해 물가상승이나 하락 압력 없이 잠재적 경제성장률을 달성할 수 있는 이론적 금리 수준을 말한다. 중앙은행이 다양한 기법을 써서 중립이자율을 추정한다. 그러므로 중립이자율은 시장이자율이 아니라 통화당국이 만들어 내는 인위적인 이자율이다. 보통 중립이자율을 기준으로 통화정책이 완화적인지 긴축적인지를 판단하는 경향이 있다. 통화당국이 정책금리로 삼는 기준금리가 중립이자율보다 낮으면 통화정책이 완화적이라고 하고, 기준금리가 중립이자율보다 높으면 긴축적이라고 하는 것이다. 그러나 중립이자율은 통화당국이 만들어 낸 이자율이기 때문에 이러한 판단은 자의적인 면이 많다.

■ 화폐에 대한 수요와 신용에 대한 수요의 차이

앞에서 언급한 것처럼 현재재화를 미래재화와 교환할 때 화폐가 사용되므로 신용에 대한 수요는 화폐를 통해서 이루어진다. 그래서 신용에 대한 수요를 화폐에 대한 수요와 혼동하는 사람들이 많다. 제5장에서 화폐에 대한 수요는 자세히 설명하겠지만, 화폐에 대한 수요는 기본적으로 '교환의 매개체를 보유하고자 하는 것'을 말한다. 이와는 달리 신용에 대한 수요는 현재재화를 빌리는 것, 즉 현재재화에 대해 지출하기 위한 것이다. 앞에서 언급한 것처럼 다만 그것이 화폐의 형태로 이루어질 뿐이다. 진성어음주의에 대한 논쟁을 보면 화폐에 대한 수요와 신용에 대한 수요의 차이를 쉽게 이해할 수 있다.

---

[1] 자연이자율이라는 용어를 처음 사용한 사람은 스웨덴 경제학자 빅셀(Knut Wicksell)이다. 이 용어는 빅셀이 1898년 독일어로 출판하고 1936년에 영어로 출판된 *Interest and Prices*에 나와 있다. 그는 자연이자율은 모든 대출이 화폐와 관계없이 이루어진다면 물가가 균형을 이루는 경제로 만드는 이자율로 정의하면서 "상품가격들에 대해 중립적이며 상품가격들을 올리지도 않고 내리지도 않는 대출이자율"이라고 했다. 사실 빅셀이 말한 자연이자율은 근본적인 실질 요인을 반영하는 이자율로서 현재소비와 미래를 위한 투자 간의 자원배분을 좌우하는 이자율이다. 즉 저축과 투자의 균형을 유지함으로써 경제를 지속가능한 성장을 유도하는 이자율로서 소비되지 않는 현재 산출물(실질저축)을 사람들이 기꺼이 소비를 연기하려는 의사와 일치되는 방식으로 경제의 생산능력을 증대시키는 이자율이다. 이 빅셀의 자연이자율이 오스트리안 경제학자들에 의해 시장참가자들의 시간선호를 반영하고 생산단계들 간에 자원을 배분하는 이자율이 되었다. 한편 빅셀의 정의 중에서 '중립적'이라는 용어 때문에 자연이자율과 중립이자율을 동의어로 사용하고 있는 사람들이 있다.

진성어음주의(real bills doctrine)

나폴레옹 전쟁 때 잉글랜드은행이 은행권을 금의 백업을 받는 태환권으로 만들어야 하는지, 아니면 불태환으로 해야 하는지에 대해 경제학자들 사이에 논쟁이 붙었다. 그것이 바로 통화학파(Currency School)와 은행학파(Banking School) 간의 논쟁이다. 통화학파는 태환권을 주장했고, 은행학파는 불태환권을 주장했다. 은행학파가 불태환권을 주장했던 논거가 진성어음주의다. 화폐가 매우 품질이 좋은 은행자산으로 보증되면 불태환과 화폐가치와는 아무런 관련이 없다는 것이 진성어음주의다. 다시 말하면 은행권이 진성어음으로 보증되는 한 은행권 발행을 늘려도 인플레이션이 발생하지 않는다는 것이다. 여기서 진성어음이란 시장성이 좋고 담보가 좋은 단기 상업대출로서 오늘날 상업어음이나 기업어음(CP) 등을 말한다.

은행학파들이 이렇게 주장하는 이유는 상업대출은 인플레이션적인 소비대출과는 다른 화폐에 대한 기업들의 수요이며, 이것이 화폐공급과 1대1로 매치가 되기 때문에 인플레이션이 발생하지 않는다는 것이다. 그러나 이 주장의 문제는 상업대출은 신용에 대한 수요이고, 이것을 화폐에 대한 수요와 혼동하고 있다는 점이다. 기업이 은행으로부터 돈을 빌리는 것은 화폐를 손에 쥐고 있으려고 하는 것이 아니라 자본재에 지출하기 위함이다. 비록 기업들이 소비재에 지출하지 않더라도 자본재에 지출하면 시중에 화폐량이 늘어나 인플레이션이 발생하는 것이다.

4. 현실세계에서의 이자율

현실세계에서 우리가 직접적으로 관찰하는 시장은 신용시장이라고 했다. 그런데 신용시장에서 대부자금의 대차거래에 사용되는 차용증서(IOU), 즉 채권이 매우 다양하다. 정부가 발행하는 국채, 기업이 발행하는 회사채, 가계가 은행에 예치하는 예금(은행의 입장에서 보면 이것은 은행이 가계로부터 빌리는 차용증서임), 그리고 가계나 기업이 은행으로부터 빌리는 대출 등이 있다. 이것은 현실에서 신용시장은 대단히 많으며 시장이자율 역시 대단히 많다는 것을 시사한다. 실제 세계에서 신용시장이 많고 그것의 시장이자율이 많은 이유는 차용증서와 관계된 여러 가지 특성들 때문이다. 차용증서마다 채무불이행 위험과 유동성이 다르고 또 만기가 각기 다르다. 채무불이행 위험이 높은 채권이 채무불이행 위험이 낮은 채권보다는 이자율이 높다. 유동성이 좋은 채권은 그렇지 않은 채권보다 이자율이 낮다. 그리고 대체로 장기채권이 단기채권보다 이자율이 높다.

요컨대 각 채권의 이자율은 기본적으로 세 가지 요소로 구성된다. (i) 차입자가 자금을 현재 사용하는 것에 대해 지불하는 순이자부분(시간선호에 의해 결정되는 부분), (ii) 예상인플레이션을 반영하는 인플레이션프리미엄, (iii) 채무불이행위험, 유동성, 만기 등과 같은 각 채권이 가진 특성을 반영하는 프리미엄 등이다.

■ 명목이자율과 실질이자율

앞에서 언급한 이자율을 구성하는 기본적인 세 가지 요소 중 (i) 차입자가 자금을 현재 사용하는 것에 대해 지불하는 순이자부분(시간선호에 의해 결정되는 부분)은 실질이자율이고, 여기에 (ii) 예상인플레이션을 반영하는 인플레이션프리미엄이 반영된 것이 명목이자율이다. 우리는 앞에서 이자율은 차입자가 현재에 재화를 얻는 것에 대해 지불하는 프리미엄이고, 대여자가 현재의 구매력을 연기한 것에 대한 보상이라고 하였다. 그러나 인플레이션이 있을 경우 인플레이션을 고려해야 재화와 서비스에 대한 구매력 측면에서 차입자가 지불하고 대여자가 받는 것을 정확하게 산정할 수 있다. 왜냐하면 인플레이션은 대여자가 제공한 원금의 구매력을 감소시키기 때문이다.

예를 들어보자. 대여자가 인플레이션이 없는 상황에서 앞으로도 인플레이션이 없으리라는 예상 하에 연간 5%로 자금을 대여해 줄 용의가 있고, 차입자 역시 5% 이자율을 기꺼이 지불할 용의가 있다고 하자. 이는 대여자가 현재 100만 원어치의 구매력을 1년 후 105만 원어치의 구매력과 교환할 의사가 있다는 것을 의미하고, 차입자 역시 현재 100만 원을 쓰는 비용으로 1년 후 5만 원을 지불할 의사가 있다는 것을 의미한다. 따라서 재화와 서비스의 수량으로 따져 대여자는 1년 후에 현재보다 5% 더 상품을 구입할 수 있다. 이런 뜻에서 5%는 실질이자율이라고 부른다. 즉 실질이자율이란 대여자가 대여한 화폐의 실질구매력의 증가율을 말한다.

이제 인플레이션이 앞으로 1년 후에 4% 진행될 것으로 예상된다고 하자. 그러면 오늘 빌려주는 100만 원은 1년 후에 실질구매력이 4% 떨어진다. 따라서 9%의 이자율을 매겨야만 당초에 의도했던 대로 1년 후에 현재보다 5% 더 구매력을 얻을 수 있다. 자금의 대여로 1년 후에 현재보다 실질구매력이 5% 증가되기를 바라는 한 대여자는 예상인플레이션율 4%를 실질이자율에 가산하여 9%로 받고자 한다. 한편 차입자 역시 4% 인플레이션율을 예상할 때 미래에 더 비싸지기 전에 지금 재화와 서비스를 구매하려고 할 것이다. 그리하여 그는 기꺼이 4% 인플레이션 프리미엄 더해서 9% 이자율에 동의할 것이다. 이렇게 해서 정해지는 9%가 바로 명목이자율이다.

우리가 시장에서 관찰할 수 있는 이자율은 명목이자율이다. 다시 말하면 시장에서 나타나는 이자율은 실질이자율에 사람들이 예상한 인플레이션율이 더해진 것이다. 그래서 명목이자율(R)은 실질이자율(r) + 예상 인플레이션율(π^e)로 표현된다. 이것을 이용하여 우리는 다음과 같이 실질이자율을 계산할 수 있다.

실질이자율 = 명목이자율 − 예상 인플레이션율

이것은 예상된 물가변화율을 반영한 것으로 엄밀히 말하면 사전적 실질이자율(ex ante real interest rate)이다. 실질이자율은 경제적 의사결정에 있어서 중요한 변수로서 실질이자율이 낮을 때 자금을 차입하려는 인센티브가 커지고 자금을 빌려주려는 인센티브가 줄어든다. 이와는 달리 사후적으로 나타난 실제 물가변화율을 조정한 이자율은 사후적 실질이자율(ex post real interest rate)라고 한다. 이는 실질 기준으로 자금의 대여자가 사후적으로 얼마나 이득을 얻었는지를 나타낸다. <그림 4-3>은 우리나라 명목금리와 실질금리(사전적)의 추세를 나타낸 것이다.

┃ 그림 4-3 ┃ 우리나라 명목금리와 실질금리(2002.2~2021.8)

좌축: 명목금리, 우축: 실질금리
실질금리＝명목금리－기대인플레이션율(한국은행자료)
자료: 한국은행

5. 케인즈의 유동성 선호이론

케인즈는 사람들의 시간선호에 따른 저축과 투자에 의해 이자율이 결정되는 것이 아니라 화폐수요와 화폐공급이 이자율을 결정한다는 유동성 선호이론을 내놓았다. 케인즈의 유동성 선호설은 경제 내에 두 가지 자산, 즉 채권과 화폐만이 존재한다고 가정한다. 이러한 경제 내에서 사람들은 자산을 보관하는 방법으로 화폐와 채권 중에서 선택한다고 가정한다.

케인즈는 화폐를 보유하는 동기로 3가지를 든다. 첫째는 거래적 동기다. 재화와 서비스를 구매하기 위해서는 화폐가 필요하므로 그것을 위해 화폐를 보유한다는 것이다. 둘째는 예비적 동기다. 예기치 않은 재화와 서비스를 구매할 기회나 예상치 못한 사건에 대비하기 위해 화폐를 보유한다는 것이다. 셋째는 투기적 동기다. 케인즈가 정의한 화폐는 무이자 현금과 당시 거의 이자가 붙지 않았던 당좌예금으로 화폐보유로부터 얻는 수익률을 0이라고 가정했다. 그와는 달리 채권보유는 이자율만큼 수익을 준다. 그래서 화폐를 보유하게 되면 채권을 보유하지 못함으로써 포기한 이자에 해당하는 기회비용이 발생한다. 그래서 이자율이

오를수록 화폐보유의 기회비용이 크게 되므로 사람들은 화폐보유를 줄이고, 이
자율이 하락할수록 화폐보유의 기회비용이 감소하므로 화폐보유가 증가한다. 그
래서 이자율과 화폐수요 간에는 음의 관계를 갖는다. 그래서 화폐수요곡선은
<그림 4-4>와 같이 우하향하는 형태를 갖는다. 한편 케인즈는 중앙은행이 독
립적으로 화폐를 공급한다고 가정한다. 이러한 가정 하에 화폐공급곡선은 수직
인 형태를 띤다.

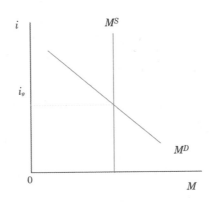

┃ 그림 4-4 ┃ 유동성 선호설과 이자율 결정

　　케인즈의 유동성 선호이론은 두 가지 가정 하에서 정립된 것이다. 첫 번째 가정
은 앞에서 언급한 것처럼 사람들이 재산을 보관하는 방법에 화폐와 채권이라는
두 가지 자산이 있다는 것이고, 두 번째 가정은 저축과 투자가 항상 같다는 것이다.
　　첫 번째 가정 하에서 대부자금시장에서 결정되는 이자율과 화폐시장에서 결정
되는 이자율은 같다. 경제 내의 모든 자산은 그 경제 내의 채권과 화폐의 합이
된다. 다시 말하면 경제 내 자산 총량은 채권의 공급량과 화폐의 공급량을 합한
것과 같다. 사람들이 보유할 수 있는 자산은 결국 경제 내에 존재하는 자산의
양이므로 사람들이 보유하는 채권의 수요량과 화폐의 수요량의 합은 자산 총량
과 같아야 한다. 즉,

$$M^s + B^s = B^d + M^d$$

이것은 다음과 같이 쓸 수 있다.

$$M^s - M^d = B^d - B^s$$

이것은 좌변이 화폐시장이 균형($M^s = M^d$)이면 우변인 채권시장 역시 균형($B^d - B^s$)이 이루어진다는 것을 의미한다. 따라서 채권시장에서 결정되는 균형이자율이나 화폐시장에서 결정되는 이자율이 같아진다. 그러나 현실에 존재하는 자산은 두 가지만 있는 것이 아니다. 그래서 케인즈의 유동성 선호설은 현실 설명력이 약하다.

두 번째 가정은 사전적(ex ante)과 사후적(ex post) 저축 및 투자를 구분하지 않고 있다는 점이다. 사후적으로 투자는 항상 저축과 같다. 투자가 발생하면 저축은 어디에선가부터 나와야 하기 때문이다. 저축과 투자가 항상 같으면 저축과 투자는 이자율을 결정할 수 없고 이자율 역시 저축 결정과 투자 결정을 조정할 수 없다. 바로 이러한 가정 때문에 케인즈는 이자율을 화폐시장을 이용해 설명한다. 그러나 사람들의 투자와 저축에 대한 의사결정은 '사전적' 상황이다. 그 상황에서 저축과 투자에 영향을 미치는 근본적인 요인은 각자의 시간선호다. 사람들의 시간선호는 각자 다르기 때문에 저축과 투자가 일치하지 않는다. 앞에서 설명한 바와 같이 높은 이자율에서 현재재화를 빌리려는 사람(기업가)은 현재재화를 적게 빌리려(투자하려고) 하고, 현재재화를 빌려주려는 사람(저축자)은 현재재화를 많이 빌려주려고(저축하려고) 한다. 낮은 이자율에서는 그 반대다. 그래서 사전적으로 저축과 투자가 일치하지 않는다. 그러다가 시장과정을 통해서 이러한 욕구들이 조정되면서(균형을 이루면서) 저축과 투자가 일치하게 된다. 케인즈의 유동성 선호이론은 이 점을 무시하고 있다. 케인즈의 유동선 선호이론은 현실에서 일어나는 여러 가지 경제현상을 파악하는 데에 매우 취약하다.

6. 이자율 계산 방법

지금까지 우리는 이자(율)에 대한 개념과 그에 대한 이론을 배웠다. 이 절에서는 실제로 우리 생활에서 사용되고 있는 금융자산들의 이자율이 어떻게 산정되는지를 다루려고 한다. 잘 알다시피 은행은 대출에 이자를 부과하고 예금에 대해서 이자를 지급하며 돈을 빌려주고 빌리는 사업을 한다. 지금부터 은행대출과 채권과 같은 금융자산의 가격과 이자율 간에 어떤 관계가 있는지 살펴보려고 한다. 이 관계를 파악하기 위해서는 먼저 현재할인가치(present discount value), 혹은 현재가치(present value)의 개념을 이해할 필요가 있다.

■ 현재가치

대부분의 금융수단은 특정한 미래 일에 특정 금액의 지급을 약속한다. 시장은 미래에 상환될 금액보다 적은 가격을 지불함으로써 그 미래 금액을 '할인'한다. 미래 금액이 할인되는 정도가 이자다. 금융자산의 현재가치는 이자율 수준과 만기에 의해 결정된다.

예를 들어 오늘 100만 원을 투자하여 5%의 이자를 얻을 수 있다면 우리는 1년 후에 100만 원(1.05)=105만 원을 얻게 된다. 이 105만 원을 또 다시 1년 동안 투자한다면 2년 후에 우리는 100원(1.05)(1.05)=110만2,500원을 얻게 된다. 이것을 10년 동안 투자한다면 우리는 10년 후에 100만 원$(1.05)^{10}$=162만8,895원을 얻는다. 이것을 일반화하여 현재 금액 P를 이자율 i로 m년 동안 투자할 경우 미래에 받게 되는 금액 F는 다음과 같이 표현된다.

$$F = P(1+i)^m \tag{4-1}$$

이제 문제를 돌려서 이자율 i로 투자하여 m년 후에 금액 F가 되는 현재금액 V는 얼마인가로 질문해보자. 이것은 단순히 (4-1)을 이용하면 계산된다. 그 답은 아래와 같다.

$$P = \frac{F}{(1+i)^m} \tag{4-2}$$

예를 들어보자. 1년 후에 100만 원을 상환하겠다는 금융수단이 있고 이자율이 5%일 경우 이것의 현재가치는 $\frac{100만\ 원}{1.05}$ =95만2,400원이다. 2년 후에 100만 원을 지불하는 경우의 현재가치는 $\frac{100만\ 원}{(1.05)^2}$ =90만7000원이다. 마찬가지로 10년 후에 100만 원을 지불하는 경우에는 $\frac{100만\ 원}{(1.05)^{10}}=\frac{100만\ 원}{1.6289}$ =61만3,911원이다.

(4−2)식으로 부터 우리는 현재가치와 이자율 간에 역관계가 있음을 알 수 있다. 미래가치 F와 만기 m이 계약상 고정되어 있을 때 이자율 i가 상승하면 현재 가치 P가 하락한다. 이자율 i가 분모에만 들어있기 때문이다. 예를 들면 $F=100$만 원, $m=10$년이고, 이자율이 5%에서 6%로 오르면 현재가치 P는 61만3,911원에서 55만8,410원($=\frac{100만\ 원}{1.06^{10}}$)으로 떨어진다. 한편 이자율이 하락하면 현재가 치가 올라간다. $F=100$만 원, $m=10$년이고 이자율이 5%에서 4%로 하락하면

현재가치 P는 67만5,584원($=\frac{100만\ 원}{1.04^{10}}$)으로 올라간다. 여기서 한 가지 주의할 점은 이자율과 현재가치 간의 역관계는 원인과 결과의 관계가 아니라는 것이다. 이 역관계는 동시에 발생하는 현상이라는 점을 이해할 필요가 있다. 다시 말하면 이자율이 올라가는(내려가는) 것은 바로 현재가치가 내려가는(올라가는) 것이라고 말하는 것과 같다.

한편, 이자율 변화가 현재가치에 미치는 효과는 만기가 길수록 크다. (4−2)식 의 분모에서 $(1+i)$가 m 승수 배씩 증가하기 때문이다. 예를 들어보자. 1년 후에 100만 원을 상환해야 하는 대출을 생각해보자. 이자율이 5%일 때 그것의 현재가 치는 앞에서 본 것처럼 95만2,400원이었다. 이자율이 6%로 오르면 현재가치는 94만3400원으로 떨어진다. 현재가치 하락이 약 1% 정도 된다. 그런데 앞에서 보 았듯이 만기 10년의 대출의 경우 61만3911원에서 55만8,410원으로 떨어진다. 이 경우 현재가치 하락이 9%나 된다.

이제 우리가 현재가치 P와 미래금액 F를 알면 우리는 시장이 암묵적으로 미래 금액을 할인하는 이자율을 얻을 수 있다. (4−2)식을 이용하면 이자율은 아래와 같이 구할 수 있다.

$$i = (\frac{F}{P})^{1/m} - 1 \qquad\qquad (4-3)$$

예를 들어 10년 후에 1,000만 원을 지급하는 금융수단의 시장가치가 800만 원이라고 하자. 시장이 암묵적으로 사용하는 이자율은 2.26%($= (\frac{1000만 ~ 원}{800만 ~ 원})^{1/10}$ $- 1 = 0.0226$)이 된다.

■ 채권(이표채, coupon bond)

채권은 특정기간 동안 주기적으로 이자를 지급하기로 약속한 채무증서다. 회사채, 정부채 등이 여기에 해당한다. 만기에 원금, 혹은 액면가를 지급하지만 만기까지 매년 정해진 금액의 이자(이표지급액; coupon payment)를 지급한다.

F를 채권의 액면가, m을 만기, C를 이표지급액, i를 시장이 미래지급액을 할인하는 이자율이라고 하자. 그러면 이 채권의 현재가치 P_b는 지급액들의 현재가치들의 합과 같을 것이므로 다음과 같은 식이 성립한다.

$$P_b = \frac{C}{1+i} + \frac{C}{(1+i)^2} + \frac{C}{(1+i)^3} + ... + \frac{C}{(1+i)^m} + \frac{F}{(+i)^m} \qquad (4-4)$$

C와 F는 계약상 고정되어 있고, i와 P_b는 시장상황에 따라 변할 수 있다. i가 분모에만 들어있으므로 앞에서 이미 설명한 바와 같이 시장이자율 i와 P_b 간에 역관계가 있다. 즉 이자율이 상승하면 채권가격은 하락하고, 이자율이 하락하면 채권가격은 상승한다. 다시 한번 강조하지만 이 관계는 원인과 결과의 관계가 아닌 동시에 발생하는 현상임에 주의해야 한다.

채권의 시장가격은 시장이자율에 따라 액면가 F보다 높을 수도 있고 낮을 수도 있다. 채권이 액면가보다 높게 팔리면 액면가 위(above par)로 팔린다고 한다. 액면가보다 낮게 팔리면 액면가 아래(below par)로 팔린다고 한다. 그리고 액면가에서 팔리면 액면가(at par)로 팔린다고 한다.

우리가 특정한 이표, 액면가, 만기를 가지고 있는 채권의 시장가격을 안다면 그 채권의 이자율을 계산할 수 있다. 이 이자율을 채권의 만기수익률(yield to maturity), 혹은 간단히 수익률(yield)이라고 한다.

채권의 만기수익률이 이표율(C/F)과 같을 경우 채권은 액면으로 팔린다. 간단한 예를 들어 확인해보자. 1년 후에 $C+F$의 지급을 약속하는 1년 채의 경우를 보자. $i = C/F$이면 현재가치는 $P_b = \dfrac{C+F}{1+C/F} = F$이다.

채권이 처음 발행될 때 이표율은 보통 현재 시장이자율과 거의 같은 수준에서 정해진다. 그래서 처음에 채권은 액면가나 액면가에 아주 근사한 가격으로 팔린다. 그 후 시장이자율에 따라 채권가격이 변동하게 된다. 이자율과 채권가격의 역관계 때문에 아래와 같은 결과를 얻을 수 있다.

① 이자율이 이표율보다 높을 때 ($i > C/F$), 채권은 액면가 아래로 팔린다 ($P_b < F$).

② 이자율이 이표율과 같을 때 ($i = C/F$), 채권은 액면으로 팔린다($P_b = F$).

③ 이자율이 이표율보다 낮을 때 ($i < C/F$), 채권은 액면가 위로 팔린다 ($P_b > F$).

그리하여 채권의 이표율은 채권이 액면가로 팔릴 경우에만 그것의 수익률을 반영한다. 투자자가 액면가와 다른 가격에서 채권을 구매할 경우 투자자의 수익률은 이표율과 아주 다를 수 있다. 이표율은 채권 만기 동안 고정되어 있고 시장이자율에 따라 변동하지 않는다.

■ 영구채(perpetuity)

영구채는 만기일이 없고 이표지급액을 영원히 지급하는 채권이다. 콘솔 (consol)이라고도 한다. 콘솔이라는 명칭이 붙게 된 배경에는 영국 정부의 채권발행과 관련이 있다. 영국 정부는 만기가 서로 다른 많은 채권을 영구채로 통합 (consolidate)해버렸다. 이 통합된 채권들을 간단히 '콘솔(consol)'이라고 부르게 되었고, 그 후 어떤 영구채든 그냥 콘솔이라고 하고 있다. 영구채를 발행하는 국가는 그리 많지 않다. 그럼에도 불구하고 이것이 채권시장에서 많이 언급되는 이유는 개념적으로 중요하기 때문이다. 특히 채권가격을 산정하기가 쉽다. 매년 이표지급액 C를 지급하는 영구채의 현재가치 P_c는 아래와 같이 쓸 수 있다.

$$P_c = \frac{C}{1+i} + \frac{C}{(1+i)^2} + \frac{C}{(1+i)^3} + \cdots \qquad (4-5)$$

영구채는 공식적인 액면가 F를 가질 수 있다. 그 액면가로부터 이표지급액이 계산되지만, 현재가치는 액면가의 영향을 받지 않는다. 만기가 없어서 액면의 지급은 무한히 멀어진 미래 시점이기 때문에 그 현재가치는 0이고 그것이 채권의 가치에 아무런 영향을 미치지 않는 것이다.

(4-5)식은 무한등비수열의 합을 계산하는 공식을 이용하면 아래와 같이 대체할 수 있다.[2]

$$P_c = \frac{C}{i} \qquad (4-6)$$

영구채의 가격은 단순히 이표지급액을 이자율로 나눈 값이 된다. 예를 들면 연 4%로 영원히 매년 100만 원 지급을 약속하는 영구채의 가격은 $\frac{100만\ 원}{0.04}$ =2,500만 원이다.

■ 이표채 가격

채권가격을 나타내는 (4-4)에 $(1+i)$를 곱한 다음, 이것을 (4-4)에서 빼서 정리하면 이표채의 가격 (4-4)를 다음과 같이 단순화시킬 수 있다.[3]

---

2) 무한등비수열의 공식을 이용하지 않고도 계산할 수 있다. (4-5)식 우변의 각 항목에서 $1/(1+i)$를 빼내면 아래와 같이 쓸 수 있다.

$P_c = \frac{1}{1+i}[C + \frac{C}{(1+i)} + \frac{C}{(1+i)^2} + \cdots]$. [ ]은 (4-5)를 이용하여 $C + P_c$로 쓸 수 있으므로 위 식은

$P_c = \frac{1}{1+i}[C + P_c]$ 로 쓸 수 있다. 양변에 $(1+i)$를 곱해서 P_c를 풀면 $P_c = \frac{C}{i}$ 가 된다.

3) 이것은 앞의 영구의 가격공식 (4-6)을 두 번 이용하여 계산할 수도 있다. 사실 이표채는 매년 C를 지급하는 첫 번째 영구채에서 매년 C를 지급하지만 $m+1$이 될 때까지는 시작하지 않는 두 번째 영구채를 뺀 다음, $\frac{F}{(1+i)^m}$ 를 더한 것과 같다. 첫 번째 영구채의 현재가치는 C/i일 것이다. 그리고 두 번째 영구채의 경우 m년에서의 영구채의 가치는 C/i일 것이고, 그것의 현재가치는 $\frac{(C/i)}{(1+i)^m}$ 일 것이다. 거기에 $\frac{F}{(1+i)^m}$ 를 더하면 이표채의 가격은 (4-7)이 된다.

$$P_b = \frac{C}{i} + \frac{F - C/i}{(1+i)^m} \qquad (4-7)$$

이자율이 5%이고, 액면가가 1,000만 원, 이표지급액이 60만 원인 만기 10년 채의 현재가치를 계산해보자.

이 채권의 가격은 $\dfrac{60}{0.05} + \dfrac{1000 - 60/0.05}{1.05^{10}} = 1,077$만2,178원이 된다.

■ 분할상환대출(amortized loans)

분할상환대출은 차입자가 원금을 완전히 상환하는 만기까지 일정 금액을 정기적으로 지급하는 대출을 말한다. 상각대출이라고도 한다. 주택이나 자동차를 구입하기 위해 은행으로부터 받는 대출이 이에 해당한다. 만기 m년 동안 매년 A 금액을 지불하는 분할상환대출의 현재가치는 아래와 같이 표현된다.

$$P_a = \frac{A}{1+i} + \frac{A}{(1+i)^2} + \frac{A}{(1+i)^3} + \cdots + \frac{A}{(1+i)^m} \qquad (4-8)$$

(4-8)의 양변에 $(1+i)$를 곱한 다음, 이것을 (4-8)에서 빼서 정리하면 분할상환대출의 현재가치 P_a는 아래와 같이 된다.[4]

$$P_a = \frac{A}{i}\left(1 - \frac{1}{(1+i)^m}\right) \qquad (4-9)$$

A에 대해서 (4-9)를 풀면 아래와 같이 된다.

$$A = \frac{iP_a}{1 - 1/(1+i)^m} = \frac{iP_a(1+i)^m}{(1+i)^m - 1} \qquad (4-10)$$

---

[4] 이것은 앞의 이표채의 가격공식 (4-7)을 이용하여 계산할 수도 있다. (4-7)에서 C를 A로 대체하고 $\dfrac{F}{(1+i)^m}$을 빼면 분할상환대출의 현재가치 P_a는 (4-9)가 된다.

여기서 i는 연이자율을 나타내며 매년 상환해야 하는 금액을 낸다. 보통 주택담보대출과 같은 분할상환대출은 매월 상환해야 하므로 매월 지급해야 하는 금액은 다음과 같이 계산된다.

$$A = \frac{i/12 \times P_a (1 + i/12)^{12m}}{(1 + 1/12)^{12m} - 1} \qquad (4-11)$$

예를 들어보자. 원금이 2,000만 원, 연 이자율 12%로 3년 동안 매월 일정액을 상환하는 대출을 받았다면 매월 지급해야 하는 금액은 얼마일까?

$$\frac{0.12/12 \times P_a (1 + 0.12/12)^{12 \times 3}}{(1 + 1/12)^{12 \times 3} - 1} = \frac{0.01 \times 2000만 \ 원 \times (1.01)^{36}}{(1.01)^{36} - 1}$$

$= 664,290$원 이다.

1년 동안 지급횟수를 n이라고 하면 (4-11)은 다음과 같이 일반화할 수 있다.

$$A = \frac{i/n \times P_a (1 + i/n)^{nm}}{(1 + 1/n)^{nm} - 1} \qquad (4-12)$$

7. 우리나라의 주요 금리

<표 4-1>은 우리나라 주요 금리를 요약해 놓은 것이며, <그림 4-5>는 이 주요 금리의 추세를 나타낸 그래프다. 이에 대해 하나씩 살펴보기로 하자.

■ 한국은행 기준금리

한국은행 기준금리는 한국은행이 금융기관과 환매조건부증권(RP) 매매, 자금조정예금 및 대출 등의 거래를 할 때 기준이 되는 정책금리를 말한다. 한국은행이 7일물 RP(환매조건부채권)를 매각할 때는 기준금리로 판다. 다시 말하면 고정입찰금리로 매각하는 것이다. 한편 RP를 매입할 때는 기준금리 이상으로만 산다. 즉 매입할 때는 기준금리가 최저입찰금리가 되는 것이다. 그리고 자금조정예금금리는 기준금리에서 100bp를 뺀 이율을 적용하며, 최저이율은 0%다. 한편 자금조정대출금리는 기준금리에서 100bp를 더한 이율을 적용하고 기준금리가 1% 미만일 경우에는 기준금리의 2배로 운용한다.

■ 단기금융시장금리

단기금융시장금리는 만기가 1년 미만의 금리를 말한다. 단기금융시장의 대표적인 금리에는 RP(환매조건부채권)금리, 콜금리, CD(양도성예금증서)금리, CP(기업어음)금리, KORIBO(코리보)금리, 통안증권(91일)금리 등이 있다. RP는 일정 기간이 지난 뒤 일정 가격으로 다시 사주는 조건으로 판매하는 채권을 말한다. 앞에서 언급한 것처럼 한국은행은 시중에 단기자금(유동성)이 풍부할 때는 RP를 팔아 시중 자금을 흡수하고 단기자금이 부족할 때는 금융회사들이 가지고 있는 RP를 사들여 유동성을 공급한다. RP매매 대상 증권은 국채, 정부보증채, 통화안정증권, 토지개발채권 등이다. 만기는 1일~91일이지만 1~3일물이 대부분이다.

은행 등 금융회사들이 단기자금이 부족할 때 서로 돈을 빌리고 빌려주는 시장을 '콜 시장'이라고 한다. 대부분 하루짜리 초단기 자금이며, 이때 적용되는 금리가 '콜금리'다. CD는 은행이 예금을 맡았다는 것을 인정하여 발행하는 증서로 제3자에게 양도가 가능한 단기금융상품을 말한다. 기간은 30일 이상으로 1년 넘는 것도 있으나 대부분 90~180일이며 이때 적용되는 금리가 CD금리다.

CP(기업어음)는 기업이 기업 운영에 필요한 자금을 조달하기 위해 발행하는 어음 형식의 단기채권이다. CP는 이사회의 의결 없이도 회사 대표의 직권만으로 발행이 가능하기 때문에 기업 입장에서는 CP가 이사회의 의결을 거쳐야 하는 회사채보다 발행하기 쉽다는 장점이 있다. CP는 담보나 보증이 필요 없기 때문에 주로 신용상태가 양호한 기업들이 발행한다. CP의 금리는 어음을 발행하는 기업과 투자자 사이에 자율적으로 정해지며 회사의 신용이 좋을수록 금리가 낮다.

KORIBOR(코리보)금리는 영국의 리보(LIBOR: London Inter-bank Offered Rates)를 벤치마킹하여 은행 간 만든 단기기준금리를 말한다. KORIBO금리에는 만기 3개월, 6개월, 12개월짜리가 있다. KORIBO는 Korea Inter-Bank Offered Rate의 약자로서 현재 여러 은행 간 호가를 합산하여 계산하며 2004년 7월부터 매일 오전 11시에 공개한다. KORIBO가 도입된 이유는 콜금리와 CD금리가 지닌 한계성 때문이었다. 초단기금리인 콜금리의 경우 은행 외에도 제2금융권까지 거래에 참여하고 있기 때문에 거래주체에 따라 금리의 차이가 큰 문제점이 있고, CD금리의 경우에는 CD의 발행 물량이 적고 일단 발행되면 거의 유통이 되지 않을 뿐만 아니라 소수의 은행의 CD발행 수익률에 의해 금리가 결정되는 한계점이 있다. 이런 한계성 때문에 콜금리와 CD금리가 단기금리 지표로서의 대표성이 부족하다는 인식 하에 KORIBO금리가 도입된 것이다.

통안증권금리는 통안증권에 적용되는 금리를 말한다. 통안증권은 한국은행이 공개시장을 통해 유동성 조절을 목적으로 발행하는 채무증서이다. 한국은행이 시중의 유동성을 회수할 필요가 있다고 판단되면 통안증권을 발행하고, 시중에 유동성을 공급할 필요가 있다고 판단되면 발행했던 통안증권을 회수한다. 통안증권에는 만기 91일물, 1년물, 2년물이 있다. 91일물 통안증권금리가 단기시장금리에 해당한다. 1년과 2년 만기 통안증권의 금리는 장기금융시장금리로 분류된다.

■ 장기금융시장금리

장기금융시장금리는 만기가 1년 이상의 금리를 말한다. 장기금융시장의 대표적인 상품이 국고채와 회사채다. 국고채는 정부가 공공목적에 필요한 자금을 확보 및 공급하고, 국채의 발행 및 상환 등을 효율적으로 관리하기 위하여 설치한 공공자금관리기금의 부담으로 발행되는 채권이다. 예전에는 국고관리기금채권으로 발행되어 오다 1998년부터 국고채로 바뀌고, 농지채권, 농어촌발전채권, 국민주택기금채권, 양곡관리기금채권, 외국환평형기금채권 등이 통합되어 하나의 채권으로 발행되고 있다. 국고채는 만기 2년물, 3년물, 5년물, 10년물, 20년물, 30년물, 50년물이 있다. 3년 만기 국고채 유통수익률을 대표적인 시장금리 중의 하나로 사용되고 있다.

회사채(會社債)는 주식회사가 자금을 융통하기 위하여 발행하는 채권을 말한다. 보증여부에 따라 보증사채와 무보증사채로 나뉜다. 보증사채는 발행회사 이외의 제3자인 은행 등에서 상환을 보증하는 채권을 말하고, 무보증사채는 발행회사가 자기신용을 근거로 발행하는 채권이다. 이자지급방법에 따라 이표채와 할인채로 나뉜다. 이표채는 앞에서 설명한 바와 같이 일정 기간마다 이표액을 지급하는 채권이고, 할인채는 액면가에서 이자를 차감한 가격으로 발행하고 만기에 액면가로 상환하는 채권이다. 회사채금리는 신용등급에 따라 다르다. 신용등급이 높을수록 회사채 이자율은 낮다.

■ 금융기관 여수신금리

금융기관의 여수신금리는 각 은행이 시장금리 및 수신 취급비용 등을 감안하여 결정된다. 여신금리는 각 은행별로 자금조달금리에 각종 원가요소와 마진 등을 반영해서 자율적으로 산정한다. 보통 여신금리는 COFIX금리, CD금리, 금융채금리 등과 같은 기준이 되는 금리에다 차입자의 신용도나 대출기간 등을 감안하여 결정한다. 코픽스(COFIX: Cost of Funds Index)는 국내 8개 은행(기업/국민/농협/신한/우리/하나/한국씨티/SC제일)들이 제공한 자금조달 관련 정보를 기초로 하여 산출되는 자금조달비용지수다. 금융채금리는 은행 등 금융기관에서 자금조달을 위해 발행하는 채권의 금리를 말한다. 수신(예금)금리는 각 은행이 한국은행 기준금리에다 은행의 자금보유현황과 경영상황을 감안하여 결정한다. 사실상 은행이 고객에게 제공되는 수신금리는 한국은행 기준금리에서 크게 벗어나지 않는다. 예대마진은 대출금리인 여신금리와 수신금리인 예금금리의 차이를 말한다. 예대마진은 은행의 주 수익원이다.

〈표 4-1〉 한국의 주요 금리

금리 종류	금리 명칭	내용
한국은행 기준금리	정책금리	한국은행이 금융기관과 환매조건부증권(RP) 매매, 자금조정 예금 및 대출 등의 거래를 할 때 기준이 되는 금리
단기금융시장금리	RP금리	일정 기간이 지난 뒤 일정 가격으로 다시 사주는 조건으로 판매하는 채권(환매조건부채권)의 금리
	콜금리	금융회사들이 단기자금이 부족할 때 서로 돈을 빌리고 빌려주는 초단기 자금에 적용되는 금리
	CD금리	은행이 예금을 맡았다는 것을 인정하여 발행하는 증서로 제3자에게 양도가 가능한 단기금융상품에 적용되는 금리
	CP금리	기업이 기업 운영에 필요한 자금을 조달하기 위해 발행하는 어음 형식의 단기채권의 금리
	KORIBO금리	영국의 리보(LIBOR: London Inter-bank Offered Rates)를 벤치마킹하여 은행 간 만든 단기기준금리
	통안증권금리 (91일)	한국은행이 공개시장을 통해 유동성 조절을 목적으로 발행하는 채무증서에 적용되는 금리
장기금융시장금리	국고채금리	정부가 공공목적에 필요한 자금을 확보 및 공급하고, 국채의 발행 및 상환 등을 효율적으로 관리하기 위하여 설치한 공공자금관리기금의 부담으로 발행되는 채권의 금리
	회사채금리	주식회사가 자금을 융통하기 위하여 발행하는 채권의 금리
금융기관금리	여신금리	COFIX금리, CD금리, 금융채금리 등과 같은 기준이 되는 금리에다 차입자의 신용도나 대출기간 등을 감안하여 결정 * 코픽스(COFIX): 국내 8개 은행(기업/국민/농협/신한/우리/하나/한국씨티/SC제일)들이 제공한 자금조달 관련 정보를 기초로 하여 산출되는 자금조달비용지수 * 금융채금리: 은행 등 금융기관에서 자금조달을 위해 발행하는 채권의 금리
	수신금리	각 은행이 한국은행 기준금리에다 은행의 자금보유현황과 경영상황을 감안하여 결정

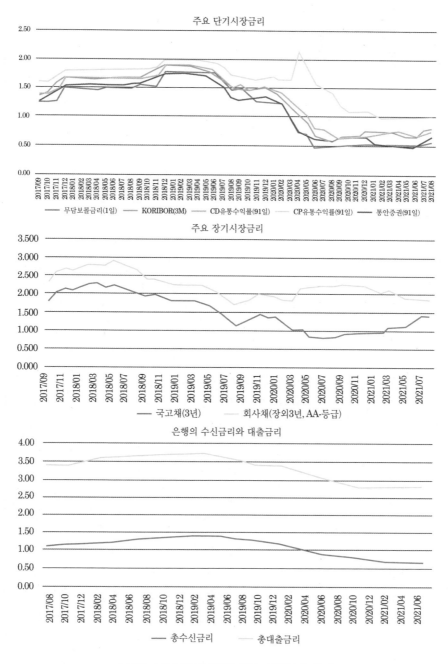

주요 단기시장금리

무담보콜금리(1일) — KORIBOR(3M) — CD유통수익률(91일) — CP유통수익률(91일) — 통안증권(91일)

주요 장기시장금리

국고채(3년) — 회사채(장외3년, AA-등급)

은행의 수신금리와 대출금리

총수신금리 — 총대출금리

┃그림 4-5┃ 우리나라의 주요 시장금리 추세

* 잔액기준금리
자료: 한국은행

화폐공급

I. 은행의 신용화폐 창출

제3장에서 배운 M1과 M2에는 은행예금이 포함되어 화폐량으로 정의되고 있음을 알 수 있다. 그것은 은행이 화폐를 창출한다는 사실을 보여준다. 그러나 은행이 화폐를 창출한다고 해서 은행이 현금을 찍어냄으로써 그렇게 하는 것이 아니다. 은행이 어떻게 화폐를 창출하는지 보기로 하자.

A가 은행에게 1억 원의 대출을 신청하여 대출 승인이 났다고 하자. 은행은 A에게 1억 원의 대출금을 줄 때 현금 대신에 당좌예금계좌를 만들어 넣어준다. 그러면 총요구불예금이 즉각적으로 1억 원만큼 증가한다. 따라서 현금과 요구불예금의 합으로 계산되는 통화량이 그만큼 더 증가하게 된다.

이것이 화폐량이 되는 이유는 대출되어 예금된 금액 1억 원을 재화와 서비스를 구매하는 데 사용하기 때문이다. 예를 들어 A가 대출금 1억 원을 가지고 아파트를 구입했다고 하자. A는 자신의 계좌에 있는 1억 원을 아파트를 판매한 B의 은행계좌로 이체시킨다. A의 계좌에서 1억 원이 빠져나가고 대신 B의 계좌에 1억 원이 늘게 된다. 이러한 거래에도 불구하고 은행이 A에게 대출해준 돈이 B의 계좌에 그대로 존재하게 된다. 따라서 A의 계좌에서 1억 원이 빠져나가더라도 B의 계좌로 들어가기 때문에 경제에 존재하는 화폐량은 1억 원만큼 증가하게 되는 것이다. 이렇게 은행은 사람들에게 대출을 해줌으로써 화폐를 창출한다. 이 것을 우리는 신용화폐라고 한다. 이제 신용화폐가 어떻게 창출되는지 그 과정을 구체적으로 보기로 하자.

■ 신용화폐 창출과정

현금을 보유하지 않는 경우

지금 본원통화가 100이고 이것을 전부 민간이 보유하고 있다고 하자. 그렇게 되면 처음에 통화공급은 100이며, 모두 현금 형태로 구성된다. 이제 이 100을 은행의 요구불예금계좌에 예금한다면 M1은 현금에다 요구불예금을 더한 것이므로 M1은 여전히 100일 것이다. 단지 그 구성이 전부 현금에서 요구불예금으로 바뀌었을 뿐이다. 사람들이 이 예금을 재화와 서비스를 구매하는 데 사용할 수 있다. 그러나 이 돈은 다른 사람의 계좌에 다시 예금될 것이므로 단지 100에 대한 소유권만 바뀔 뿐 통화공급은 변하지 않는다.

이제 중앙은행이 예금액에 대해 10%의 필요지준율을 부과해서 은행이 예금액에 대해 10%의 현금 지준금을 보유해야 한다고 하자. 은행은 현재 예금으로 들어온 100의 현금을 가지고 있으며 반드시 보유해야 할 지준금이 10이다. 은행의 금고에 있는 현금은 시재금으로 지준금으로 계산된다. 그러므로 필요지준금 10이 넘는 90은 초과지준금(excess reserve)이 된다.

그런데 은행이 이것을 계속 보유하지 않고 대출을 해준다. 왜냐하면 예금에 대해 이자를 주어야 하는데, 그대로 보유만 하고 있으면 예금이자만 나가고 손해가 나서 존재할 수 없기 때문이다. 앞에서 언급한 바와 같이 대출받은 사람은 자신에게 필요한 재화와 서비스를 구입하는 데 사용할 수 있다. 따라서 경제 내에 재화와 서비스의 구입을 위해 교환의 매개로 사용되는 화폐량은 90이 증가한 190이 된다. 요구불예금 100과 대출로 나간 현금 90이 합해진 것이다. 여기서 90이 바로 은행에 의해 발행된 신용화폐다. 그러나 본원통화는 여전히 100이다.

이제 조금 더 나아가 보기로 하자. 대출받은 사람들이 현금으로 쓰는 것이 불편하여 그것을 그대로 은행에 다시 예금하고 예금증서를 받았다고 하자. 은행의 예금은 90원이 증가하고, 은행은 더 많이 대출해줄 수 있는 자금이 생겼다. 따라서 그 중 10%인 9만을 남겨두고 다른 사람에게 81을 대출해주었다고 하자. 그러면 경제 내에 총 화폐량은 271(최초 요구불예금 100+두 번째 요구불예금 90+새로운 대출액 81)이 된다. 은행이 창출한 신용화폐액은 171이 된다. 본원통화량은 여전히 100이다. 새롭게 대출되어 나가서 사람들이 현금으로 보유하고 있는 81+최초의 예금에 대한 지준금 10+두 번째 예금에 대한 지준금 9가 합한 것이기 때문이다.

새로 대출받은 사람들이 81을 그대로 다시 예금한다고 하고, 또 은행이 이것의 10%만을 지준금으로 놓아두고 나머지를 대출해준다고 하면, 그리고 이러한 과정이 무한히 계속된다고 하면 총화폐량은 1,000이 된다. 그리고 본원통화량은 100이고 새로 창출된 신용화폐는 900이 된다. 통화량이 100, 190, 271, ..., 1,000으로 증가한다.

<표 5−1>에서 보는 것처럼 은행의 화폐 창출과정에서 매 단계의 통화공급은 은행이 유지하려고 하는 예금에 대한 지준율에 따라 달라진다. 앞의 예에서 지준율이 10%라면 매 단계의 통화량은 100, 190, 271, ..., 1,000이었지만, 지준율이 20%라면 매 단계의 통화량은 100, 180, 244, ..., 500이 된다. 또 지준율이 5%라면 매 단계의 통화량은 지준율이 10%일 경우보다 더 많다. 즉 100, 195, 285.25, ..., 2,000이 된다.

〈표 5-1〉 **신용화폐 창출과정**

(본원통화=100)

	지준율 5%인 경우		지준율 10%인 경우		지준율 20%인 경우	
	신용화폐	통화량	신용화폐	통화량	신용화폐	통화량
1	95(95)	195	90(90)	190	80(80)	180
2	185.25(90.25)	285.25	171(81)	271	144(64)	244
3	270.985(85.735)	370.985	243.9(72.90)	343.9	204.8(60.8)	304.8
.	.	.	.	.	.	.
.	.	.	.	.		.
.	.	.	.	.		
	1900	2000	900	1,000	400	500

주: ( )는 매 단계에서 증가한 신용화폐량. 통화량＝본원통화＋신용화폐

현금을 보유하는 경우

앞에서 은행의 화폐창출과정을 설명할 때 우리는 은행으로부터 대출을 받은 후 사람들이 그 대출금을 모두 그대로 은행에 예금한다고 가정하였다. 만약 대출받은 사람이 모두 은행에 예금하는 것이 아니라 그 중 일부는 현금으로 보유한다면 은행이 보유하게 되는 예금액이 적어지고 그에 따라 신용화폐 창출이 적게 일어난다.

은행이 초과지준을 보유하는 경우

앞의 예에서 은행은 필요준비금을 제외한 초과지준금 모두를 대출하는 것, 즉 영(제로)의 초과지준을 가정하였다. 그러나 은행은 필요지준금뿐만 아니라 은행의 판단에 따라 일부 초과지준금을 보유한다. 은행이 초과지준을 많이 보유할수록 은행이 창출할 수 있는 신용화폐량은 줄어든다.

한 가지 주목할 사실은 신용화폐창출과정이 발생하는 동안 통화량은 증가하지만 본원통화는 사람들이나 은행의 행태에 의해 변하지 않는다는 것이다. 위의 예에서 보듯이 통화량은 증가하지만 본원통화는 최초의 액수인 100으로 일정하다. 그 구성요소가 현금유통량과 은행지준금 사이에서 왔다 갔다 할 뿐이지, 그 합은 항상 일정하다.

마찬가지로 사람들이 단순히 은행으로부터 현금을 인출할 때는 통화량은 변하지 않는다. 통화량의 구성요소인 현금과 요구불예금 간의 비중에 변화만 있을 뿐이다. 그러나 은행이 대출을 해주는 순간 통화량은 변한다. <그림 5-1>은 1986~2020년의 본원통화, M1, 그리고 M2의 추세를 나타내는 그래프다.

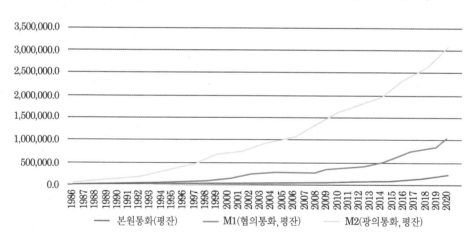

| 그림 5-1 | 본원통화, M1, M2(1986~2020)

자료: 한국은행

2. 통화승수

부분지준제도에서 통화량은 본원통화보다 클 수밖에 없다. 위의 예에서 보듯이 본원통화가 100이었지만 통화량은 그것보다 훨씬 컸다. 이와 같이 본원통화 1단위가 통화량의 1단위 이상을 창출할 능력이 있기 때문에 본원통화를 고성능화폐(high-powered money)라고도 한다.

통화량의 본원통화에 대한 비율을 은행확장승수(bank expansion multiplier) 또는 통화승수(money multiplier)라고 하며, $k = M/B$로 표시한다. 여기서 M은 통화량이고 B는 본원통화이다. 위의 예에서 필요지준율이 10%, 20%, 그리고 5%인 경우 통화승수는 각각 10, 5, 그리고 20이 된다. 그리고 사람들이 현금을 많이 보유할수록, 은행이 초과지준금을 많이 보유할수록 통화승수는 작아지게 된다. 지금부터 필요지준을 부과하는 중앙은행, 현금을 보유하려는 일반 대중, 그리고 초과지준을 보유하려는 은행들의 행태가 반영되는 통화승수를 도출해보자. 통화승수를 도출하기 위해서 다음과 같이 정의한다.

C = 현금 유통량

D = 요구불예금

M = M1통화량

R = 은행지준금

B = 기초화폐(본원통화)

r = 요구불예금에 대해 은행이 원하는 지준율

c = 사람들이 원하는 현금과 요구불예금 간의 비율

그러면 정의에 의하여 $M = C + D$이고 $B = C + R$이다.

앞의 은행의 신용창출과정은 화폐의 불균형 상태를 나타낸다. 왜냐하면 은행이 원하는 지준율 r이 R/D와 같지 않거나 사람들이 원하는 현금과 요구불예금 간의 비율 c가 C/D와 같지 않을 수 있기 때문이다. 만약 R/D와 C/D가 각각 r과 c와 같다면 균형이 된다. 그러한 균형에서 우리는 $R = rD$ 그리고 $C = cD$를 갖게 된다. 통화승수 $k = M/B$를 이용하면 우리는 통화승수를 다음과 같이 다른 식으로 표현할 수 있다.

$$k = \frac{M}{B} \qquad\qquad (5-1)$$

$$= \frac{C+D}{C+R}$$

$$= \frac{cD+D}{cD+rD}$$

$$= \frac{c+1}{c+r}$$

균형 화폐공급량은 $M = kB$가 된다. 여기서 $k = \dfrac{c+1}{c+r}$ 이다. 예를 들어 앞의

예에서처럼 $r = 0.1$, $c = 0$(현금을 전혀 보유하지 않는 경우), $B = 100$이라면 통화승

수는 $k = \dfrac{0+1}{0+0.1} = 10.0$이다. 균형 통화공급량은 $M = (10.0) \times (100) = 1{,}000$

이 된다.

만일 $r = 0.1$, $c = 1.0$(현금과 예금을 각각 절반씩 보유하는 경우), $B = 100$이라면 통

화승수는 $k = \dfrac{1+1}{1+0.1} = \dfrac{2}{1.1} = 1.8182\ldots$이다. 균형 통화공급량은

$M = (1.82182\ldots) \times (100) = 181.82$이 된다.

　<그림 5-2>, <그림 5-3>, 그리고 <그림 5-4>는 각각 1986~2020년
까지의 통화승수(k) 변화, 현금통화(C)와 예금(D), 현금통화와 예금 간의 비율
(C/D)을 나타내는 그래프다. 그리고 <그림 5-5>는 2002~2020년까지의 지준
금과 예금 간의 비율(R/D)을 나타내는 그래프다.

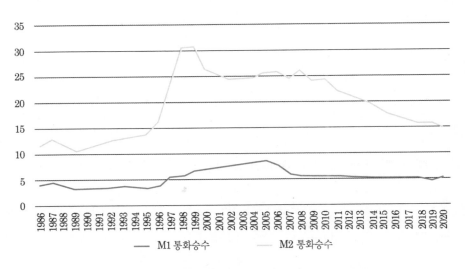

┃그림 5-2┃ M1 통화승수와 M2 통화승수(1986~2020)

* 한국은행 자료를 이용하여 계산한 것임

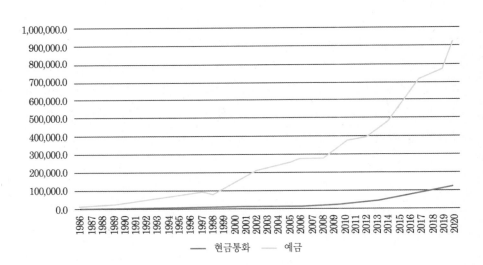

┃그림 5-3┃ 현금(C)과 예금량(D)(1986~2020)

* 예금량＝요구불예금＋수시입출금저축성예금

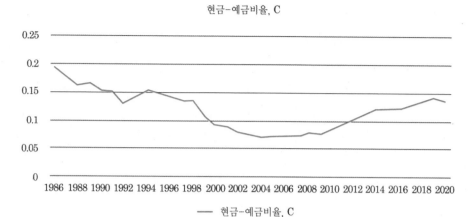

┃그림 5-4┃ 현금-예금비율, C/D(1986∼2020)

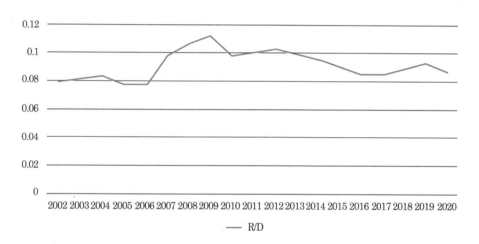

┃그림 5-5┃ 예금에 대한 지준금비율(R/D)(2002∼2020)

* 지준금＝중앙은행 대 예금취급기관부채
* 한국은행 자료를 이용하여 계산한 것임

■ 필요지준율과 원하는 초과지준율

은행이 원하는 지준금은 법에 의해 요구되는 부분, 즉 필요지준금과 필요지준 이상의 지준금인 초과지준금으로 구성되어 있다. r_R를 요구불예금에 대한 필요지준율이라고 하고, r_X는 은행이 요구불예금에 대해 보유하고 싶어 하는 초과지준율이라고 하자. 그러면 필요지준금 R_R은 $r_R D$가 되고, 초과지준금 R_X는 $r_X D$가 된다. 은행이 원하는 지준금은 필요지준금＋초과지준금이므로 $R = R_R + R_X$가 된다. 이것을 이용해 우리는 다음과 같은 관계식을 얻을 수 있다.

$$R = R_R + R_X$$
$$= r_R D + r_X D$$
$$= (r_R + r_X) D$$

균형 총지준율 $r = \dfrac{R}{D}$은 다음과 같이 쓸 수 있다.

$$r = r_R + r_X \tag{5-2}$$

(5-2)식을 (5-1)식에 대입하면 우리는 c, r_R, r_X로 표현되는 통화승수를 얻을 수 있다.

$$k = \frac{c+1}{c + r_R + r_X} \tag{5-3}$$

통화승수는 사람들이 보유하고자 하는 현금유비율 c, 중앙은행이 정하는 필요지준율 r_R, 은행이 보유하고자 하는 초과지준율 r_X의 함수다.

이것을 이해하기 위해 예를 들어보자.

필요지준율(r_R) ＝0.2
현금화폐(C) ＝1,000
요구불예금(D) ＝4,000
초과지준(R_X) ＝100
화폐공급(M) ＝M1 ＝ $C + D$ ＝1,000＋4,000＝5,000

이 수치들을 이용하여 현금비율 c와 초과지준율 r_X의 값을 계산할 수 있다.

$$c = \frac{1000}{4000} = 0.25$$

$$e = \frac{100}{4000} = 0.025$$

그러면 통화승수 값은

$$k = \frac{0.25 + 1}{0.25 + 0.2 + 0.025} = \frac{1.25}{0.475} = 2.6316$$

통화승수가 2.6316이라는 것은 본원통화 1단위의 증가는 2.6316의 화폐량 증가를 발생시킨다는 것을 의미한다.

3. 통화공급

(5-1)과 (5-3)을 이용하여 우리는 다음과 같은 통화공급식을 얻을 수 있다.

$$M = kB \qquad\qquad\qquad\qquad (5-4)$$
$$= \frac{c + 1}{c + c_R + c_X} B$$

(5-4)로부터 우리는 c, r_R, r_X, 그리고 본원통화 B가 변하면 통화공급이 변함을 알 수 있다.

(5-4)식을 통해 우리는 통화량에 영향을 미치는 요인을 찾을 수 있다. 그것은 크게 통화승수에 영향을 미치는 것들과 중앙은행의 본원통화의 변화로 분류할 수 있다. <표 5-2>는 이 요인들의 효과를 요약해 놓은 것이다.

■ 통화량에 영향을 미치는 요인

1) 통화승수에 영향을 미치는 요인

사람들이 원하는 현금보유비율: c

다른 모든 변수가 일정할 때 c, 즉 사람들이 원하는 현금보유비율이 증가하면 통화량이 감소한다. c가 증가한다는 것은 사람들이 예금을 현금으로 전환한다는 것을 의미한다. 앞에서 살펴본 바와 같이 예금을 현금으로 전환하면 예금은 신용화폐를 창출하지만 현금은 신용화폐를 발생시키지 않는다. 따라서 예금이 현금으로 전환될 경우 신용화폐를 창출할 수 있는 화폐공급부분이 신용창출을 발생시키지 않는 부분으로 전환된다. 신용창출 크기가 감소하고 이에 따라 통화승수도 감소한다. $r = r_R + r_X$이 1보다 작은 한, c의 증가는 통화승수의 분자를 증가시키는 것보다 분모를 더 크게 증가시킨다.[1] 그래서 c의 증가는 통화승수를 감소시킨다. 이것은 공식을 이용해도 확인된다. 앞의 예에서 c가 0.25에서 0.5로 증가하는 경우 통화승수는 2.6316에서 2.0689로 감소한다.

$$k = \frac{0.5 + 1}{0.5 + 0.2 + 0.025} = 2.0689$$

그러면 주어진 본원통화에서 통화량은 감소한다. 이로부터 우리는 통화승수와 화폐공급은 현금보유비율 c와 음(−)의 관계를 가진다는 것을 알 수 있다.

필요지준율의 변화: r_R

다른 변수들이 일정할 경우 필요지준율이 인상되면 은행들이 더 많은 지준금을 보유해야 하므로 은행이 대출해 줄 수 있는 양이 감소한다. 자연히 신용창출이 덜 발생해 통화량이 감소한다. 반대로 필요지준율이 인하되면 신용창출이 더 많이 발생해 통화량이 증가한다. 이것은 통화승수를 통해서도 확인된다. 앞의 예에서 필요지준율이 20%에서 10%로 인하되면 통화승수는 2.6316에서 3.333으로 증가한다.

---

1) 일반적으로 부분지준제도 하에서는 $r = r_R + r_X$이 1보다 작다.

$$k = \frac{0.25 + 1}{0.25 + 0.1 + 0.025} = 3.333$$

그러면 주어진 본원통화에서 통화량은 증가한다. 여기에서 우리는 통화승수와 화폐공급은 필요지준율과 음(−)의 관계가 있음을 알 수 있다.

은행의 초과지준율의 변화: r_X

다른 변수들이 일정할 때 은행의 초과지준율을 증가할 경우 은행이 대출해줄 수 있는 양이 감소하고, 그에 따라 신용창출이 덜 발생해 통화량이 감소한다. 반대로 초과지준율을 줄일 경우는 통화량이 증가한다. 이것은 통화승수를 통해 확인할 수 있다. 앞의 예에서 초과지준율 r_X가 0.025에서 0.050로 증가할 경우 통화승수는 2.6316에서 2.5로 감소한다.

$$k = \frac{0.25 + 1}{0.25 + 0.2 + 0.05} = 2.5$$

그러면 주어진 본원통화에서 통화량은 감소한다. 여기에서 우리는 통화승수와 통화량은 은행의 초과지준율과 음(−)의 관계에 있음을 알 수 있다.

은행의 초과지준율 r_X의 수준을 결정하는 요인을 살펴볼 필요가 있다. 초과지준을 보유하는 비용이 증가할 경우 은행은 초과지준을 덜 보유할 것이므로 초과지준 보유비용이 증가할 경우 r_X가 감소할 것이다. 반대로 초과지준 보유이익이 증가할 경우 초과지준의 수준과 r_X가 증가할 것이다. 은행의 초과지준 보유의 비용과 이익에 영향을 미치는 요인에는 두 가지가 있을 수 있다. 하나는 시장이자율이고, 다른 하나는 예금인출이다.

은행이 초과지준을 보유하는 데 따른 비용은 초과지준의 기회비용, 즉 초과지준 대신에 대출이나 채권을 보유함으로써 벌 수 있는 이자다. 그래서 대출과 채권의 시장이자율이 상승하면 초과지준 보유의 기회비용은 증가한다. 따라서 은행이 보유하고자 하는 초과지준율 r_X는 감소한다. 반대로 시장이자율의 하락은 초과지준 보유의 기회비용을 감소시키고 초과지준율 r_X을 증가시킨다. 그래서 은행의 초과지준율은 시장이자율과 음(−)의 관계를 가진다.

은행은 많은 예금인출이 예상되면 초과지준을 더 많이 보유하려고 할 것이다. 왜냐하면 예금은 은행의 부채다. 예금자가 예금인출을 하려고 할 때 보유하고 있는 현금(지준금)이 부족할 때 은행은 다른 은행으로부터 차입하든지, 중앙은행으로부터 차입하든지, 아니면 보유하고 있는 자산들을 매각해서 필요한 현금을 마련해야 한다. 이것은 많은 비용이 든다. 그래서 충분한 초과지준금을 가지고 있으면 이러한 비용을 치르지 않기 때문에 은행으로서는 초과지준을 보유하는 것이 이익이다. 만약 예금인출의 증가가 예상되면 초과지준을 보유하는 데 따른 예상 수익이 증가하므로 은행은 초과지준을 늘릴 것이다. 반대로 예금인출의 감소가 예상되면 초과지준 보유에 따른 이익이 감소하기 때문에 초과지준을 덜 보유하려고 할 것이다. 그래서 초과지준율은 예상되는 예금인출량과 양(+)의 관계를 갖는다.

2) 중앙은행의 본원통화 변화

통화량은 일반 대중과 은행들뿐만 아니라 중앙은행의 결정에 따라 변동할 수 있다. 다른 변수가 일정할 때 중앙은행이 본원통화를 늘리면 주어진 통화승수에서 통화량이 증가한다. 반대로 본원통화를 줄이면 통화량은 감소한다. 중앙은행은 공개시장조작과 여수신제도를 이용하여 본원통화를 변동시킬 수 있다.

공개시장조작은 중앙은행이 증권시장에서 공개적으로 증권을 매매하여 통화량을 조절하는 것을 말한다. 중앙은행이 은행으로부터 채권을 매입하면 그 매입금액을 은행에 지불한다. 중앙은행이 그 금액을 지불할 때 중앙은행에 있는 은행계좌에 예치해준다. 중앙은행 예치금액은 은행의 지준금이기 때문에 중앙은행이 공개시장에서 매입하면 은행의 지준금이 증가하게 된다. 지준금이 늘어나면 그만큼 추가 대출 자금이 생겨 은행의 대출이 증가하게 된다. 그리고 대출해준 금액이 다시 은행들에 예금되면 예금이 그만큼 증가하게 되어 앞에서 설명한 승수적 과정을 통해 통화량이 증가하게 된다. 통화승수 모형에 따라 중앙은행이 공개시장 매입을 하면 은행의 지준금이 증가하여 본원통화가 증가하여 증가한 본원통화에 통화승수가 곱해진 것만큼 통화량이 증가한다.

반대로 공개시장 매각을 하면 은행의 지준금이 감소하여 통화량이 감소한다. 공개시장 매각은 중앙은행이 보유하고 있는 증권을 은행에 파는 것을 말한다. 공개시장 매각을 하면 은행은 사들인 그 채권금액을 중앙은행에 지급해야 하므로 지급액을 중앙은행예치금이나 시재금을 이용해 지불한다. 중앙은행예치금과 시재금 모두 은행의 지준금이므로 공개시장 매각으로 은행의 지준금이 감소하게 되는 것이다.

중앙은행은 은행에게 대출해줄 수 있다. 중앙은행이 일반은행에게 대출해줄 때 부과하는 이자율을 할인율(discount rate)이라고 한다. 할인율을 내리면 은행은 중앙은행으로부터 더 많은 대출을 받을 유인이 생긴다. 중앙은행으로 대출을 받으면 중앙은행은 그 금액을 중앙은행에 있는 은행의 계좌에 넣어주게 된다. 이것은 중앙은행 예치금으로서 은행의 지준금이 되고 증가한 지준금을 이용하여 더 많은 대출을 할 수 있다. 그리하면 신용화폐가 증가하여 통화량이 증가한다. 할인율을 올리면 반대의 효과를 낳는다. 본원통화와 통화정책에 대해서는 제9장에서 자세히 설명하기로 한다.

〈표 5-2〉 **통화량을 변동시키는 요인**

주체	수단	과정	통화량
일반 대중	현금보유 ↑ 현금보유 ↓	통화승수 ↓ 통화승수 ↑	↓ ↑
은행	초과지준율 ↑ 초과지준율 ↓	통화승수 ↓ 통화승수 ↑	↓ ↑
중앙은행	법정지준율 ↑ 법정지준율 ↓	통화승수 ↓ 통화승수 ↑	↓ ↑
	공개시장 매입 공개시장 매각	은행지준금 ↑ 은행지준금 ↓	↑ ↓
	할인율 ↑ 할인율 ↓	은행지준금 ↓ 은행지준금 ↑	↓ ↑

화폐수요

1. 화폐의 구매력과 화폐에 대한 수요

화폐의 구매력 혹은 화폐의 가격은 물가수준의 역으로서 다음과 같이 표현할 수 있다.

$$PPM = \frac{1}{P}$$

여기서 PPM(Purchasing Power of Money)은 화폐의 구매력이고, P는 (물가지수로 표현된) 물가수준이다.

예를 들어 한 사회에 다음과 같은 4개의 재화가 있다면 화폐의 구매력은 다음과 같다.

재화가격	화폐 1단위(1,000원) 구매력
달걀 500원/개	2개 달걀
쌀 1,000원/kg	1kg 쌀
구두 20,000원/켤레	1/20켤레 구두
TV 200,000원/대	1/200대 TV

이제 모든 재화의 가격이 2배로 오른다면 화폐의 구매력은 다음과 같이 절반으로 줄어든다.

재화가격	화폐 1단위(1,000원) 구매력
달걀 1,000원/개	1개 달걀
쌀 2,000원/kg	0.5kg 쌀
구두 40,000원/켤레	1/40켤레 구두
TV 400,000원/대	1/400대 TV

위의 예에서 보는 것처럼 화폐의 구매력은 물가수준의 역이 된다. 화폐에 대한 수요는 사람들이 현금잔고로 보유하고자 하는 양이다.[1] 우리는 각자 가지고 있는 재화나 생산요소를 판매해서 화폐소득을 얻는다. 그 화폐소득을 획득한 후 그것을 소비지출, 투자지출, 현금잔고(화폐보유)로 배분한다. 여기에서 얼마만큼을 현금으로 손에 쥐고 싶어 하느냐가 화폐에 대한 수요다. 다시 말하면 사람들이 미래교환을 위해 얼마만큼을 현금으로 보유하는지가 화폐에 대한 수요다.

사람들이 보유하고자 하는 현금의 양은 화폐의 구매력(PPM)과 관계가 있다. PPM(화폐의 교환가치)이 높을 때 현금 보유량은 적다. 어떤 사람이 일정 기간 동안 그의 현금잔고로 100만 원을 보유하기를 원한다고 하자. 이제 다른 조건이 일정하고, 화폐의 교환가치(화폐 한 단위의 구매력)가 증가한다고 하자. 이는 그가 100만 원으로 이전보다 더 많은 것들을 할 수 있음을 의미한다. 그 결과 그는 현금잔고에서 100만 원의 일부를 다른 용도, 즉 재화에 지출하려고 할 것이다. 그러므로 PPM(화폐의 교환가치)이 높을수록 현금잔고에 대한 수요량은 적어질 것이다.

반대로 PPM(화폐의 교환가치)이 낮을 때는 현금보유량이 많다. 낮은 PPM은 더 높아진 재화의 가격이 재화의 구매를 억제하는 반면, 종전의 현금잔고의 가치가 실질단위로 보아 더 작아졌다는 것을 의미한다. 그 결과 PPM이 낮을수록 현금잔고로 보유하고자 하는 화폐의 양은 더 커질 것이다.

이것은 화폐의 구매력이 화폐에 대한 수요와는 음의 관계가 있다는 것을 의미한다. 이제 화폐의 구매력(PPM)을 종축에 놓고 화폐량을 횡축에 놓으면 <그림 6-1>에서 화폐에 대한 수요는 우하향하는 형태를 띠고, 한 시점에서 주어진 화폐량은 수직으로 나타난다.

화폐에 대한 수요가 증가하면 화폐수요곡선이 우로 이동하고 화폐의 교환가치(구매력)가 올라간다. 이것은 전체 물가수준이 하락함을 의미한다. 반대로 화폐에 대한 수요가 감소하면 화폐수요곡선이 좌로 이동하여 화폐의 교환가치(구매력)가

---

1) 이 화폐에 대한 수요는 둘로 구성되어 있다. 하나는 화폐에 대한 교환수요이고, 다른 하나는 화폐에 대한 예비수요다. 화폐에 대한 교환수요는 소득을 획득하기 이전의 수요를 말한다. 우리는 각자 가지고 있는 재화나 생산요소를 판매해서 화폐소득을 얻고, 그 후에 우리는 화폐를 보유하게 된다. 이것은 달리 표현하면 우리는 화폐를 '구매(수요)'하기 위해 우리가 가지고 있는 재화나 생산요소들을 판매해야 한다. 이 화폐에 대한 수요를 교환수요라고 한다. 화폐에 대한 예비수요는 소득을 얻은 이후의 수요다. 사람들이 미래교환을 위해 보유하는 화폐를 말한다.

하락한다. 이것은 전체물가수준이 상승함을 의미한다. 한편 화폐의 공급이 증가하면 공급곡선이 우로 이동하여 전체물가수준이 상승하며 화폐의 구매력(교환가치)이 하락한다.

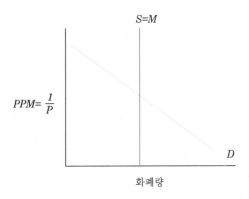

∥그림 6-1∥ 화폐의 수요와 공급

기본적으로 화폐수요는 소득의 시점과 지출의 시점이 다르기 때문에 발생한다. 우리는 경제 활동을 통하여 소득을 얻는다. 그 소득은 화폐의 형태로 지급받는다. 그런데 그 화폐로 받은 소득을 받는 즉시 지출하여 화폐잔고를 영(零)으로 만들지 않고 일정액을 화폐로 보유하고 있다. 소득으로 받는 즉시 화폐를 소비하지 않는 이유는 소득의 형태와 소비 형태 때문이다. 만약 내가 필요한 재화와 서비스를 구입하려고 할 때마다 그에 해당하는 소득이 자동적으로 생긴다면 화폐를 보유할 필요가 없을 것이다. 그러나 우리는 일반적으로 어느 한 시점에서 소득을 받고 그 소득을 이용하여 일정 기간 동안 소비를 하는데, 자신이 원하는 각각의 재화에 대한 지출시점이 다 다르다. 그래서 적어도 그 지출시점까지 화폐를 보유해야 한다.[2]

또한 화폐를 보유하면 아무 때나 원하는 재화와 서비스를 쉽게 살 수 있다.[3] 화폐를 보유하고 있으면 현재는 가능하지 않은 재화와 서비스를 미래 시점에서 구입할 수 있으며, 현재 시점에서는 알 수 없지만 미래 시점에서 구입하는 것이 더 나은 만족감을 주는 기회를 가질 수 있다. 그리고 예상치 못한 불행으로부터

---

2) 이것은 케인즈의 유동성 선호설에서 거래적 동기에 따른 화폐수요와 같다.
3) 이것은 케인즈의 유동성 선호설에서 예비적 동기에 따른 화폐수요와 같다.

탈출할 수 있는 기회를 가질 수 있다. 예를 들면, 기술의 발달로 집안일을 모두 해주는 로봇이 개발되었을 때 화폐를 가지고 있다면 바로 구입할 수 있다. 또 사고 싶었던 물건인데 갑자기 세일을 할 경우 수중에 화폐를 가지고 있으면 쉽게 구매할 수 있어 만족감이 증가한다. 그리고 가족 중 갑자기 병원에 가게 되어 수술을 받게 되었을 때 화폐가 수중에 있으면 수술비 마련에 어려움이 없게 된다.

2. 화폐수요에 영향을 미치는 요인

앞에서 언급한 것처럼 화폐수요는 사람들이 "보유하고 싶어 하는" 화폐량을 말한다. 사람들이 화폐를 보유하려고 하는 것은 화폐가 교환의 매개 수단이기 때문이다. 모든 거래가 화폐로 이루어지므로 자신이 원하는 재화와 서비스를 구입하기 위해서는 화폐가 필요하다. 그래서 사람들은 화폐를 보유하려고 한다.

■ 재화와 서비스의 공급

재화와 서비스의 공급이 증가하면 그만큼 교환이 많이 이뤄진다. 그에 따라 화폐에 대한 수요 역시 증가하게 된다. 생산된 재화와 서비스의 증가는 화폐에 대한 수요를 증가시켜 전체 물가수준을 떨어뜨릴 것이다.

■ 기대 인플레이션과 기대 디플레이션

화폐 교환가치의 미래변화에 대한 예상이 화폐에 대한 수요에 영향을 미친다. 미래의 어떤 시점에 화폐의 구매력이 급격하게 떨어질 것으로 예상한다면 현재의 화폐가치가 미래에서보다 더 가치가 있음을 의미한다. 따라서 사람들은 미래에서보다 현 시점에 더 많이 지출하려고 할 것이다. 그래서 화폐에 대한 수요가 감소할 것이다. 또 그에 따라 현재 화폐의 구매력이 하락할 것이다. 미래에 시점에서 화폐의 구매력이 떨어질 것으로 예상되는 것은 인플레이션이 예상되는 경우다.

반대로 가까운 장래에 화폐의 구매력이 상승할 것으로 예상되면 사람들은 화폐를 지출하지 않고 현금잔고에 더 많이 보유하려고 할 것이다. 그래서 화폐에 대한 수요는 증가하게 될 것이다. 미래에 화폐의 구매력이 상승할 것으로 예상하는 것은 디플레이션이 예상되는 경우다.

■ 임금지불빈도수

화폐에 대한 수요는 사람들이 받는 임금이나 봉급의 빈도수에 영향을 받는다. A와 B의 월 수입은 동일하게 100만 원인데, A는 월급을 받고 B는 주급을 받는다고 하자. 그리고 A는 월초에 100만 원의 월급을 받고 한 달 동안 매일 일정 금액을 거래목적으로 지출한다고 하자. 거래목적을 위해 월초에 100만 원을 모두 현금으로 보유하고 매일 그것을 조금씩 지출하여 한 달 동안 모두 지출하면 월 말에는 현금이 남지 않을 것이다. 그렇게 되면 하루 평균 현금보유액은 50만 원이 된다. 월초 100만 원과 월말 0원을 더해 2로 나눠서 계산한 것이다. 한편 B는 주급을 받기 때문에 매주 25만 원씩 받을 것이다. 그 역시 주초에 25만 원을 받고 매일 일정 금액을 지출한다면 그의 하루 평균 현금보유액은 125,000원이 될 것이다. 비록 소득이 같지만 평균화폐잔고는 4배 차이가 난다. 임금을 받는 빈도수가 작을수록 평균화폐잔고가 많고 빈도수가 클수록 평균화폐잔고가 적다.

임금지불빈도수는 물가수준에 영향을 미칠 수 있다. 한 사회에서 임금지불빈도수가 변하면 화폐에 대한 수요를 변화시켜 물가수준을 올리거나 내릴 것이다. 사람들이 갑자기 한 달에 한 번 받던 임금을 두 번 받는 것으로 바뀐다면 화폐에 대한 수요를 떨어뜨릴 것이다. 화폐수요곡선이 좌로 이동하여 기존 물가수준에서 화폐의 초과공급이 발생하게 된다. 그러면 사람들은 화폐의 초과공급을 제거하려고 할 것이다. 그것은 재화와 서비스에 대한 지출을 증가시킴으로써 물가가 상승할 것이다. 반대로 임금지불빈도수가 줄어드는 경우에는 물가가 하락할 것이다. 그러나 현실적으로 임금지불빈도수는 자주 변하지 않기 때문에 이로 인한 물가변동은 잘 발생하지 않는다.

■ 지불제도 변화

현금잔고에 대한 필요성을 줄이는 새로운 방법은 화폐에 대한 수요에 영향을 미칠 수 있다. 화폐를 직접 사용하지 않는 신용카드, 전화결제, 온라인결제와 같은 지불거래관행이 발달하면 화폐보유가 감소할 것이다. 신용카드 자체는 화폐가 아니다. 그래서 화폐공급을 증가시키지 않는다. 그러나 신용카드는 신용카드 회사로부터 즉각적으로 빌릴 능력을 주기 때문에 현금잔고를 적게 갖도록 만든다. 현금잔고를 줄이는 신용카드, 결제시스템, 기타 장치는 화폐에 대한 수요를 줄이고, 물가를 상승시킨다. 그러나 그 효과는 1회적이다.

■ 화폐에 대한 신뢰

신뢰가 화폐에 대한 수요의 중요한 요인이다. 불환지폐(fiat money)는 종이 쪼가리에 불과하다. 그럼에도 불구하고 사람들이 보유하고 사용하는 이유는 그의 가치가 유지될 것이라는 신뢰가 있기 때문이다. 가치가 사라져 불환지폐에 대한 신뢰가 없으면 사람들은 그 지폐를 보유하려고 하지 않는다. 앞서 언급한 대로 중국에서 지폐가 처음으로 도입되었지만 사람들이 그 지폐에 대한 신뢰를 갖는 데 200~300년이 걸렸다.

■ 이자율

화폐는 이자지급을 하지 않는다. 화폐를 보유하지 않고 저축계좌에 예금을 하거나 이자를 주는 채권을 사면 이자수입을 얻을 수 있다. 그런데 화폐로 보유하고 있으면 그 이자수입을 얻을 수 없다. 이자수입은 화폐보유에 따른 기회비용인 것이다. 이 기회비용이 클수록 사람들은 이자를 얻기 위해 현금 흐름을 계획할 것이고 결과적으로 화폐를 적게 보유한다.

보몰의 화폐수요이론은 화폐수요와 이자율 간의 관계를 명확히 밝히고 있다. 보몰이론은 앞에서 언급한 월급을 받고 그 월급을 한 달 동안 지출하는 것과 상관이 있다. 월급을 모두 현금으로 보유하지 않고 일부의 현금을 채권을 구입하는 것이 더 유리하다고 생각할 경우 이자율에 영향을 받을 수 있는 것이다. 앞의 예에서 A가 이제 100만 원 중 일부는 현금으로 보유하고 나머지는 이자가 발생하는 채권을 구입한다고 해보자. 즉 매월 초 A는 50만 원을 현금으로 보유하고 나머지는 50만 원은 채권을 구입한다. 50만 원으로 15일 지출하고 나면 15일 후에는 현금이 남지 않으면, 채권을 팔아 나머지 확보한 현금으로 나머지 15일 동안 지출한다. 이런 방법으로 지출할 때 A는 월 전반부에 보유한 50만 원어치의 채권에 대한 이자를 받을 수 있다. 이자율이 월 1%라면 그는 한 달에 2,500원(50만 원

×1%×1/2)의 이자수입을 얻는다. 그러나 여기에는 채권을 팔고 살 때 거래비용이 발생한다. 현금을 적게 보유하고 채권을 많이 보유할수록 많은 이자수입을 올릴 수 있지만 거래비용 또한 증가한다. 만약 이자율이 높으면 채권보유의 이득이 거래비용보다 클 것이므로 채권을 많이 보유하고 현금을 적게 보유할 것이다. 반대로 이자율이 낮다면 채권보유에서 발생하는 거래비용이 채권보유의 이득보다 클 것이므로 현금을 많이 보유하고 채권은 적게 보유할 것이다. 이와 같이 거래적 목적의 화폐보유가 이자율에 영향을 받을 수 있음을 알 수 있다.

화폐수요에 영향을 미치는 이자율은 실질이자율보다는 명목이자율임을 주목할 필요가 있다. 이 사실은 명목 측면에서나 실질 측면에서나 마찬가지다. 명목 측면에서 보자. 화폐를 보유하면 0의 명목수익률을 얻는다. 채권을 보유하면 매년 명목이자율 i%를 얻는다. 그 차이는 명목이자율 i%다. 이제 실질 측면에서 보자. 화폐를 보유하면 (기대 인플레이션율×금액) 만큼에 해당하는 구매력을 잃는다. 채권을 보유하면 기대 실질이자율 r만큼 이익을 올릴 것으로 기대한다. 피셔 공식에 따라 그 차이를 구하면 $r-(-\pi^e)=i$이다. 따라서 화폐수요에 영향을 미치는 이자율은 명목이자율이다.

3. 화폐수요이론들

1) 화폐수량이론

■ 화폐유통속도와 교환방정식

거래유통속도(transaction velocity)

사람들은 자신의 재화와 서비스를 팔고 화폐를 얻는다. 그리고 그 화폐를 자신이 필요로 하는 재화와 서비스를 구매할 때까지 보유한다. 이것은 사람들은 적어도 어느 정도의 기간 동안 화폐를 보유해야만 한다는 것이고, 이에 따라 화폐에 대한 수요가 발생함을 알 수 있다. 사람들이 평균적으로 화폐 한 단위를 얼마나 오랫동안 보유하고 있다가 지출에 사용하는지와 총 거래의 규모를 안다면 우리는 화폐에 대한 수요를 계산할 수 있을 것이다.

예를 들어 사람들의 화폐 1단위(1원)를 평균적으로 1달을 보유한다고 하자. 달리 말하면 이것은 화폐 1단위가 평균적으로 1달에 1번, 1년 동안에 12번 사용되어 보유자가 바뀐다는 것을 말한다. 이제 2020년 총거래액이 1,200조 원이라고 가정하자. 그러면 화폐에 대한 수요는 1,200조/12＝100조 원이 된다. 이렇게 화폐 한 단위가 1년 동안 평균적으로 사용되는 횟수를 화폐의 거래유통속도(transaction velocity of money)라고 한다.

V_t를 화폐의 거래유통속도, T를 1년 동안 발생한 총거래액이라고 하고 $T = Pt$(여기서 P는 물가수준, t는 실질 거래가치)라면 앞의 예를 통해 우리는 다음과 같이 화폐수요를 표시할 수 있다.

$$M^D = \frac{Pt}{V_t} \tag{6-1}$$

균형에서 화폐수요와 화폐공급이 같아지므로 화폐공급을 다음과 같이 표현할 수 있다.

$$M^S = \frac{Pt}{V_t} \tag{6-2}$$

화폐공급은 실제로 존재하는 화폐량이기 때문에 M^s를 M으로 대체하고, (6-2)식은 정리하면 다음과 같은 거래 수량식(transaction version of quantity equation)을 갖게 된다.

$$MV_t = Pt \tag{6-3}$$

이 수량식은 화폐의 유통속도를 정의하는 데 사용될 수 있다.

$$V_t = \frac{Pt}{M} \tag{6-4}$$

소득유통속도(income velocity)

실제에 있어서 우리는 거래량을 얼마인지를 알지 못하므로 소득에 대한 통계를 이용하는 것이 훨씬 쉽다. 그래서 보통 수량식에서 실질소득(y)이 실질거래량(t) 대신에 사용된다. 그러면 소득유통속도(V)가 거래유통속도(V_t)를 대체하게 된다.

$$V = \frac{Py}{M} \tag{6-5}$$

여기서 Py는 일반적으로 명목GDP를 사용한다. 참고로 우리가 보통 '유통속도'라고 하면 그것은 거래유통속도가 아닌 소득유통속도를 의미한다. 거래와 소득 간에 어느 정도 비례관계가 있으므로 소득유통속도와 실질소득은 화폐수요의 결정요인으로서 사용될 수 있다.

거래유통속도는 소득유통속도보다 항상 크다. 그 이유는 거래총액은 항상 순소득보다 항상 크기 때문이다. 예를 들어 A가 B에게 5만 원을 받고 밀을 팔았다고 하고, 이 4만 원 모두가 A의 소득이라고 가정하자. 한편 B가 그 밀을 가지고 밀가루를 만들어 C에게 7만 원을 주고 팔았다고 하면, C의 소득은 7만 원−4만 원=3만 원이 된다. 그래서 총소득은 4만 원+3만 원=7만 원이지만, 총거래액은 4만 원+7만 원=11만 원이 된다. 소득이 거래보다 더 작은 이유는 거래의 일부만이 소득이 되고 나머지는 비용이기 때문이다. 거래유통속도를 측정하기는 어렵지만 요구불예금의 회전율을 이용하면 대략적인 거래유통속도를 짐작할 수 있다. 2020년 요구불예금 회전율은 평균 17.3이었다. 한편 2020년 M1의 소득유통속도는 평균 1.83이었다. 거래유통속도가 소득유통속도보다 약 9배가량 큰 것을 알 수 있다.

(6−5)식의 양변에 M을 곱하면 우리는 소득수량식(income version of quantity equation)을 얻는다. 이것을 교환방정식(equation of exchange)이라고 한다.[4]

---

[4] 교환방정식은 동어반복(tautology)이라는 비판이 있다. 유통속도는 독립적인 실체가 아니라 거래량을 화폐량으로 나눈 값에 불과하다는 것이다. 그래서 다른 항과 독립적으로 정의될 수 없는 것이 방정식에 포함시키는 것은 불합리하다고 한다. 다시 말하면, $V = Pt/M$이라고 할 때 교환방정식은 $M(Pt/M) = Pt$가 된다. 이것은 결국 $Pt = Pt$된다. 이것은 1만 원이 1만 원과 같다고 하는 것과 마찬가지라는 것이다(Rothbard(1962), *Man, Economy, and State*(전용덕, 김이석 역), 765쪽).

$$MV = Py \qquad\qquad (6-6)$$

■ 화폐수량이론

이 교환방정식을 바탕으로 나온 것이 화폐수량설(quantity theory of money)이다. 어빙 피셔는 유통속도는 거래 관습에 의해 결정되는 것으로써 변하지 않는 것으로 생각했다. 그래서 그는 유통속도가 일정하다는 가정 하에 주어진 실질소득에 대하여 물가가 화폐량에 즉각적으로 비례한다는 화폐수량설을 제기했다. 다시 말하면 유통속도가 일정하다는 가정 하에 화폐량이 2배 증가하면 물가도 2배 상승한다는 것이다.

■ 화폐수량이론의 화폐수요이론

화폐수량설은 주어진 명목GDP에 대해 보유해야 할 화폐의 양을 알려준다. 교환방정식 (6-6)의 양변을 V로 나누어 정리하면 아래와 같다.

$$M = \frac{1}{V}Py \qquad\qquad (6-7)$$

화폐시장이 균형을 이루면 통화량 M이 화폐수요 M^D와 같아져 (6-7)식에서 M을 M^D로 대체할 수 있다. 그리고 유통속도의 역수($1/V$)를 k로 정의하면 화폐수요는 다음과 같이 표시된다.

$$M^D = kPy \quad \text{또는} \quad m^D = \frac{M^D}{P} = ky \qquad\qquad (6-8)$$

k가 일정하기 때문에 명목GDP에 의해 결정되는 거래규모 Py가 화폐수요를 결정한다. 이것은 화폐수요가 오직 소득에 의해 결정되며, 화폐수요에 아무런 영향을 미치지 못한다는 것을 시사한다. 달리 말하면 화폐수량설에서 화폐수요의 이자율 탄력성은 영(0)이라는 의미이다.

■ 유통속도는 일정한가?

유통속도는 일정할 수 없다. 다양한 요인이 존재하기 때문이다. 우선 화폐 한 단위의 유통속도는 각기 다르다. 화폐를 받는 즉시, 그것을 지출하거나 투자하려는 사람이 있을 수 있다. 그렇게 되면 화폐의 유통속도는 매우 높다. 한편 받은 화폐를 오랫동안 손에 쥐고 있는 사람이 있을 수 있다. 그렇게 되면 화폐의 유통속도는 매우 낮다. 어느 행동이 상대적으로 더 많아지느냐에 따라 화폐의 평균 유통속도는 변하게 된다.

둘째, 유통속도는 이자율에 민감하다. 이자율이 높으면 유통속도는 높아지게 된다. 사람들이 자신의 화폐를 지출하지 않는다고 할지라도 가능한 한 빨리 높은 이자를 지급하는 금융자산에 투자하려고 하기 때문이다. 마찬가지로 이자율이 낮으면 유통속도는 낮아진다. 이것은 화폐수요와 이자율 간에 역관계가 있음을 나타낸다.

셋째, 지불제도의 변화는 유통속도에 영향을 미친다. 사람들이 거래를 할 때 신용카드를 이용하면 구매할 때 화폐가 덜 사용되기 때문에 화폐에 대한 수요가 줄어 유통속도가 증가한다. 반면에 현금으로 거래하는 것이 더 편리하다면 거래를 위해 더 많은 화폐가 사용되기 때문에 화폐에 대한 수요가 증가해 유통속도는 하락한다.

셋째, 측정된 유통속도는 화폐의 수요와 공급이 균형에서 벗어나게 되면 변동한다. 중앙은행에 의해 화폐가 추가로 공급되어 갑자기 사람들이 원하는 양 이상으로 화폐를 갖게 될 때 그것을 즉각적으로 지출한다면 물가가 오르고 유통속도에도 변화가 없을 것이다. 그러나 그것의 일부를 오랫동안 보유한다면 물가는 즉각적으로 오르지 않는다. 따라서 (6-6)에 의해 유통속도가 하락해야만 한다. 그러나 물가가 올라가면서 유통속도는 다시 오르게 될 것이다.

2) 케인즈의 유동성 선호설

■ 화폐보유동기

제4장에서 잠깐 설명한 바와 같이 케인즈는 화폐를 보유하는 동기로 3가지를 든다. 첫째는 거래적 동기다. 재화와 서비스를 구매하기 위해서는 화폐가 필요하

므로 그것을 위해 화폐를 보유한다는 것이다. 둘째는 예비적 동기다. 예기치 않은 재화와 서비스를 구매할 기회나 예상치 못한 사건에 대비하기 위해 화폐를 보유한다는 것이다. 케인즈는 거래적 동기와 예비적 동기에 따른 화폐수요는 소득이 비례한다고 보았다. 앞에서 설명한 바와 같이 소득이 증가하면 거래가 증가하므로 그에 따라 화폐에 대한 수요가 증가한다고 보았다. 그러나 이러한 케인즈의 견해는 나중에 보몰 등에 의해 소득뿐만 아니라 이자율에 영향을 받는 이론으로 발전한다.

셋째는 투기적 동기다. 케인즈는 화폐가 부(wealth)의 축적수단이라는 견해를 가지고 있었으며 이러한 목적에 의한 화폐보유를 투기적 동기의 화폐수요라 불렀다. 케인즈가 정의한 화폐는 현금으로서 화폐보유로부터 얻는 수익률을 0이라고 가정했다. 그와는 달리 채권보유는 이자율만큼 수익을 준다. 그래서 화폐를 보유하게 되면 채권을 보유하지 못함으로써 포기한 이자에 해당하는 기회비용이 발생한다. 그래서 이자율이 오를수록 화폐보유의 기회비용이 크게 되므로 사람들은 화폐보유를 줄이고, 이자율이 하락할수록 화폐보유의 기회비용이 감소하므로 화폐보유가 증가한다. 그래서 이자율과 화폐수요 간에는 음의 관계를 갖는다.

케인즈의 투기적 동기에 따른 화폐수요에는 중대한 결함이 있다. 채권의 기대수익률이 화폐의 기대수익률보다 낮을 경우 개인은 화폐만을 보유하게 되며, 채권의 기대수익률이 화폐의 기대수익률보다 높을 경우 채권만을 보유하게 된다. 즉 '전부 아니면 전무(all or nothing)'식의 화폐보유가 일어남으로써 부의 축적수단으로 채권과 화폐를 동시에 보유하는 포트폴리오가 실제로 일어나지 않는다.

토빈은 이러한 케인즈 이론의 문제점을 해결하고자 새로운 투기적 화폐수요이론을 내놓았다. 토빈의 주장은 사람들이 자산수익률의 예상치를 비교할 뿐만 아니라 자산수익이 발생하지 않을 위험도 함께 고려한다는 것이다. 그래서 토빈은 사람들은 위험기피적(risk averse)이어서 위험이 작으면 수익률이 낮은 자산도 기꺼이 보유하려고 한다는 것이다. 화폐의 수익률은 0으로서 확실하지만, 채권은 가격변동이 심하여 수익률 위험이 크고, 경우에 따라 음(-)의 값을 갖기 때문에 비록 채권의 기대수익률이 화폐의 기대수익률보다 높을지라도 화폐가 채권보다 위험이 적기 때문에 사람들은 여전히 재산의 축적수단으로서 화폐를 보유할 수 있다는 것이다. 즉 분산투자를 하면 전체 위험이 준다는 것이다. 그러나 토빈은 케인즈의 투기적 화폐수요에 대한 이론적 근거를 제시하려고 노력하였지만 투기적 화폐수요가 존재하는지는 여전히 불투명하다. 왜냐하면 만약 화폐와 같이 위험이 없음에도 높은 수익률을 주는 자산들이 있다면 투기적 화폐수요는 존재할 수 없기 때문이다. 미국의 재무부증권은 채무불이행 위험이 없고 화폐의 수익률보다 확실히 높은 수익률을 보장한다. 이것은 사람들이 거래적 동기와 예비적 동기의 화폐보유 외에 부의 축적수단으로 화폐를 보유하는 것에 대한 의문을 제기한다.

■ 화폐수요함수

앞의 논의에 따라 케인즈의 화폐수요함수는 다음과 같이 설정할 수 있다.

$$\frac{M^D}{P} = f(i, y) \qquad (6-9)$$

실질화폐수요가 실질소득과 이자율의 함수라는 케인즈 이론은 화폐수요가 이자율과 무관하다는 피셔의 이론과는 다르다. 케인즈의 화폐수요함수로부터 유통속도를 도출해보면 케인즈의 화폐수요이론에서는 유통속도는 일정하지 않고 이자율에 따라 달라진다는 것을 알 수 있다. (6-9)식에서 화폐시장의 균형으로부터 M^D를 M으로 바꿀 수 있고, (6-5)식에 따라 유통속도는 아래와 같이 쓸 수 있다.

$$V = \frac{Py}{M} = \frac{y}{f(i, y)} \qquad (6-10)$$

화폐수요는 이자율과 반대방향으로 움직이기 때문에 이자율 i가 상승하면 $f(i, y)$가 하락하며, 이에 따라 유통속도는 증가하게 된다. 즉, 주어진 소득수준에서 이자율이 상승하여 실질화폐소유가 줄어들면 화폐의 회전율인 유통속도는 증가한다. 이것은 이자율의 변동이 매우 심할 경우 유통속도가 매우 심하게 변동할 수 있음을 시사한다.

유동성함정(liquidity trap)

케인즈는 화폐수요가 이자율에 극단적으로 민감한 경우를 소위 유동성함정이라고 했다. 사람들이 이자율이 아주 낮은 채권보다 현금(유동성)을 선호할 때 유동성함정이 나타난다는 것이다. 그래서 케인즈 이론에 따르면 유동성함정은 이자율이 아주 낮을 때 존재한다. 이 경우에 중앙은행이 통화량 공급을 늘려도 명목GDP에 아무런 영향을 미치지 못한다. 늘어난 통화량을 사람들이 지출하지 않고 모두 보유해버리기 때문이다. 케인즈가 통화정책보다는 재정정책을 선호했던 이유가 여기에 있다. 경제가 유동성함정에 빠진 상태인 경우에는 통화정책은 효과가 없기 때문에 정부가 재정지출을 늘려 명목GDP를 증가시켜야 한다는 것이다.

그러나 유동성함정은 전혀 현실적이지 않다. 유동성함정은 화폐수요가 무한대라는 것을 시사한다. 다시 말하면 그것은 누구도 재화를 교환하지 않는다는 것을 시사한다. 제2장에서 배운 것처럼 화폐는 교환의 매개체다. 사람들이 화폐를 보유하는 것은 화폐를 무한정 쌓아두기 위해서가 아니라 교환하기 위해서다. 유동성함정은 현실에서 존재하는 것이 아니라 케인즈의 모형과 머릿속에서만 존재하는 개념이다. 그런 개념이 그의 모형에서 존재할 수 있는 이유는 제4장에서 이미 케인즈의 유동성선호설에서 설명한 것처럼 우리 사회에는 화폐와 채권만이 존재하는 세계를 상정하고 있기 때문이다.

유통속도 및 유동성함정과 관련된 오해

신종 코로나바이러스 감염증(코로나19) 사태 이후 많은 돈이 풀렸지만 실물경제가 살아나지 않자 사람들이 돈을 지출하지 않고 쌓아두고 있기 때문이라고 주장하는 전문가들이 있다. 그 증거로 화폐의 유통속도의 하락을 든다. 실제로 M2의 유통속도가 2020년 2분기 0.63으로 사상 최저치를 기록했다. 이를 근거로 한국경제가 유동성함정에 빠져 있다는 주장까지 나왔다. 그런데 이상한 점이 있다. 주가와 부동산 가격이 급등하고 있었기 때문이다. 사람들이 풀린 돈을 움켜쥐고 있는데 주가와 부동산 가격이 오르고 있는 사실은 그러한 주장에 오류가 있음을 보여 준다.

돈이 많이 풀렸는데도 유통속도가 하락한 것을 사람들이 돈을 움켜쥐고 있다고 해석하는 것은 잘못이다. 앞에서 공부한 대로 유통속도는 $V = Py/M$로 계산되며, 유통속도 0.63은 이 식에서 나온 것이다. 유통속도가 하락한 것은 통화량(분모)이 증가한 만큼 GDP(분자)가 증가하지 않았다는 것을 보여줄 뿐이다. 이런 잘못을 범하는 이유는 화폐에 대한 수요와 사람들이 실제로 보유한 화폐의 양을 구분하지 못해서다. 앞에서 정의한 것처럼 화폐에 대한 수요는 사람들이 '보유하고자 하는' 화폐의 양이다. 그리고 사람들이 실제로 보유한 양은 '화폐공급량'이다. 왜냐하면 중앙은행이 화폐를 공급할 경우 그것은 사람들에 의해 보유될 수밖에 없기 때문이다. 유통속도를 계산할 때 분모에 들어간 화폐량은 화폐의 공급량이지 사람들이 '보유하고자 하는' 화폐의 양, 즉 화폐수요가 아니다. 유통속도 계산치가 하락한 것을 가지고 사람들이 돈을 움켜쥐고 있기 때문이라고 하는 것은 화폐공급량과 화폐수요가 같다고 보는 것이다.

그러나 중앙은행이 화폐공급량을 늘리면 사람들이 보유하고자 하는 양보다 많아진다. 사람들은 보유하기를 원하지 않는 화폐량을 처분하려고 한다. 처분방법은 재화와 서비스에 대한 지출, 부동산이나 금융자산에 대한 지출 등 매우 다양하다. 부동산과 금융자산의 가격 폭등은 사람들이 보유하고자 하는 것보다 많아진 화폐량을 대부분 부동산과 금융자산을 구매하는 데 지출했다는 것을 보여준다. 사람들이 풀린 돈을 움켜쥐고 있는 것이 아니다.

유통속도의 하락을 보고 사람들이 돈을 움켜주고 있다고 할 것이 아니라 유통속도의 계산식에서 분자가 왜 증가하지 않는지, 즉 왜 경제가 성장하지 않는지를 물어야 하는 것이다. 그리고 경제가 성장하지 못하고 있는 원인을 찾아 제거해야 하는 것이 중요하다.

3) 프리드먼의 신화폐수량이론과 화폐수요이론

■ 신화폐수량이론

피셔의 화폐수량설은 1930년 대공황을 겪으면서 케인즈 경제학의 등장으로 사라졌다가 밀턴 프리드먼에 의해 다시 복원되었다. 그것을 신화폐수량설이라고 한다. 프리드먼의 신화폐수량설을 수용하는 경제학자들을 '현대 통화주의자(modern monetarists)', 또는 그냥 '통화주의자'라고 한다. 통화주의자는 자신들의 통화이론을 교환방정식을 이용하여 표현하지만, 단기에서 화폐공급의 증가(하락)가 물가상승(하락)에 미치는 효과는 실질소득의 증가(하락)나 유통속도의 하락(증가)에 의해 상쇄될 수 있음을 인정한다. 그리고 장기에서도 유통속도는 이자율뿐만 아니라 실질임금 수준과 지불제도의 변화에 따라 영향을 받을 수 있음을 인식하고 있다. 그럼에도 불구하고 신화폐수량설은 장기에 화폐공급량과 물가수준 간에 밀접한 관계가 있음을 강조한다.

■ 화폐수요이론

프리드먼은 사람들이 소유한 부를 비롯하여 화폐와 금융 및 실물자산 간의 기대수익률 차이에 의해 영향을 받는다고 생각했다. 이런 점에서 신화폐수량설을 제기한 프리드먼의 화폐수요이론은 피셔의 화폐수량설보다는 케인즈 이론에 가깝다. 프리드먼의 화폐수요함수는 다음과 같이 표현할 수 있다.

$$\frac{M^D}{P} = f\left(Y_p, r_b - r_m, r_e - r_m, \pi^e - r_m\right) \tag{6-11}$$

$\dfrac{M^D}{P}$ = 실질화폐수요

Y_p = 항상소득
r_m = 화폐의 기대수익률
r_b = 채권의 기대수익률
r_e = 주식의 기대수익률
π^e = 실물자산의 기대수익률(기대인플레이션)

프리드먼은 자산의 수요는 부(wealth)의 크기와 같은 방향으로 움직이기 때문에 부가 증가하면 화폐수요 역시 증가한다고 생각했다. 단 그는 항상소득(permanent income)을 부로 사용하고 있다. 항상소득은 장기소득의 기댓값으로서 경상소득의 장기 평균값이다. 경상소득은 경기순환에 따라 변할 수 있지만 항상소득은 잘 변하지 않는다. 예를 들어 경기확장국면에 경상소득은 증가하지만 경상소득의 장기 평균값인 항상소득은 거의 변하지 않는다. 그래서 호황기에 항상소득은 경상소득보다 증가폭이 작다. 침체기도 마찬가지다. 경상소득이 감소하더라도 항상소득은 거의 감소하지 않는다. 따라서 화폐수요의 결정요인으로 항상소득을 사용하고 있는 프리드먼의 이론이 시사하는 바는 화폐수요가 경기변동에 민감하지 않다는 것이다. 이것은 케인즈의 이론과는 대비되는 점이다. 화폐수요의 결정요인으로 소득을 사용하는 케인즈의 이론에서는 화폐수요는 경기순환에 민감하게 반응한다.

프리드먼은 사람들은 화폐 이외에 다른 자산을 보유할 수 있는데, 이를 채권, 주식, 재화의 3가지 유형으로 분류했다. 그리고 화폐와 다른 자산 간의 기대수익률에 따라 화폐를 보유할지 다른 자산을 보유할지를 결정한다고 했다. (6−11)의 화폐수요함수에서 마지막 3변수가 이를 나타내고 있다. $r_b - r_m$은 채권과 화폐의 기대수익률 차이, $r_e - r_m$은 주식과 화폐의 기대수익률 차이, $\pi^e - r_m$은 재화와 화폐의 기대수익률 차이를 나타낸다. 채권과 주식의 기대수익률이 올라가면 상대적으로 화폐의 기대수익률이 낮아지기 때문에 화폐수요가 감소한다. 마찬가지로 재화를 보유함으로써 얻는 기대수익률이 올라가면 상대적으로 낮아지기 때문에 화폐수요가 감소한다. 재화의 기대수익률이란 재화를 구입한 이후 그 가격이 올라 그로부터 얻는 자본이득을 의미한다. 이는 기대인플레이션으로 측정할 수 있다. 그래서 기대인플레이션이 올라가면 화폐수요는 감소하게 된다.

프리드먼은 케인즈와는 달리 화폐의 기대수익률이 일정하지 않다고 했다. 이자율이 상승하면 은행은 대출로 더 많은 이윤을 올릴 수 있기 때문에 은행은 더 많은 예금을 유치하려고 할 것이며, 그것을 위해 은행은 예금이자율을 올린다. 그렇게 되면 예금의 형태로 보유한 화폐의 기대수익률은 채권이자율과 함께 올라가서 $r_b - r_m$은 비교적 일정한 값을 갖게 된다. 따라서 프리드먼은 이자율이 오르더라도 화폐수요는 영향을 받지 않는다고 주장한다.

프리드먼은 정부가 예금이자율에 대한 규제해서 상한선을 정해도 마찬가지라는 입장이다. 정부가 예금이자율을 규제로 인해 명시적인 이자지급을 할 수 없게 될 경우 은행은 암묵적인 이자지급(implicit interest payment)을 한다는 것이다. 예를 들어 예금자에게 선물을 제공하거나 더 나은 서비스를 제공한다는 것이다. 그렇게 되면 예금보유의 기대수익률 역시 오르게 된다는 것이다. 그래서 예금이자율에 대한 제한에도 불구하고 이자율이 상승하면 화폐의 기대수익률이 충분히 올라서 $r_b - r_m$은 비교적 일정한 값을 갖게 되어 이자율이 오르더라도 화폐수요는 영향을 받지 않는다고 주장한다. 이것은 이자율이 화폐수요의 중요한 결정요인이라는 케인즈의 이론과는 달리 프리드먼은 이자율이 화폐수요에 크게 영향을 미치지 않는다고 주장한다. 뿐만 아니라 다른 대체자산의 기대수익률 역시 화폐수요에 미치는 영향이 일시적이며 미미하다고 보고 있다.

화폐수요가 항상소득에 영향을 받는다는 것과 이자율 등 다른 대체자산의 기대수익률에 영향을 받지 않는다는 점은 프리드먼의 이론에서 매우 중요하다. 왜냐하면 이러한 특성은 화폐수요가 경기순환에 영향을 받지 않고 안정적이라는 것을 시사하기 때문이다. 화폐수요함수가 안정적이면 화폐의 유통속도는 예측가능해진다. 화폐수요가 항상소득에 영향을 받고 다른 대체자산의 기대수익률에 영향을 받지 않으므로 프리드먼의 화폐수요함수 (6−11)은 아래와 같이 쓸 수 있다.

$$\frac{M^D}{P} = f(Y_p) \qquad (6-12)$$

(6−12)를 (6−10)에 대입하면 유통속도는 아래와 같이 표현된다.

$$V = \frac{y}{f(Y_p)} \qquad (6-13)$$

y와 Y_p의 관계는 예측가능하다. 그래서 화폐수요함수가 안정적이라면 유통속도도 예측 가능해진다. 유통속도가 예측가능하다면 피셔의 화폐수량설의 가정인 유통속도가 일정하다는 것이 없어도 통화공급량과 물가수준의 관계를 예측할 수 있다. 앞에서 말한 프리드먼의 신화폐수량설은 바로 화폐수요함수의 안정성에 기초하고 있다.

■ 화폐수량이론과 인플레이션

교환방정식은 화폐량, 유통속도, 물가, 소득 등 그 수준들 간의 관계를 나타낸다. 이것을 각 변수들의 변화율로 표현하면 화폐수량설은 인플레이션이론으로 변환될 수 있다.

M, V, P, y가 각각 $\triangle M$, $\triangle V$, $\triangle P$, 그리고 $\triangle y$만큼 변한다고 하자. 이러한 변화가 발생한 후에도 교환방정식은 여전히 성립한다. 그래서 (6-6)식을 $M+\triangle M$, $V+\triangle V$, $P+\triangle P$, $y+\triangle y$으로 대체할 수 있다.

$$(M+\triangle M)(V+\triangle V) = (P+\triangle P)(y+\triangle y) \qquad (6-14)$$

(6-14)식을 정리하면,

$$MV + V\triangle M + M\triangle V + \triangle M\triangle V = Py + y\triangle P + P\triangle y + \triangle P\triangle y \; (6-15)$$

여전히 $MV = Py$이므로 우리는 좌변을 MV로 나누고 우변을 Py로 나누어도 등호는 성립한다.

$$1+\frac{\triangle M}{M}+\frac{\triangle V}{V}+\frac{\triangle M}{M}\frac{\triangle V}{V} = 1+\frac{\triangle P}{P}+\frac{\triangle y}{y}+\frac{\triangle P}{P}\frac{\triangle y}{y} \qquad (6-16)$$

(6-16)식에서 양변의 1을 빼도 등호는 성립한다.

그리고 $\dfrac{\triangle M}{M}\dfrac{\triangle V}{V}$과 $\dfrac{\triangle P}{P}\dfrac{\triangle y}{y}$은 아주 작은 값이므로 제거해도 등호에 크게 영향을 미치지 않을 것이다. 그리하여 우리는 다음과 같은 식을 얻는다.

$$\frac{\triangle M}{M}+\frac{\triangle V}{V} = \frac{\triangle P}{P}+\frac{\triangle y}{y} \qquad (6-17)$$

$\dfrac{\triangle P}{P}$는 인플레이션 π이므로 다음과 같이 쓸 수 있다.

$$\pi = \frac{\triangle P}{P} = \frac{\triangle M}{M}+\frac{\triangle V}{V}-\frac{\triangle y}{y} \qquad (6-18)$$

예를 들어 화폐공급이 8% 증가하고, 실질소득이 5% 증가하고, 유통속도가 일정하다면 물가상승률(인플레이션율)은 3%가 될 것이다.

$$\pi = \frac{\triangle P}{P} = \frac{\triangle M}{M}+\frac{\triangle V}{V}-\frac{\triangle y}{y} = 0.08+(0.0)-(0.05) = 0.03$$

이것이 주는 중요한 시사점의 하나는 유통속도가 일정하면 물가를 일정하게 유지하는 데 필요한 화폐공급증가율은 실질소득증가율과 같아야 한다는 것이다.

앞에서 살펴본 바와 같이 유통속도는 항상 일정하지 않다. 화폐공급증가율이 실질소득증가율보다 높으면 즉각적으로 나타나는 효과는 물가상승이 아니라 유통속도의 하락이다. 장기에서도 유통속도는 이자율의 변화나 다른 요인의 변화로 변할 수 있다. 그러나 유통속도를 변화시키는 이러한 요인들은 예측하기가 어렵다. 그러므로 화폐공급량을 실질소득의 장기추세증가율과 일치시키는 것이 불환화폐시스템에서 인간의 능력으로 물가를 안정시킬 수 있는 최선책일지도 모른다. 이렇게 화폐공급량을 실질소득의 장기추세증가율과 일치시키는 것이 바로 밀턴 프리드먼의 $k\%$ 화폐공급준칙이다.

화폐불균형의 효과

화폐공급과 화폐수요가 일치하지 않으면 화폐불균형이 발생한다. 화폐불균형으로 나타나는 결과는 물가상승의 인플레이션과 물가하락의 디플레이션이다. 다시 말하면 화폐공급이 화폐수요에 비하여 빠르게 증가하면 인플레이션이 일어나고, 그 반대면 디플레이션이 일어난다. 화폐불균형으로 나타나는 또 다른 효과는 상대가격 변화다. 상대가격이 변화하면 시장참가자들의 경제계산이 왜곡되고, 소득재분배와 소득불평등 문제를 야기한다. 마지막으로 화폐불균형은 붐−버스트의 경기순환을 야기한다. 이 장에서는 화폐불균형에 따른 인플레이션 문제, 상대가격 변화 문제를 다루고, 경기순환 문제는 다음 장에서 다루기로 한다.

1. 인플레이션과 디플레이션

■ 물가수준의 결정

화폐공급과 화폐수요가 일치하는 화폐균형은 다음과 같이 표현된다.

$$M^S = M^D, \text{ 또는 } M^S = Pm^D \tag{7-1}$$

(7−1)의 양변을 실질화폐수요 m^D로 나누면 아래와 같이 물가수준을 얻을 수 있다.

$$P = \frac{M^S}{m^D} \tag{7-2}$$

(7−2)식으로부터 화폐공급과 화폐수요를 일치시키는 균형물가수준을 구할 수 있다. 실질화폐수요 m^D가 일정하면 균형물가수준은 명목화폐공급에 비례하게 된다. 명목화폐공급과 균형물가수준 간의 비례관계가 바로 제6장에서 설명하

는 화폐수량설이다.

■ 물가의 적응과정

명목 통화공급 M^S이 실질화폐수요 m^D보다 상대적으로 증가할 때 물가수준이 어떻게 변하는지를 보자. 중앙은행이 통화공급을 늘리면 그 증가한 통화량이 사회구성원 각자에게 동일한 비율로 일시에 배분되지 않는다. 시차를 두고 새로 유입된 통화를 먼저 입수한 사람도 있고 나중에 입수한 사람도 있다.

예를 들어 중앙은행이 공개시장 매입을 통해 통화량을 늘렸다고 하자. 그러면 중앙은행에 채권을 판 은행에 새로운 지준금이 유입된다. 지준금을 많이 보유하게 된 은행들은 대출을 하려고 한다. 은행으로부터 대출을 받은 사람들이 특정 재화에 지출한다. 그러면 새로 유입된 화폐가 지출된 특정 재화의 가격이 오른다. 이것이 통화증가에 따른 1차 효과다. 통화팽창의 효과는 여기에서 그치지 않고 계속된다. 제일 먼저 초과화폐를 사용한 사람들에게 물건을 판 사람들은 이제 자신의 화폐보유가 증가했다는 것을 인지하게 된다. 이 사람들 역시 자신이 원하는 화폐보유량 이상으로 화폐를 보유하고 있기 때문에 이 초과화폐를 지출하는 데 사용한다. 그래서 이들이 사는 재화와 서비스의 가격이 그 다음으로 오른다. 이것이 제2차 효과다. 이러한 과정이 3차, 4차, 5차 계속되어 전반적인 재화와 서비스의 가격들이 상승할 때까지 지속된다.

이 과정은 통화공급이 증가할 경우 모든 재화와 서비스의 가격이 일시에 동일한 비율로 상승하지 않음을 보여준다. 이것은 화폐의 중립성(money neutrality)이 성립하지 않음을 보여줄 뿐만 아니라 물가는 서서히 적응한다는 사실을 보여준다. 이것은 발라 법칙(Walras' law)으로 설명할 수 있다. 발라 법칙은 모든 시장에서 어떤 가격 체계 하에서도 총초과수요 가치의 합은 항상 0이 된다는 것이다. 이것은 n개의 시장에서 (n−1)개의 시장이 균형이면 나머지 1개의 시장은 자동적으로 균형이며, 하나의 시장이 초과공급(초과수요)이면 적어도 초과수요(초과공급)의 시장이 존재한다는 것을 시사한다. 중앙은행이 통화공급을 늘려 초과공급이 될 경우($M^S > Pm^D$), 발라 법칙에 의해서 일반재화에 대한 초과수요가 발생한다. 초과수요가 있을 경우 재화의 가격들이 상승하게 되는데, 화폐수요와 화폐공급이 일치하여 화폐균형이 이루어질 때까지 물가가 상승하게 된다. 물가수준 P가 높아 화폐의 초과수요가 발생하는 경우($M^s < Pm^D$), 발라 법칙에 의해서 일반재화에 대한 초과공급이 존재하게 된다. 그러면 재화의 가격들이 하락하는데 화폐공급과 화폐수요가 일치할 때까지 물가가 하락한다.

이런 물가조정과정은 즉각적으로 일어나지 않는다. 화폐불균형이 발생했을 때 물가조정과정을 이해하기 위해서는 화폐수요를 고려해야 한다. 화폐공급을 갑자기 감소시키면 물가가 하락하기 시작하면서 화폐수요가 감소한다. 그렇게 되면 실질화폐수요와 실질잔고 간의 차이를 감소시켜 디플레이션이 지연된다. 한편 화폐공급을 갑자기 증가시키면 반대의 과정이 발생한다. 화폐공급이 증가하면 물가가 오르기 시작하고 화폐수요가 증가하면서 실질화폐수요와 실질잔고 간의 차이를 감소시켜 인플레이션을 지연시킨다. 다시 말하면 화폐불균형이 발생했을 때 화폐수요의 변화로 물가가 즉각적으로 적응하는 것이 아니라 어느 정도 시간이 걸린다는 것이다. 이러한 점에서 통화증가가 즉시 물가를 상승시킨다는 화폐수량이론은 과장된 것으로서 현실과 괴리가 있다.

금융시장이 있는 경우와 없는 경우

화폐의 초과공급이 있을 때 물가의 적응속도는 금융시장이 있는 경우와 금융시장이 없는 경우 차이가 난다. 앞에서 발라 법칙에 따라 화폐의 초과공급은 재화의 초과수요가 있음을 의미한다고 했다. 그런데 재화의 초과수요에는 두 가지가 있을 수 있다. 하나는 현재재화에 대한 수요이고 다른 하나는 미래재화에 대한 수요다. 금융시장이 없는 경우에는 미래재화에 대한 수요(즉, 미래에 대비하는 것)를 위해서는 화폐를 보유하는 방법밖에 없다. 사람들이 화폐보유를 많이 하기 때문에 재화시장에서 인플레이션 압력이 늦게 나타나게 된다.

그러나 금융시장이 있는 경우에는 미래재화를 위해 이자를 받고 초과공급된 화폐를 대여한다. 다시 말하면 회사채를 구입하거나 은행에 예금한다. 이러면 채권에 대한 초과수요가 발생하고 채권가격이 상승하면서 이자율이 하락한다. 생산자는 미래생산을 위하여 현재 시장에서 화폐를 빌려 생산요소 구입에 사용한다. 생산요소에 대한 수요가 증가하고 생산요소 가격이 상승하게 된다. 생산요소 소유자의 수입이 증가하고 그에 따라 소비재 수요가 증가한다. 화폐공급과 화폐수요가 같아질 때까지 소비재 물가가 상승한다. 따라서 금융시장이 있는 경우에 금융시장이 없는 경우보다 물가의 적응속도가 빠르다. 이것은 금융시장이 발달할수록 화폐공급을 늘릴 경우 물가상승이 빨리 일어난다는 것을 시사한다.

■ 인플레이션의 의미

18세기 초에는 인플레이션은 단지 통화량 증가를 의미하였다. 다시 말하면 정부나 은행에 의해 정화(正貨)가 아닌 지폐 발행이 늘어나 유발되는 통화팽창을 의미하였다. 당시에는 그러한 통화팽창은 물가상승을 유발하지 않고 경제성장을 촉진한다고 믿었다. 그러나 18세기 말과 19세기 초 아담 스미스를 비롯한 고전학파 경제학자들이 그러한 통화팽창은 물가를 상승시킬 뿐이며, 경제가 성장하는 것처럼 보이는 것은 환상임을 주장하였다. 고전학파의 영향으로 현대에 와서는 통화팽창의 결과로 나타나는 물가상승을 인플레이션으로 사용하는 경향이 있다.

최근에는 통화팽창을 화폐인플레이션(monetary inflation)과 통화팽창으로 나타나는 결과인 물가상승은 가격인플레이션(price inflation)으로 구분해서 사용하는 경제학자들이 많다. 그리고 가격인플레이션에는 통화팽창으로 자산가격이 폭등하는 것인 자산가격인플레이션(asset price inflation)과 재화와 서비스의 가격을 폭등시키는 재화가격인플레이션(goods price inflation)이 있다.

■ 인플레이션의 비화폐적 요인

독점

앞에서 본 것처럼 화폐수요를 초과하는 화폐공급이 인플레이션을 야기한다. 이와는 달리 독점기업이 가격을 올려서 인플레이션이 야기된다고 주장하는 사람이 있다. 그러나 이것은 잘못된 주장이다. 독점기업은 이윤을 극대화하는 가격을 책정한다. 그 가격은 물론 그 시장이 경쟁적인 경우보다 높은 가격이다. 그러나 그 가격에서 가격을 인상하면 그의 이윤은 떨어지게 된다. 따라서 독점기업은 높은 가격은 책정하지만 가격을 올리지는 못한다.

기업이 독점력을 계속 늘리면서 독점하고 있는 재화의 가격을 계속 올릴 수 있지 않냐고 주장할 수 있다. 설령 그렇다고 하더라도 전체 물가수준이 올라가지는 않는다. 독점된 재화가 꼭 필요한 것이어서 사람들이 구입해야만 한다면 주어진 소득에서 다른 재화에 대한 수요를 줄일 수밖에 없다. 그렇게 되면 다른 재화의 가격들이 하락한다. 다른 재화에 대한 소비 감소로 그 재화들에 대한 가격이 하락하면 일반적인 물가수준은 떨어질 수도 있고 변하지 않을 수도 있다. 따라서 독점기업이 지속적으로 물가가 상승하는 인플레이션을 야기한다는 것은 틀린 이야기다.

노조: 임금과 물가의 악순환

노조도 마찬가지다. 외부로부터 경쟁을 막는 노조는 높은 임금을 책정할 수 있지만 인플레이션을 야기하지는 않는다. 그런데도 임금 상승에 따른 물가의 악순환을 주장하는 사람이 있다. 임금을 인상하면 생산비용이 오르고, 생산비용이 오르면 소비재 가격이 오르며 소비재 가격이 오르면 사람들의 생활비용이 오르기 때문에 노조에서 다시 임금 인상을 요구하게 되고, 그에 따라 임금이 오르면 다시 생산비용이 올라 소비재 가격이 오르는 악순환으로 인플레이션이 발생한다는 것이다. 그러나 임금이 오를 때 물가에 미치는 경우는 1회 정도에 그칠 뿐, 지속적으로 물가를 상승하게 할 수 없다.

왜 그러한지 보자. 임금상승으로 물가가 오르면 $M^S < Pm^D$가 되어 화폐에 대한 초과수요가 발생한다. 이것은 재화시장에 초과공급이 있음을 의미하며, 재화의 초과공급이 있으면 물가가 하락한다. 이것을 달리 설명할 수도 있다. 물가가 상승하면 화폐를 보유하고 있는 사람들의 구매력이 감소한다. 이것은 사람들의 생활수준이 하락한다는 것을 의미하며, 그에 따라 재화에 대한 수요가 감소한다. 재화에 대한 수요가 감소하면 물가가 하락한다. 임금과 물가의 악순환이 발생하지 않는 것이다.

재정적자

재정적자가 인플레이션을 야기한다는 주장이 있다. 이 주장은 절반의 진실이다. 다시 말하면 재정적자가 반드시 인플레이션을 야기하지 않는다는 것이다. 정부가 재정적자를 보전하고 지출에 사용할 추가자금을 얻기 위해서 국채를 발행하는 경우가 많다. 정부가 국채를 발행했을 때 민간이 구매한다면 인플레이션이 발생하지 않는다. 민간이 다른 용도로 쓸 화폐를 국채를 구매하는 데 써서 경제전체의 통화량에 변화가 일어나지 않기 때문이다.[1]

---

1) 정부가 민간으로부터 기채하는 것은 인플레이션을 유발하지는 않으나 경제성장을 훼손할 수 있다. 그것은 새로운 자금을 만들어 내는 것이 아니라 민간의 저축된 자금을 관료와 정치인의 수중으로

그러나 이 국채를 중앙은행이 매입하면 이야기는 다르다. 중앙은행이 국채를 매입하면 국채 대금을 정부에 지불해야 한다. 중앙은행은 화폐를 발행하는 기관이기 때문에 중앙은행이 정부에 지불하는 대금은 곧 화폐발행이 된다. 그래서 중앙은행이 정부가 발행한 채권을 매입한 만큼 통화량이 증가한다. 정부가 채권을 발행하고 그것을 중앙은행이 매입하는 방식을 채무의 화폐화(monetizing the debt)라고 하며, 통화발행(printing money)이라고도 한다. 그래서 재정적자가 지속되고 그 재정적자가 채무의 화폐화를 통해 보전된다면 통화량이 증가해 인플레이션이 초래된다.

■ 인플레이션과 화폐단위 변경(리디노미네이션)

화폐단위 변경의 의미

화폐단위 변경은 단순히 기존 화폐단위를 변경하는 것을 말한다. 예를 들어 원화를 1,000분의 1로 화폐단위를 변경한다면 현재의 1,000원은 1원이 된다. 이렇게 단순히 '0'들을 떼어낸다고 선언한다고 해서 경제적으로 문제될 것은 없다. 표시되는 재화와 서비스 가격의 단위만 바뀔 뿐이다. 재화와 서비스들의 상대가격에 전혀 변화가 없기 때문에 소득, 물가, 환율, 수출입 등 경제의 실질변수 변화 또한 없다.

화폐단위 변경이 성공하기 위해서는 '3무원칙'이 지켜져야 한다. 3무원칙은 신구화폐의 교환량에 대한 무제한, 신구화폐의 교환 기간에 대한 무제한, 신구화폐의 교환의 무기명(익명성)을 의미한다. 3무원칙이 지켜지지 않을 경우 재산권이 침해된다. 재화와 서비스의 상대가격에 변화가 생겨 실질변수에 영향을 미치게 된다. 교환의 양과 교환의 기간에 대해 제한을 두게 되면 구 화폐를 가지고 있는 사람들의 재산을 모두 사용할 수 없게 된다. 교환 시 익명성이 보장되지 않으면 자신의 재산 상태가 드러날 것을 우려한 사람들이 이를 회피하려 함에 따라 경제가 왜곡되는 상황이 발생한다. '3무원칙'이 지켜지지 않으면 사람들이 재산상의 손해를 볼까 두려워 재산을 보존하려는 방법을 찾으려고 한다. 그래서 금이나 실물자산을 구입하거나, 달러와 같은 외화를 구입하려고 한다. 그에 따라 상대적으로 금이나 실물의 가격이 오르고 환율도 오르게 된다. 이러한 상대가격 변화로

이전시키는 것으로서 그 자금이 대부분 비효율적인 정치적 목적으로 사용되기 때문이다.

소득, 물가, 환율, 수출입 등 실질변수에 변동이 생긴다.

화폐단위 변경과 화폐개혁의 차이

화폐단위 변경과 화폐개혁은 다르다. 그럼에도 불구하고 이 둘을 혼동하는 이유는 화폐개혁을 하면서 대부분 화폐단위가 변경되기 때문이다. 화폐개혁은 인플레이션 억제, 산업자금 확보, 그리고 지하자금이나 퇴장자금 양성화 등의 정치적, 경제적 목표를 이루기 위한 것이다. 이와 같은 목표를 달성하기 위해 보통 예금의 지급정지, 신구화폐 교환의 제한, 보유재산에 대한 과세 등의 방법을 사용한다. 이러한 화폐개혁을 실행하기 위한 방법들은 모두 재산권을 제한하는 조치들이다. 따라서 사람들은 화폐개혁이 예상되면 재산상의 손실을 막기 위해 서둘러 예금을 인출하거나 재산 가치를 유지할 만한 재화를 구입해 놓으려고 한다. 그 과정에서 예금인출 사태가 발생하고 인플레이션이 발생한다. 화폐단위 변경이 인플레이션으로 이어지고 화폐가치가 하락하는 이유는 단순한 화폐단위 변경이 아니라 바로 이러한 조치들을 동반한 화폐개혁 때문이다. 따라서 단순한 화폐단위 변경과 화폐개혁을 동반한 화폐단위 변경을 잘 구분해야 한다.

화폐단위 변경을 화폐개혁과 혼동하는 이유는 역사적 경험 때문이기도 하다. 1962년 박정희 대통령 시절 화폐단위 변경을 포함한 화폐개혁을 단행했다. 그 중요한 목적 중의 하나가 화교들이 장롱 속에 퇴장하고 있을 것으로 생각한 자금을 끌어내는 것이었다. 물론 화교들이 퇴장하고 있던 자금이 별로 없어 소기의 목적을 달성하지 못했다. 이는 사람들에게 화폐단위 변경에 대한 잘못된 오해만 불러일으켰다.

화폐단위 변경에 대한 오해와 진실

화폐단위 변경과 관련해서 몇 가지 오해가 있다. 화폐단위 변경으로 인플레이션을 억제할 수 있다는 주장이 있는가 하면, 반대로 화폐단위 변경을 하면 인플레이션이 유발된다는 상반된 주장이 있다. 이 모두 오해다. 먼저 화폐단위에 변경으로 인플레이션을 억제할 수 있는지를 보자. 결론부터 말하면 단순한 화폐단위 변경으로는 인플레이션이 억제되지 않는다. 인플레이션이 억제되는 경우는 높은 인플레이션을 경험한 국가들이 화폐단위 변경을 하며 재정지출을 줄이는 재정개혁을 하고, 재정지출을 뒷받침했던 통화팽창을 줄이는 화폐개혁을 하기 때문이다.

통화팽창을 줄이는 화폐개혁을 해야 인플레이션이 억제되는 이유는 인플레이션 시기에는 사람들이 화폐를 오랫동안 손에 쥐고 있으려고 하지 않는다. 즉 화폐수요가 감소하고 화폐의 유통속도가 빨라진다. 이것이 인플레이션을 가속화시킨다. 그러한 상태에 있는 국가에서 재정개혁을 동반한 화폐개혁 조치를 통해 통화량을 줄이면 빨라졌던 화폐의 유통속도가 감소하고 화폐수요가 증가하여 인플레이션이 억제된다. 그래서 인플레이션을 잡기 위해 화폐단위 변경을 하더라도 재정개혁을 수행하는 국가는 성공하고, 그렇지 않은 국가는 실패한다. 다시 말하면 안정화를 위한 재정 및 통화정책이 수행되지 않으면 화폐단위 변경은 실패한다. 그 대표적인 국가가 앙골라, 아르헨티나, 아제르바이잔, 콩고민주공화국이다. 앙골라는 1995년 화폐단위 변경을 실시했다. 당시 인플레이션율이 262%였지만 화폐단위 변경을 한 이후인 1996년 인플레이션율은 4,145%로 뛰었다. 아르헨티나도 마찬가지다. 아르헨티나는 1985년 화폐단위를 변경했는데, 당시 인플레이션율 672%였지만, 1987~1989년 인플레이션율이 3,080%로 치솟았다. 아제르바이잔 역시 1992년 화폐단위를 변경했지만 변경 당시 인플레이션율이 912%였지만, 변경 후인 1993년 인플레이션율이 1,129%나 되었다. 콩고민주공화국도 1993년 화폐단위 변경 당시 인플레이션율 1,987%였지만 1994년 인플레이션율이 2,377%로 증가했다.[2] 화폐단위를 변경했지만 안정화를 위해 재정 및 통화정책을 실행하지 않았기 때문이다.

화폐단위를 변경하면 인플레이션이 유발된다는 주장 역시 잘못된 것이긴 마찬가지다. 통화량이 증가하지 않는 한 인플레이션은 발생하지 않는다. '0'을 제거함에 따라 우수리가 남게 되어 이것을 반올림해야 하므로 물가가 상승하게 된다는 주장이 있지만, 그것은 소위 '센트' 개념을 도입하면 반올림 할 필요가 없다. 화폐환상 때문에 물가가 오른다는 주장도 있다. 즉 화폐단위를 변경하면 1,000원이 1원이 되므로 물가가 싸진 것처럼 느껴져 사람들이 재화와 서비스에 대한 수요를 증가시킴에 따라 물가가 상승한다는 것이다. 이 주장 역시 잘못된 것이다. 화폐단위를 변경하면 재화와 서비스의 가격의 단위도 변화하지만 사람들이 받는 소득의 단위 역시 변한다. 만약 화폐환상이론이 작용한다면 사람들은 소득 하락으로 느껴져 재화와 서비스에 대한 수요가 감소한다. 그렇게 되면 재화와 서비스의 가

---

2) 더 많은 사례는 Mosley(2005)를 참고하기 바람.

격단위 변경 효과와 소득단위 변경 효과가 상쇄되어 버린다. 화폐단위 변경은 재화와 서비스의 가격의 단위뿐만 아니라 소득의 단위도 그대로 변하기 때문에 상대적 비율에 전혀 변화가 없다. 따라서 화폐단위 변경에 따른 물가변동은 없다.

물론 순수 화폐단위 변경은 화폐단위 축소에 따른 거래 편의 제고와 회계장부 기장 처리의 간편화라는 편익이 있다. 그러나 화폐단위의 변경에 따른 컴퓨터 시스템 변경, 현금처리 자동화기기 대체 및 변경에 따른 제반 비용도 따른다. 따라서 우리가 화폐단위 변경을 논의할 때 고려할 것은 이러한 비용과 편익이다. 편익보다 비용이 크다면 실시할 것이고 그렇지 않으면 실시하지 말아야 할 것이다. 다만 화폐단위 변경을 하면서 다른 정치적, 경제적 목적을 병행할 경우에는 반드시 심각한 경제적 충격이 수반된다는 사실을 명심할 필요가 있다.

2. 인플레이션의 효과

■ 차입자와 대여자 간의 소득재분배

돈을 빌려준 후 예상한 것보다 물가가 더 올랐다면 돈을 빌려준 사람은 손해를 보고 돈을 빌린 사람은 이익을 본다. 예를 들어, A가 B에게 이자율 연 5%로 1,000만 원을 1년 동안 빌려준다고 하자. 양측이 모두 물가가 오르지 않을 것으로 예상한다면 B는 A에게 1년 후 1,050만 원을 지불하는 계약을 체결할 것이다. 이제 예상과는 달리 실제로 1년 동안 물가가 5% 올랐다고 하자. 1년 후에 받은 1,050만 원의 실질구매력을 계산하면 1,050만 원/1.05=1,000만 원이 된다. A의 실질구매력은 전혀 증가하지 않았으며 B는 A에게 실질적으로 이자를 전혀 지불하지 않은 것이 된다. 이것은 결국 예상치 못한 인플레이션으로 인해 50만 원의 실질구매력이 A에서 B로 이전되었다는 것을 의미한다. 이와 같이 예상치 못한 인플레이션이 있으면 차입자가 이익을 보고 대여자가 손해를 본다. 반대로 예상치 못한 디플레이션이 있으면 차입자가 손해를 보고 대여자가 이익을 본다.

■ 인플레이션 조세

인플레이션 조세란 화폐발행권을 가지고 있는 정부가 화폐를 찍어 내어 재정 자금을 조달하는 것을 말한다.[3] 화폐발행을 늘리면 늘린 만큼 정부의 구매력은 증가한다. 예를 들면 정부가 1조 원의 화폐를 더 찍어 냈다면, 그 돈으로 정부는 전비 마련, 농산물 보조금, 기타 정부 시혜 사업 등의 각종 정부 사업에 사용할 수 있다. 한편 통화가 팽창하면 물가가 상승한다. 물가가 상승하면 사람들이 보유 하고 있는 현금의 실질구매력이 감소한다. 예를 들어 통화팽창으로 인플레이션 율이 10% 되었다고 하자. 1,000원짜리 지폐로 1,000원의 가치가 있는 재화 및 용역을 구입할 수 있었는데, 물가가 10% 올랐기 때문에 이제 동일한 재화에 대해 1,100원을 지불해야 한다. 이것은 현금 보유에 10%의 세금을 부과한 것과 동일한 효과를 갖는다. 결국 화폐를 보유한 사람들에게 10%의 세금을 부과하여 정부가 재정 자금을 마련한 것이 된다.

정부가 모자라는 재정을 충당하는 수단으로 세금을 더 거둬들이거나, 국채를 발행하여 민간에게 매각하는 방법이 있다. 세금을 추가적으로 거둬들이는 방법 은 국민의 조세저항뿐만 아니라 대의기관인 국회의 적법한 절차를 거쳐야 하기 때문에 시간도 오래 걸리고 용이하지 않다. 국채를 발행하는 방법 또한 제한적이 다. 정부의 국채 발행도 민간이 수행할 설비투자를 정부가 가져가게 되어 투자효 과가 제한적일 수 있을 뿐만 아니라 결국 정부의 재정적자는 미래의 국민의 조세 부담으로 돌아오기 때문에 이에 대한 저항 또한 있다. 이러한 불편을 피하고 사람 들이 알아채지 못하는 가운데 재정을 확보할 수 있는 손쉬운 방법이 화폐를 찍어 내는 것으로 지금까지 많은 정부가 이 방법을 사용하여 왔다. 통화팽창으로부터 얻는 정부의 수입은 인플레이션을 통한 재정확보(inflationary finance)라고 하며, 전통적으로 시뇨리지(seigniorage)라고 한다. 시뇨리지는 다음과 같이 표현할 수

---

[3] 조선 말 흥선대원군이 경복궁 중건과 군사력 증강에 필요한 재정지출을 위해 발행한 당백전이 인플 레이션 조세의 역사적 사실이다. 당백전은 액면가치가 상평통보 1개의 100배여서 당백전으로 불리 게 되었다. 1866년 10월 우의정 김병학(金炳學)의 제의에 따라 금위영(禁衛營)에서 11월 6일 주조, 발행하여 1867년 6월 17일 중지될 때까지 주조 총액은 약 1천 6백만 냥이었다. 당백전의 남발은 화폐가치의 하락과 물가상승, 즉 인플레이션을 초래하였다. 물가가 무려 6배나 폭등하여 일반백성 들의 생활은 극도로 피폐하게 되었다.

　두산백과사전(http://museum.kmu.ac.kr/kor/mone/doc/sangp4.html)과 사이버화폐박물관(http://www. coinbank.co.kr/cyber/sub04_053b.htm) 참고.

있다.

$$s = \frac{\triangle M}{P} = \frac{\triangle M}{M}\frac{M}{P} = \frac{\triangle M}{M}m \qquad (7-3)$$

여기서 s는 시뇨리지, $\frac{\triangle M}{M}$은 통화증가율, m은 실질화폐잔고를 말한다.

통화발행을 통해 인플레이션을 유발하여 얻는 재정수입, 즉 시뇨리지는 무한정 할 수 없다. 그것은 인플레이션이 진행됨에 따라 사람들이 기대 인플레이션을 갖게 되고, 그에 따라 화폐수요를 감소시키기 때문이다. 정부가 발행하는 화폐를 보유하려 하지 않기 때문에 화폐발행을 늘려 봤자 화폐를 보유하고 있는 사람들의 구매력을 감소시켜 정부의 수입으로 만들기 어려워지는 것이다. 이것은 일반조세의 경우에서 과세 대상이 줄어든다는 것과 같다. 일반조세의 경우에서 세율이 증가하면 어느 정도까지 조세수입이 증가하다가 다시 감소하기 시작한다. 세율과 조세수입의 관계는 역 U자형의 그래프가 되는데, 우리는 이것을 래퍼곡선(laffer curve)이라고 한다. 이와 마찬가지로 정부가 화폐공급증가율을 높이면 어느 정도까지 인플레이션에 의한 조세수입은 증가하지만 일정률 이상부터는 인플레이션에 의한 재정수입이 감소한다. 일반조세의 래퍼곡선에 유추하여 통화증가율과 그에 따른 시뇨리지의 관계를 나타내는 곡선을 화폐래퍼곡선(monetary Laffer curve)이라고 한다. <그림 7-1>과 같이 역 U자형이 된다. <그림 7-1>에서 E^*는 최대 시뇨리지 S^*를 얻을 수 있는 통화공급증가율을 나타낸다.

만일 정부가 인플레이션을 통한 시뇨리지의 어떤 목표량을 정하고 그것을 얻으려고 한다면 정부는 통화증가율을 계속 늘려야만 한다. 왜냐하면 인플레이션이 진행됨에 따라 화폐수요가 감소하고 그에 따라 시뇨리지가 감소하기 때문이다. 따라서 목표로 하는 일정량의 시뇨리지를 확보하기 위해서는 통화증가율을 늘려야만 한다. 이러한 정부의 행위가 바로 하이퍼인플레이션을 유발하는 것이다.

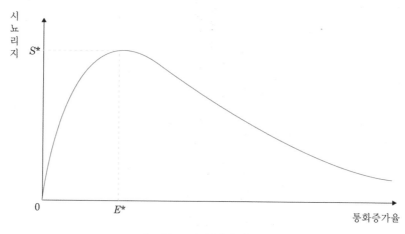

시뇨리지

S^*

0

E^*

통화증가율

│ 그림 7-1 │ 화폐래퍼곡선

■ 후생비용

일반적으로 조세는 사중비용(deadweight loss)이 따른다. 사중비용은 자원배분 과정에서 일어나는 사회적 후생 손실을 의미한다. 예를 들어 소비세가 부과되면 소비자들이 지불하는 가격과 생산자들이 받는 가격이 달라진다. 생산자들이 받는 가격이 소비자들이 지불하는 가격보다 소비세만큼 낮다. 소비자들이 비용을 들인 만큼 가치가 있는 생산물이 제공되지 못한다. 마찬가지로 소득세 때문에 고용자들이 지불하는 것보다 피고용자가 실제로 받아 가는 임금이 낮다. 이로 인하여 고용자가 들인 비용만큼 가치 있는 노력이 노동자로부터 제공되지 않는다. 세금으로 인해 티셔츠를 구매하거나 MP3플레이어를 생산하거나 야근하려는 사람들의 의욕이 줄어든다. 이러한 비효율성 때문에 조세를 부과하면 사람들이 정부에 세금으로 내는 것보다 실제로 잃어버리는 후생은 더 크다. 이렇게 조세로 인하여 그 중간에서 누구의 이익으로도 돌아가지 않고 희생되어 사라져 버리는 가치를 우리는 사중비용이라 한다.

앞에서 말한 대로 인플레이션이 화폐를 보유한 사람들에 대한 조세이므로 인플레이션 역시 사중비용을 낳는다. 인플레이션율이 상승함에 따라 사람들을 점점 보다 많은 시간을 자신의 실질잔고를 줄이는 데 사용하는 것이 하나의 예다. 근로자들이 월급 대신 주급으로 받으려고 하고, 그 다음 일당, 더 심하면 일당을 쪼개어 하루에도 몇 번씩 받으려고 할 것이다. 그래서 돈을 받는 즉시 물건을 사러 가게에 수시로 달려갈 것이다. 또 인플레이션이 진행되면 은행예금의 구매력이 하락하기 때문에 자주 은행에 가서 예금을 찾으려고 할 것이다. 이러한 모든 행위는 인플레이션으로 인해 생산적인 것에 쓰일 시간과 자원이 불필요하게 사용되는 것으로 사회적 손실을 야기한다. 은행이나 가게에 그만큼 자주 찾아가느라 구두창이 닳는다고 하여 구두창비용(shoe-leather cost)이라고도 한다. 또 다른 사회적 후생비용으로는 메뉴비용(menu cost)이 있다. 물가가 계속 상승하면 각종 가격표를 지속적으로 바꾸어야 한다. 이것은 노력과 자원이 소모되는 일로서 그만큼 다른 생산적인 용도에 쓰일 자원이 낭비되는 것이다.

■ 조세 왜곡과 자본침체

일반적으로 세금은 명목소득과 명목이윤에 부과된다. 회계는 경상가격으로 기록되므로 인플레이션이 있으면 과거에 기록된 비용에 비해 상품의 매출 가격이 상대적으로 과대평가하여 기록된다. 그러면 이윤이 증가한 것으로 나타남에 따라 기업은 세금을 더 많이 내게 된다.

이러한 소득에 대한 세금은 실질적으로는 자본에 대한 세금이다. 만일 세율과 인플레이션율이 자본의 실질수익률에 비하여 상대적으로 높다면 조세 후 실질수익률은 음(-)이 될 수 있다. 이러한 경우가 발생하면 사람들이 자본재에 투자하기보다는 소비재에 더 많이 지출할 것이다. 왜냐하면 소비재는 바로 구입해서 사용하므로 적어도 0의 실질수익률을 주기 때문이다. 따라서 사람들이 기업에 투자를 하지 않으려 한다. 사회 전체적으로 저축이 고갈되고, 기존의 자본재가 감가상각 됨에 따라서 자본의 스톡이 감소하게 된다. 그리하여 인플레이션은 조세제도와 맞물려 자본침체(capital stagnation)를 유발하는 경향이 있다.

예를 들어보자. 인플레이션이 없을 경우 세전(稅前; before tax) 기업의 실질수익률이 6%이고 명목소득에 대한 세율이 40%라고 하자. 이제 인플레이션율이 14%일 경우 이 기업의 세후(稅後; after tax) 실질수익률이 얼마인지 보도록 하자. 먼저 세후 명목수익률을 계산하면 그것은 $(1-0.4)(6\%+14\%)=12\%$가 된다. 그리고 세후 실질수익률은 $12\%-14\%=-2\%$가 된다. 한편 이 예를 이용하여 자본침체가 발생하는 인플레이션율을 계산할 수 있다. 앞에서 본 것처럼 세후 명목수익률 $=(1-0.4)(6\%+\pi)$이고, 세후 실질수익률=(세후 명목수익률$-\pi$)이다. 세후 실질수익률 < 0일 경우 자본침체가 발생하므로, $(1-0.4)(6\% + \pi) - \pi < 0$에서 π를 구하면 $\pi > 9\%$가 된다. 이것은 인플레이션율이 9% 이상이면 자본침체가 발생한다는 것을 말해준다.

인플레이션이 있을 때 명목이자율과 명목수입에 대해 부과하는 세금은 자신의 행위의 결과와는 전혀 관계없는 인플레이션에 대해 세금을 내는 것과 같다. 예를 들면 어떤 사람이 6% 이자의 채권을 구입하였는데, 인플레이션율이 4%라고 하자. 그렇다면 그가 받는 실질이자율은 2%에 불과하다. 만일 그의 소득세 적용세율이 25%라고 하면 그는 이자소득에 대해 1.5%(=25%×6%)의 세금을 내야 한다. 이것은 실질소득에 대한 세금(0.5%=25%×2%)과 "인플레이션에 대한 세금"(1.0%=25%×4%)으로 구성되어 있다. 동일한 원리가 인플레이션을 조정하지 않은 자본 이득세에도 적용된다. 어떤 경우든 명목세율×인플레이션율 만큼의 "인플레이션에 대한 세금"(위의 예에서는 4%의 25%, 즉 1%)을 낸다. 이것은 일종의 "재산세"로서 화폐자산뿐만 아니라 비화폐자산에도 적용된다. 명목이윤 혹은 명목수입에 조세가 부과되는 비화폐자산은 "인플레이션에 대한 세금"만이 부과되는 반면에 화폐자산은 "인플레이션에 대한 세금"과 앞에서 설명한 물가상승에 따른 화폐가치 하락의 "인플레이션 조세"도 부과된다.

3. 상대가격 변화

■ 경제적 계산 왜곡

통화당국이 공개시장 매입을 통해 통화량을 늘릴 경우 모든 재화와 서비스의 가격이 동시에 동일한 비율로 오른다면 재화와 서비스들의 상대가격은 변화가 없을 것이다.[4] 앞의 물가의 적응과정에서 설명한 바와 같이 통화량이 추가로 경

---

[4] 경제에서 중요한 것은 숫자로 표시되어 있는 재화와 서비스의 가격 자체가 아니다. 중요한 것은 재화와 서비스들 간의 상대적 가격이다. 예를 들어 모든 재화와 서비스의 가격이 한꺼번에 10% 올랐다고 한다면 실질 효과는 없다. 모든 가격이 10% 올랐지만 어떤 것도 다른 것에 비해 상대적으로 더 비싸진 것이 아니고, 뿐만 아니라 소득과 부가 사람들 사이에 상대적으로 변하지 않았고 재화와 서비스의 가격에 비해 상대적으로 변화한 것도 아니다. 만약 재화와 서비스의 가격들이 화폐공급의 변화에 의해 변했고 가격들의 변화가 이와 같은 방식으로 변한다면 화폐공급의 변화는 아무런 실질적인 효과를 일으키지 않는다. 이러한 상황을 화폐의 중립성(money neutrality)이라고 한다.

제 내로 유입될 경우 모든 재화와 서비스의 가격들이 동시에 동일한 비율로 오르는 것이 아니라 불균형적으로 시차를 두고 오른다. 이 과정에서 재화와 서비스들의 상대가격이 왜곡되기 시작한다. 그 과정이 끝나는 시점에서 상대적 가격들의 전체 집합은 통화팽창 이전의 것들과는 전혀 다르게 된다. 이러한 인플레이션적 통화팽창에 따른 상대가격 변화는 경제계산에 많은 영향을 미친다.

첫째, 상대가격 변화는 제2장에서 설명한 가격의 정보제공기능을 약화시킨다. 가격들이 미래 행위의 정보적 안내자로서 신뢰가 떨어진다. MP3플레이어를 만드는 데 필요한 원자재와 노동에 대한 가격들을 보고 MP3플레이어를 만들지 말지를 결정하는데, 통화공급 증가에 의해 이러한 것들의 가격이 자주 변화하면 MP3플레이어를 만드는 것이 이윤이 나는지 그렇지 않은지에 대한 불확실성이 증가한다. 따라서 기업들은 생산결정에 어려움을 겪게 된다.

둘째, 가격은 과거 행위를 평가하는 지표로서 사용되는데 이는 이러한 가격의 기능을 떨어뜨린다. MP3플레이어를 만드는 데 투입재를 결정한 후에 어떤 가격을 붙여 시장에 내놓을 것이다. 그러면 MP3플레이어는 그 가격에 팔릴 수도 있고 팔리지 않을 수도 있을 것이다. 그 결과를 놓고 책정한 MP3플레이어 가격과 투입재에 들어간 가격과의 차이를 비교하여 MP3플레이어를 만든 일이 잘한 것인지, 아니면 잘못한 것인지를 평가할 수 있다. 그런데 상대가격이 바뀌게 되면 이러한 평가를 하기가 어렵게 된다. 회계장부에 투입재의 가격이 과거 비용으로 기록되고, 산출물이 현재 인플레이션에 영향을 받은 가격에 팔린다면 기업의 이윤은 과대평가된다. 기업가가 다음 기간의 의사결정을 위해 회계데이터에 의존하는 경우 거기에 내재되어 있는 오류를 유지할 것이다. 더욱이 가격이 기본변수와의 연계성이 떨어짐에 따라 기업가들의 발견 기능이 바람직스럽지 않은 방향으로 행사될 것이다. 시장참가자들은 현존하는 시장가격의 신뢰성에 보다 의문을 가질 것이다.

셋째, 인플레이션적 화폐초과공급의 또 다른 문제는 지식의 역량문제와 연결되어 있다. 인플레이션이 있을 경우 기업가들은 무엇보다도 인플레이션이 없을 경우보다 더 많은 지식을 얻고 가공해야만 한다. 역사적으로 우리는 인플레이션 없는 경제에 있다고 가정하자. 기업가는 미래의 가격들의 기대를 형성할 수 있게 하는 수년간 상황에 맞는 시장경험을 쌓아왔다. 어쩌면 그들은 지식습득과정을 촉진하는 인적자본의 형태에 투자를 많이 했을 수도 있다. 이러한 경제에 이제 어떤 인플레이션이 발생한다고 하자. 가격들을 예측하기 위해 이제 자신들이 이미 가지고 있는 지식에다가 통화당국이 택할 가능성이 있는 행위와 그 정책이 가져올 효과의 가능성에 대한 새로운 종류의 지식이 필요하다. 그러한 종류의 지식은 사실 쉽게 얻어지는 것이 아니다. 이윤을 얻을 수 있는 생산과정을 선택하는 데 필요한 지식들이 변경되기 때문에 화폐계산이 훼손될 것이다. 분명히 시장참가자들은 새로운 종류의 지식을 보다 많이 얻기 위해 투자할 것이다. 물론 이러한 투자 증가는 인플레이션이 없는 경제에서는 불필요하다는 점에서 낭비된 자원이다.

인플레이션에 따른 상대적 가격의 왜곡과 그로 인해 결과하는 화폐계산의 신빙성의 감소는 화폐초과공급과 관련된 가장 중요한 '비용'이다. 경제적 협동은 근본적으로 가격제도를 이용하는 것이다. 인플레이션은 가격이 보내는 신호를 방해하고, 시장발견과정을 왜곡하며, 기업가정신을 훼손하고, 그리하여 시장 협동을 파괴한다. 사회제도로서의 가격제도가 인플레이션 동안 그 신뢰성을 상실한다.

■ 상대가격 변화에 따른 소득재분배와 소득불평등

통화팽창에 의한 소득재분배와 소득불평등은 통화팽창의 상대가격 변화과정에서 나온다. 새로 유입된 화폐에 먼저 접근한 사람일수록 실질구매력이 높다. 그래서 최초에 접근한 사람은 재화와 서비스의 가격들이 오르기 전에 보다 많은 화폐량을 가지고 있기 때문에 그 사람들의 실질구매력은 높은 반면에 가장 나중에 접근한 사람은 거의 모든 재화와 서비스의 가격이 오른 뒤이기 때문에 새로운 화폐가 수중에 들어와도 실질구매력의 증가는 거의 없는 것이다. 따라서 새로운 화폐를 먼저 입수한 사람과 나중에 입수한 사람 간에 실질구매력의 차이가 발생함으로써 소득불평등이 발생한다. 이것은 새로운 화폐에 나중에 입수한 사람으로부터 먼저 입수한 사람에게 실질구매력이 이전되는 것이나 마찬가지다.

이것을 보다 간단한 예를 들어서 설명해보자. 예를 들어 10사람으로 구성되어 있는 조그만 경제를 가정하고 최초의 총통화량이 1,000원이며 10사람이 100원씩 보유하고 있다고 하자. 이제 중앙은행이 통화공급량을 500원을 늘렸다고 하자. 그리고 이 500원이 10사람 중 1사람에게 전부 대출되었다고 하자. 이 화폐공급

증가로 이익을 보는 사람과 손해 보는 사람이 발생한다. 이익을 보는 사람은 대출을 받은 사람이다. 전부대출받아 초과된 화폐를 갖게 된 사람은 총 1,500원의 화폐공급량 중 600원을 보유하게 된다. 그는 전에는 총구매력의 10분의 1을 보유했지만, 이제는 15분의 6으로 $6/15 - 1/10 = 3/10$만큼의 이익을 얻었다. 이 $3/10$의 이익은 다른 사람들의 손실로 나타난다. 여기에서 손해 보는 사람은 나머지 9사람의 화폐보유자다. 중앙은행이 화폐를 주입하기 전에는 각각은 총 구매력의 $1/10$을 보유하고 있었지만 이제는 $1/15$에 불과하다. 1인당 $1/30$만큼의 구매력이 상실되었다. 총 손실은 $3/10$이다. 초과화폐공급을 받은 자의 $3/10$의 이익은 정확히 초과공급의 비수혜자의 총 손해와 같다. 인플레이션 통화공급 증가에 의한 화폐불균형으로 인해 초과공급의 비수혜자의 소비할 능력이 감소되면서 구매력의 비자발적 이전이 발생한다.

가끔 인플레이션에 대해 상반된 주장을 하는 사람들이 있다. 인플레이션은 물건이 잘 팔리기 때문에 이익이라고 주장하는 사람이 있고, 소득이 생활비를 따라잡지 못하기 때문에 인플레이션은 나쁘다고 주장하는 사람이 있다. 이와 같은 주장들은 바로 인플레이션 화폐발행의 소득재분배 효과를 반영하는 것들이다. 앞에서 본 것처럼 인플레이션은 어떤 사람의 사업에는 좋고, 어떤 사람에게는 소득이 생활비를 따라잡지 못하는 결과를 유발한다. 새로 유입된 화폐는 새로운 생산을 창출하지 않는다. 다만 새로 유입된 화폐에 나중에 접근하는 사람으로부터 먼저 접근하는 사람에게로 부를 이전할 뿐이다.

현 시스템에서 새로운 화폐를 가장 먼저 입수하는 곳은 은행을 비롯한 금융권이다. 그래서 중앙은행의 통화팽창은 은행, 금융자산을 보유하고 있는 부유한 사람들, 대기업, 금융산업에 혜택을 주는 경향이 있다. 반면 물가가 오름에 따라 중앙은행의 통화정책은 은퇴자, 고정수입을 얻는 사람들, 새로운 화폐를 가장 늦게 입수하는 임금소득자들에게 피해를 입힌다. 실제 데이터가 이러한 사실을 증명하고 있다. 제2장에서 설명한 바와 같이 1971년 브레튼우즈시스템이 붕괴되고 불환화폐시스템이 도입되면서 전 세계적으로 통화공급량이 폭증하였다. 그에 따라 소득 및 부의 불평등이 심화되었다.[5]

---

[5] Schnabl(2016)은 G4(미국, 일본, 유로존, 영국)에서 저금리정책과 양적완화정책으로 인해 금융자산의 가격 상승과 소득불평등이 악화되었음을 보이고 있다. Balac(2008)은 미국의 데이터를 이용하여 확대통화정책이 소득불평등을 악화시킨다는 결과를 보여주고 있다.

152

　　<그림 7-2>는 미국 0.01%에 해당하는 최상위 그룹의 소득점유율과 S&P 간에 밀접한 관계가 있음을 보여준다. S&P가 상승함에 따라 최상위 그룹의 소득 점유율이 높아짐을 알 수 있다. 또 <표 7-1>은 1996부터 2014년까지 미국과 유럽 등 선진국에서의 부문별 부 및 억만장자 수의 증가를 나타내고 있다. 미국의 경우 단연 금융부문에서 압도적으로 부의 증가율과 억만장자의 수의 증가율이 압도적으로 높은 것을 알 수 있다. 이것은 미국에서의 문제만은 아니다. 우리나라 에서도 이런 경향이 확실하게 나타나고 있다. <그림 7-3>은 2002년에서 2016 년까지의 기간 동안 한국의 통화공급량(M2), 자산가격 인플레이션, 소득불평등의 관계를 나타나는 그래프다. <그림 7-3>을 보면 통화량의 증가함에 따라 주가 가 상승하고 상위 10%의 소득은 높아지는 반면 하위 10%의 소득은 하락하거나 정체되어 있음을 알 수 있다.[6]

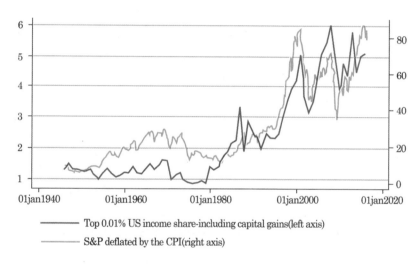

　　Top 0.01% US income share-including capital gains(left axis)
　　S&P deflated by the CPI(right axis)

▌그림 7-2▐ 미국 최상위(0.01%)의 소득점유율과 S&P 간의 관계

출처: https://mises.org/library/How Central Banking Increased Inequality

---

[6] 최제민 외(2018)에 따르면 한국이 글로벌 금융위기 이후 OECD 35개 국가 중에서 8번째로 소득불 평등이 심각한 국가인 것으로 나타났다.

⟨표 7-1⟩ 부문별 부 및 억만장자 수의 증가(1996~2014, %)

	부의 증가			억만장자 수의 증가		
	미국	유럽	기타 선진국	미국	유럽	기타 선진국
자원 부문(resource related)	2.8	2.6	8.0	4.2	5.2	5.8
새로운 부문(new sectors)	22.1	7.8	33.5	19.0	12.7	31.9
비무역부문(nontraded sectors)	23.0	21.7	42.9	15.7	20.2	33.3
금융부문(financial sectors)	35.0	10.2	−1.3	41.6	13.5	11.6
무역부문(traded sector)	14.9	52.4	13.2	14.7	43.4	13.0
기타 부문(other sectors)	2.1	5.3	3.6	4.7	4.9	4.3

출처: Freund, C. & Oliver, S. (2016). "The Origins of the Superrich: The Billionaire Characteristics Database," WP 16−1, Peterson Institute for International Economics.

그림 7-3 한국의 통화공급량(M2), 자산가격 인플레이션, 소득불평등(2002~2016)

데이터 출처: 통화량과 주가는 한국은행 데이터, 소득비중 데이터는 World Inequality database (https://wid.world/data/) 이용.

CHAPTER 8

경기순환이론

경제의 모든 영역은 끊임없이 변한다. 시간이 흐르면서 자연자원의 발견과 소멸을 통한 천연자원의 변화, 기후의 변화와 같은 천재지변의 발생은 물론, 소비자의 기호, 노동력의 양과 질, 생산기술 등의 변화가 지속적으로 일어나기 때문이다. 이러한 요인들로 인해 경제가 변동하는 것을 경제변동(economic fluctuations)이라고 한다. 요즈음 우리가 겪고 있는 코로나19는 경제변동 요인 중의 하나다. 코로나19는 공급과 수요에 변화를 야기하며 여러 산업에 커다란 영향을 끼치고 있다. 이러한 경제변동은 경제이론에 의해 그 영향에 대한 설명은 가능하나 제거는 불가능하다. 그래서 특정 이론이 필요하지 않다. 경제학에서 특정 이론을 가지고 주의를 많이 기울이고 있는 것은 붐(boom)과 버스트(bust), 즉 호황과 불황을 반복하는 경기순환(business cycle)이다. 이 장에서 우리는 경기순환에 관해 공부할 것이다.

제5장에서 우리는 부분지준제도를 통해 은행예금이 어떻게 신용과 새로운 화폐가 창출되는지를 배웠다. 이 장에서 우리는 신용팽창이 경제시스템에 어떤 영향을 미치는지를 보려고 한다. 우리는 신용팽창이 야기하는 왜곡현상들을 분석하려고 한다. 즉 잘못된 투자, 신용경색, 은행공황, 궁극적으로 붐과 버스트, 실업과 경제 불황이 어떻게 발생하는지를 분석할 것이다. 이것을 분석하기 위해서는 먼저 우리는 실제 자본이론과 실제 경제의 생산구조를 상세히 살펴봐야 한다. 이 두 가지에 대한 분명한 이해가 있어야 자발적 저축을 기반으로 하지 않은 신용팽창이 경제에 초래하는 문제, 즉 붐과 버스트가 왜 발생하는지를 이해할 수 있다. 자본이론과 생산구조를 바탕으로 붐과 버스트를 체계적으로 잘 설명하는 이론이 오스트리안 경기순환이론이다.

155

1. 오스트리안 경기순환이론[1]

1) 자본이론

■ 자본재와 자본

자본재

최종소비재의 생산은 여러 단계를 거쳐 완성된다. 최종소비재가 완성되기까지 중간단계에 사용되는 재화를 자본재라고 한다. 최종소비재가 생산되어 판매되는 단계를 1차 단계라고 한다면 자본재는 생산의 2차, 3차, … n차 단계에 사용되는 재화로서 고차재(higher-order goods)라고 할 수 있다.

사실 자본재는 재화가 갖는 물리적 특성 자체가 아니라 그 재화에 대한 생산자의 마음에 달려 있다. 예를 들어 감자가 있다고 하자. 이 감자는 당장 소비해 버릴 수 있다. 그러나 내년에 더 많은 감자 생산을 위해 씨감자로 사용할 수 있다. 이 경우 감자는 자본재가 된다. 이렇듯 생산자가 추구하는 목표를 달성하는 데에 필요한 각 단계에서 생산자의 주관적 견해에 따라 소비할 수 있는 재화는 자본재가 된다. 이러한 자본재는 생산자의 기업가적 행위에 의해 자연자원, 노동, 시간이라는 세 가지 자원이 결합되어 만들어진다.

저축의 필요성

자본재를 생산하는 데 필수불가결한 요소가 저축이다. 다시 말하면 가지고 있는 재화를 당장 소비하지 않고 연기해야만 자본재를 생산할 수 있다. 이것을 이해하기 위해 외딴 섬에 고립된 로빈슨 크루소와 같은 상황을 보기로 하자. 먼 바다에서 배가 풍랑을 만나 좌초되어 혼자 섬으로 올라가 살게 된 로빈슨 크루소는 생계를 위해 손으로 과일을 따며 생활한다. 매일 과일 따는 일에 모든 노력을 쏟는다. 충분히 많이 따면 며칠을 먹을 수 있다. 이렇게 생활하다 한참을 지나 로빈슨 크루소는 긴 막대기를 사용하면 더 높은 곳에 있는 과일을 따서 필요한 과일을 더 많이 빨리 딸 수 있다는 기업가적 발견을 하게 된다. 그런데 막대기를

---

1) 더 자세한 것은 De Soto(2006)의 Chapter 5(265~344쪽)와 Rothbard(1962)의 chapter5와 11을 참고하기 바람. De Soto, Jesus Huerta(2006). *Money, Bank Credit, and Economic Cycle*, Ludwig von Mises Institute. Rothbard, Murray N.(1962). *Man, Economy, and State: A Treatise on Economic Principles*, Ludwig von Mises Institute.

만드는 데 5일 정도가 걸릴 것 같다. 막대기를 만드는 기간 동안은 과일 따는 일을 할 수 없다. 막대기를 만들기를 원하면 과일 소비를 줄이고 막대기를 만드는 데 드는 5일 동안 생계를 유지할 수 있을 만큼을 저장해둬야만 한다. 그는 계획을 세운 후 그것을 하기로 결정한다. 그래서 그는 수 주일 동안 소비를 줄이며 자신이 생각하기에 막대기를 생산하는 동안 생존에 필요한 양을 저축하고, 마침내 막대기를 만든다.[2] 그는 막대기를 이용하여 손으로 따는 것의 10배를 딸 수 있게 된다. 그는 손으로 과일을 따는 데 들었던 하루의 1/10의 시간을 들여 생존에 필요한 과일을 딸 수 있게 된 것이다. 나머지 시간을 휴식을 취하거나, 오두막집을 짓거나 동물을 사냥하는 데에 사용하며 생활한다.

로빈슨 크루소의 예를 통해 더 긴 기간이 필요한 생산과정을 통해 더 가치 있는 목적을 성취할 수 있음을 보여준다. 그리고 그 생산과정에서 최종 목표가 달성되기 이전의 중간재인 자본재가 만들어진다는 것을 알 수 있다. 또한 로빈슨 크루소가 손으로 과일을 따는 것보다 막대기를 이용하여 과일을 따면 더 생산적이듯이 자본재를 이용하면 생산성이 증가함을 알 수 있다. 자본재를 사용하면 생산성이 증가한다는 것은 재래식 톱보다는 전기톱을 사용할 때 훨씬 많은 나무를 짧은 시간에 많이 벨 수 있고, 땅을 팔 때도 삽 대신 굴삭기를 이용하면 짧은 시간 내에 훨씬 많은 일을 할 수 있다는 사실에서도 알 수 있다. 이러한 사실로부터 우리는 인간의 저축과 기업가적 활동의 결과로서 생산과정이 길어지고 복잡해지고 생산단계가 많아질수록 더 생산적이라는 것을 추론할 수 있다.

로빈슨 크루소의 예와는 달리 현대경제의 생산과정은 대단히 복잡하고, 시간적으로도 매우 길다. 많은 단계로 구성되어 있고 이 단계들은 상호 연계되어 있다. 각 단계마다 사람들이 끊임없이 착수하는 수많은 프로젝트들이 있다. 예를 들어 자동차의 생산과정을 보자. 자동차의 생산과정은 매우 긴 시간을 필요로 하는 수백 또는 수천 개의 생산단계로 구성되어 있다. 자동차 회사가 차량 설계를 시작하는 순간(최종소비에서 가장 먼 단계)부터 엔진과 모든 액세서리에 대한 다양한 부품 등 해당 자재들을 공급업체로부터 주문한다. 이 자재들 역시 여러 조립라인들을 통해 공정한다. 그리고 대리점으로의 운송 및 유통, 광고의 개발, 일반

---

2) 막대기라는 자본재는 나무의 천연자원, 로빈슨 크루소 자신의 노동과 시간 등의 세 가지 자원이 결합되어 만들어진다. 막대기로 과일을 더 많이 딸 수 있다고 생각한 것은 기업가적 발견이며, 그에 따라 자원들을 투입하여 막대기를 만드는 것이 기업가적 행위다.

대중을 대상으로 한 판매 등 최종소비와 가장 가까운 단계에 이르게 된다.

현대경제의 실제 생산구조를 구성하고 있는 자본재들의 중요한 특성 중의 하나는 자본재가 영구적이지 않다는 점이다. 생산과정에서 물리적으로 소모되거나, 쓸모없게 된다. 따라서 자본재들은 보존·유지되어야 한다. 이것은 기업가들이 기존의 자본재를 보수해야 한다는 것을 의미한다. 더욱 중요한 것은 낡은 자본재를 대체할 새로운 자본재를 끊임없이 생산해야 한다는 점이다. 감가상각은 자본재가 생산과정에서 겪는 마모 현상을 말한다. 마모된 것을 대체하는 데 필요한 자본재를 생산하기 위해서는 최소한 일정 수준의 저축이 필요하다. 그에 더해 생산단계를 더 늘리고, 프로세스를 연장하고, 생산성을 높이려면 최소한의 저축보다 더 많은 것을 축적해야 한다.

자본재의 전용한계성

앞에서 언급한 것처럼 생산과정은 여러 단계로 구성되어 있다. 자본재의 전용가능성은 한 단계에서 사용되던 자본재가 다른 단계의 자본재로 사용되는 것을 말한다. 각 단계마다 사용되는 자본재는 각기 다르다. 달리 말하면 자본재는 동질적인 것이 아니라 이질적이다. 자본재의 이질적인 특성은 장난감 '레고'를 떠올리면 쉽게 이해할 수 있다. 비행기 모형을 만드는 데 쓰이는 레고 조각들이 각기 다름을 알 것이다. 이 조각들이 모두 똑같을 경우에는 비행기 모형을 만들 수 없다. 이것은 한 단계에서 사용되는 자본재가 다른 단계의 자본재로 전용되어 사용되는 데는 어려움이 있다는 사실을 말해준다. 즉 자본재의 이질적인 특성 때문에 일반적으로 자본재는 다른 단계로 전용되어 사용되기 어려운 것이다.

예를 들어 한 기업가가 운동화 생산과 화장품 생산 사이에 고민하다가 화장품이 전망이 밝다고 판단하여 화장품 생산 공장을 지었다고 하자. 그런데 1년 후 화장품에 대한 수요가 아니라 운동화에 대한 수요가 있다는 것을 깨닫게 되었을 때 화장품에 투입했던 자본재를 바로 운동화 생산으로 전용할 수 있다면 수요에 맞춰 바로 운동화를 생산할 수 있을 것이다. 그러나 실제로는 화장품 생산에 투입했던 자본재를 운동화 생산으로 전용할 수 없어 수요에 맞춰 운동화를 생산할 수 없다. 그래서 화장품은 과잉 생산되고, 운동화는 과소 생산되는 결과를 낳는다.

자본재의 전용가능성은 최종소비재의 단계에 가까울수록 더 어렵다. 그러나 앞에서 언급한 것처럼 특정 재화가 자본재가 되는 것은 사용자의 마음에 달려 있기 때문에 특정 자본재가 고차재인지 저차재인지 역시 사용자의 마음에 달려 있다. 따라서 자본재가 특정 단계에 고유하게 정해지는 것은 아니다. 다만 사용자가 부여하는 특성에 따라 더 고차재가 되거나 더 저차재가 될 수 있다. 고차재가 많아질수록 생산구조의 길이가 길어짐은 물론이다.

자본

자본재와 자본의 개념을 구분할 필요가 있다. 앞에서 언급한 대로 자본재는 이질적인 것이어서 자본재 자체들을 합할 수 없다. 어떤 사회에 기계 100대, 트럭 50대, 도구 1,000개 등이 존재한다고 할 때 이것들을 합하여 그 사회가 가지고 있는 전체 자본이 얼마인지를 알 수 없다. 자본재가 자본이 되기 위해서는 자본재의 시장가치가 있어야 한다. 다시 말하면 자본재의 (화폐)가격이 있어야만 자본 개념을 도출할 수 있다. 그런데 가격은 사유재산이 있어야 그것이 교환되어 형성되기 때문에 생산수단이 사적으로 소유되는 자본주의 사회에서만 자본이 존재한다. 사회주의 사회에서는 자본재는 있지만 자본은 없다. 사회주의 사회에서는 국가가 생산수단을 소유하고 있기 때문에 생산수단의 가격이 형성되지 않아 자본재의 가치를 알 수 없기 때문이다.

2) 생산구조

현실경제의 복잡한 생산구조를 그대로 다 묘사하기란 불가능하다. 그러나 이론적 결론을 도출하기 위해 <그림 8-1>과 같은 단순화한 생산구조를 상정하기로 하자. <그림 8-1>의 생산구조는 5단계로 구성되어 있다. 제1단계에는 "1차 재화", 즉 최종소비재가 있고, 이것은 100에 판매된다고 하자. 2단계에는 "2차 재화", 즉 소비에 가장 가까운 자본재가 생산된다. 3단계는 2단계 생산에 필요한 자본재, 4단계는 3단계 생산에 필요한 자본재, 5단계는 4단계 생산에 필요한 자본재가 생산된다. 5단계는 소비에서 가장 먼 단계다. 이러한 생산단계를 통시적(通時的) 관점과 동시적(同時的) 관점, 두 가지로 생각해볼 수 있다. 통시적 관점은 각 단계가 1년씩 걸린다고 보고 최종소비재에 도착하기까지 5년이 걸린다고 보는 것이고, 동시적 관점은 한 해에 각 단계가 한꺼번에 발생하는 것으로 보는 것이다.

각 단계의 자본가(생산자)는 높은 단계에서 생산된 자본재를 구입하고, 여기에 자연적 생산요소인 노동과 토지(원자재 포함)를 구입해 더해서 자본재를 생산한다. 그리고 생산한 자본재를 낮은 단계의 생산자(자본가)에게 판매한다. 그림에서 화살표는 자본재와 자원의 소유자에게 귀속되는 금전적 수입의 흐름을 나타낸다. 자연적 생산요소의 소유자에게는 임금과 지대로, 자본재(자본가, 저축자)의 소유자에게는 이자로 지급되며, 이 이자가 곧 자본가의 소득이다. 자본가의 소득이 이자인 이유는 자본재를 생산하는 데 시간이 걸리고, 우리가 제4장에서 배운 것처럼 시간의 비용이 이자이기 때문이다.

이제 생산과정이 어떻게 이루어지는지 제1단계에서부터 시작해보자. 1단계 자본가는 2단계 자본가가 생산한 자본재를 75에 구입한다. 여기에 노동과 토지를 17만큼 고용해 소비재를 생산하여 소비자에게 100에 판매한다. 그러면 그는 8만큼의 소득, 즉 이자를 얻는다. 1단계 자본가는 92(=75+17)만큼의 비용을 들여(투자하여) 8의 순소득을 올렸기 때문에 약 8.6%(8/92=0.086)의 이자소득을 얻은 것이다. <그림 8-1>에서 노동과 토지의 소유자에게 지급되는 금액(17)은 수직 화살표로 표시되어 표의 상단에, 그리고 당해 생산단계의 자본가에 지급되는 소득(이자, 8)은 수평 화살표로 표시되어 그림의 우측에 나타나 있다.

다음으로 2단계 자본가는 3단계 자본가가 생산한 자본재를 50에 구입한다. 여기에 노동과 토지 19만큼을 고용해 자본재를 생산하여 1단계 자본가에게 75에 판매함으로써 6만큼의 이자소득을 얻는다. 2단계 자본가가 얻는 이자소득 역시 약 8.6%(6/69=0.086)가 된다.

그리고 3단계 자본가는 4단계 자본가가 생산한 자본재를 38에 구입하여, 여기에 노동과 토지 23만큼을 고용해 자본재를 생산하여 2단계 자본가에게 50에 판매함으로써 4만큼의 이자소득을 얻는다. 3단계 자본가가 얻는 이자소득 역시 약 8.6%(4/41=0.086)가 된다.

4단계, 5단계 역시 마찬가지다. 이렇게 해서 각 단계의 자본가가 자연적 생산요소의 소유자에게 지급하는 금액은 총 79(=12+23+8+19+17)가 된다. 그리고 각 자본가가 얻는 총 이자소득은 21(=1+2+4+6+8)이 된다. 노동과 토지 소유자의 소득(79)과 자본가의 소득(21)을 합하면 이 경제의 총소득이 된다. 이것은 최종소비재에 지출된 금액(100)과 일치한다. 100은 이 사회의 국내총생산(GDP)이 된다.

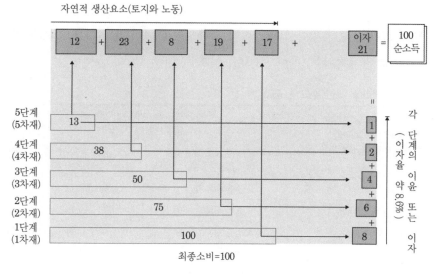

| 그림 8-1 | 생산구조

현재재화의 공급과 수요

각 단계의 자본가들이 노동과 토지 소유자들에게 각각 임금과 지대를 지급하는 것은 노동과 토지의 소유자들이 당장 필요로 하는 식품, 옷, 주거시설, 여가활동과 같은 현재자원을 제공하는 것과 같다. 또 각 단계의 자본가들은 이전 단계(한 단계 높은)의 자본재 소유주로부터 자본재를 구입하여 지급하므로 이전 단계의 자본재 소유주에게 현재재화를 제공하는 것과 같다. 그래서 각 단계의 자본가는 현재재화의 공급자이고, 노동과 토지의 소유자들과 이전 단계의 자본재 소유자는 현재재화에 대한 수요자가 된다. 이러한 관계가 <표 8-1>에 요약되어 있다.

<표 8-1>에서 보는 바와 같이 현재재화의 총공급은 255이고, 총수요 역시 255로 같다. 현재재화의 총공급은 자본가의 생산 활동을 나타낸다. 현 GDP에는 이러한 활동이 반영되어 있지 않다. GDP는 소비재와 서비스 그리고 한 해 동안 완성되는 최종 자본재의 가치만을 더하기 때문이다. 요컨대 GDP는 부가가치를 나타내는 종합수치이며 중간재를 제외한다. 이는 "중복계산"의 문제를 피해야 한다는 이유 때문이다. 그러나 국민경제 관점에서 보면 매년 중간자본재 생산에 전념하는 엄청난 양의 기업가적 노력을 제외한다는 것은 문제다. 한 국가의 정확

한 생산 활동을 측정하기 위해서는 이러한 기업가적 노력이 반영되어야 한다. 그러므로 정확한 생산 활동을 파악하기 위해서는 GDP 대신 현재재화의 총공급을 반영하는 국민총산출(GO, gross output)을 사용할 필요가 있다.[3]

〈표 8-1〉 현재재화에 대한 수요와 공급

현재재화의 공급 (저축자, 미래재화의 수요자)	현재재화에 대한 수요 (미래재화의 공급자)	
	자본재의 소유자로부터 나오는 수요	토지와 노동의 소유자로부터 나오는 수요
1단계 자본가 75+17=92	2단계 자본가: 75	17
2단계 자본가 50+19=69	3단계 자본가: 50	19
3단계 자본가 38+8=46	4단계 자본가: 38	8
4단계 자본가 13+23=36	5단계 자본가: 13	23
5단계 자본가 0+12=12	0	12
계 255	계 176	계 79

현재재화의 총공급: 255=저축과 투자=현재재화에 대한 총수요: 255(=176+79)

3) 자발적 저축의 증가가 경제에 미치는 효과

지금부터 사람들의 시간선호가 감소해 저축이 증가하는 경우 가격시스템과 기업가의 조정역할이 어떻게 생산구조를 변화시키는지 보도록 하자. 결론부터 말하면 생산구조는 더욱 복잡해지고 길어질 것이며, 장기적으로 보다 더 생산적으로 바뀔 것이다. 예를 들어, 시간선호의 하락으로 경제주체들이 소비의 25%를 포기하고 저축했다고 하자. 이 자발적 저축으로 세 가지 효과가 나타난다. 하나씩 보기로 하자.

■ 생산단계 간 이윤 차이

저축이 25% 증가하면 최종소비단계(제1단계)에서 최종소비재에 대한 수요가 100에서 75로 감소한다. 최종소비재를 생산하는 자본가가 생산하는 데 들어간 비용은 92이고, 수입은 75로서 최종소비재의 자본가는 17만큼의 손실을 본다.

---

3) 미국 상무부는 2014년 4월부터 국민총산출(GO)을 발표하고 있다.

게다가 이 기업가가 다른 생산단계에 투자했으면 얻을 수 있는 8.6%의 이자(8)를 얻지 못하는 기회비용이 있다. 그래서 이 기업가의 총손실은 25가 된다. 이로부터 우리는 저축의 증가는 최종소비에 가장 가까운 기업은 손실을 본다는 것을 알 수 있다.

그러나 우리는 최종소비단계는 사회전체 생산구조의 비교적 작은 부분으로서 생산과정의 모든 단계를 포함하는 국민총산출(GO, gross output)의 극히 일부만을 차지한다는 것을 인식할 필요가 있다. 따라서 최종단계에서 손실이 발생한다고 해서 소비 이전의 단계에 당장 영향을 미치는 것은 아니다. 긴 시간이 지나야 저축의 증가가 최종소비단계에 미쳤던 부정적 영향이 가장 가까운, 즉 2단계에서 느껴지기 시작할 것이다. 그리고 그 부정적 영향은 최종소비와 상대적으로 더 멀리 떨어진 생산단계로 갈수록 약해질 것이다.

이러한 이윤의 격차로 기업가들이 소비와 가까운 단계에서 투자를 줄이고 자원을 상대적으로 더 높은 수익을 제공하는 다른 단계에 투자한다. 그래서 기업가들은 생산자원에 대한 수요의 일부를 자본재 및 생산의 주요 요인의 형태로 최종단계(소비)와 가장 가까운 단계로부터 소비에서 가장 먼 단계로 이전한다. 결과적으로 저축의 성장은 생산구조의 다른 단계에서 "수익률" 사이의 차이를 야기하고, 이것은 <그림 8-2>에서 보는 것처럼 기업가들이 소비재의 즉각적인 생산을 줄이고 소비와 가장 먼 단계에서 생산을 증가시키도록 한다.

■ 이자율 하락과 생산구조 변화

앞장에서 본 것처럼 자발적인 저축의 증가는 시장이자율을 낮춘다. 자발적 저축의 상승에 따른 이자율의 하락은 자본재 가치에 영향을 미친다. 특히 최종소비에서 가장 먼 단계에서 사용되고 수명이 긴 자본재에 많은 영향을 미친다. 건물, 공장, 선박 또는 비행기, 용광로, 컴퓨터 또는 첨단 통신장비 등과 같은 자본재를 보자. 그것들은 직접적인 소비와 상대적으로 먼 거리에 있는 단계에서 생산되고 제공되는 데 긴 시간을 필요로 한다. 이 자본재의 시장가치는 이자율로 할인된 미래 예상소득 흐름의 가치와 같아지는 경향이 있다. 제4장에서 설명한 바와 같이 현재(할인)가치와 이자율 사이에는 역관계가 있으므로 이자율이 하락하면, 수명이 긴 자본재의 현재가치는 상승한다. 따라서 사람들이 상대적으로 현재재화를 덜

선호하면 이자율이 하락해 자본재와 내구소비재의 시장가치는 상승하게 된다.

　게다가 그것은 자본재의 수명에 비례하는 경향이 있다. 즉, 소비로부터 먼 거리에 있는 자본재일수록 그것의 시장가치는 그 거리에 비례하여 오르는 경향이 있는 것이다. 이미 사용 중인 자본재는 이자율 하락으로 그 가격이 크게 상승할 것이며 더 많은 양이 생산될 것이다. 그래서 <그림 8-2>에서 보는 것처럼 기존 자본재의 생산이 증가하기 때문에 자본재 구조는 수평적으로 확대될 것이다.

　뿐만 아니라 이자율의 하락으로 그때까지 수익성이 없다고 여겨졌던 많은 생산과정이나 자본재들이 수익성이 있는 것으로 나타날 것이다. 그리하여 기업가들은 새로운 생산단계를 실행하기 시작할 것이고, 그로 인해 <그림 8-2>에서 보는 것처럼 소비로부터 더 멀어진 자본재의 새로운 단계를 수반하는 자본재구조가 수직적으로 확장될 것이다.

■ 실질임금 상승과 생산성 향상

　자발적 저축의 모든 증가는 실질 임금수준에 영향을 미친다. 저축의 증가로 인해 소비재에 대한 수요가 감소함에 따라 최종소비재 가격이 하락한다. 자연적 생산요소(노동력과 토지)의 명목임금과 명목지대가 유지된다면, 최종소비재 가격의 하락으로 실질임금과 실질지대는 상승하게 된다. 생산구조의 각 단계에서 고용된 노동자들은 동일한 명목임금으로, 낮아진 소비재의 가격에서 더 많은 양의 최종소비재를 얻게 된다.

　실질임금 상승으로 모든 단계의 기업가들은 생산과정에서 노동력을 자본재로 대체하는 것이 이익이 된다는 것을 인식하게 된다. 다시 말하면 기업가들은 이제 노동력보다 더 많은 자본재를 사용하는 것이 더 매력적이라고 생각한다. 그리하여 기업가들이 더 많은 자본재를 사용함에 따라 경제시스템 전반에 걸쳐 더 길고 더 자본집약적인 생산단계로 변모하게 된다. 로빈슨 크루소의 예에서 우리는 자본재를 사용하게 되면 생산성이 증가함을 알았다. 따라서 경제전반이 자본집약적인 생산구조로 바뀜에 따라 경제전체의 생산성이 증가하며 경제가 성장한다.

　지금까지 살펴본 세 가지 효과를 종합해보면 자발적 저축이 증가할 경우 자본재단계의 새롭고, 더 긴 구조를 갖게 되고, 생산성이 증가하여 경제가 성장한다는 것을 알 수 있다. 그리고 그 과정은 기업가의 이윤추구 활동에 의해 이루어짐을 알 수 있다. 이러한 효과는 <그림 8-2>에 요약되어 있다.

```
7단계
(7차재)        자본재구조의 심화
              (새로운 단계의 추가로 생산구조가 길어짐): 두번째와 세번째 효과
6단계
(6차재)

5단계          자본재구조의 확장
(5차재)        (기존 단계의 확대): 첫번째, 두번째, 세번째 효과

4단계
(4차재)

3단계                              소비에 가장 가까운 자본재 단계의 상대적
(3차재)                           축소: 첫번째 효과

2단계
(2차재)                           소비감소: 첫번째 효과. 그렇지만
                                  생산구조의 길어진 결과가
1단계                             나타나면 소비재의 실질 양은 증가.
(1차재)                           75로 더 많은 소비재를 구입하게
                                  됨: 세번째 효과.
```

‖ 그림 8-2 ‖ 자발적 저축이 생산구조에 미치는 영향

주) 네모는 기존의 생산량, 색칠한 것은 새로운 생산량을 나타낸다.

4) 시간선호의 변화가 없는 경우에서의 신용팽창의 효과

이제 사람들의 시간선호가 변하지 않는 상황에서, 즉 저축의 증가가 뒷받침되지 않는 상황에서 신용이 팽창하는 경우 그것이 경제에 어떤 영향을 미치는 보도록 하자.

■ 일시적인 생산구조 변화

저축이 증가하지 않은 상황에서 신용팽창은 저축이 증가하는 경우와 유사하게 생산구조에 영향을 미친다. 즉 <그림 8-2>와 유사하게 생산구조의 단계가 확대되고 길어진다. 신용대출이 각 단계의 생산과정에서 일어나 생산의 각 단계가 '확대'될 것이다. 또한 저축이 늘지 않은 상태에서 은행이 더 많은 대출을 하려고 하면 이자율을 낮춰야 할 것이다. 이 이자율 인하는 생산구조를 '길어지게' 만든다. 신용팽창에 따른 이자율 하락은 자본재의 현재가치를 상승시키고, 이자율 하

락으로 수익성이 없었던 투자 프로젝트가 수익성이 있는 것으로 보이게 되어 소비로부터 멀리 떨어진 새로운 단계가 생겨나는 것이다. <그림 8-3>에서 보는 것처럼 신용이 팽창되면 최종소비에서 멀리 떨어진 6과 7단계 새로운 단계가 생기면서 생산구조가 길어진다. 또한 기존의 생산단계(2~5)도 확대된다.

그러나 <그림 8-2>와 <그림 8-3>의 중요한 차이점은 생산구조의 변화가 사람들의 소비/저축의 비율의 자발적 변화가 아니라 은행권의 신용창조에 의한 것이라는 점이다. 실제로 저축이 증가하지 않았음에도 불구하고 저축이 늘어난 경우에서처럼 기업가들은 생산구조에서 자본재단계를 넓히고 연장하는 새로운 투자 프로젝트를 시작하기로 결정한다. 이러한 기업가들의 행동은 경제의 부조화를 촉발할 뿐만 아니라 오래 지속되지 못한다.

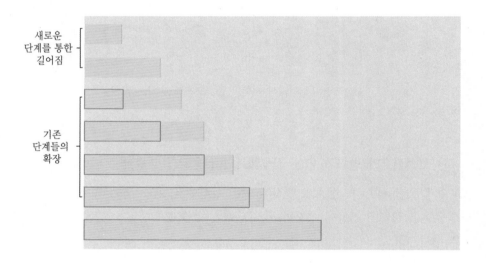

새로운
단계를 통한
길어짐

기존
단계들의
확장

┃ 그림 8-3 ┃ 신용팽창에 따른 인위적인 생산구조의 확장과 길어짐
주) 네모는 기존의 생산량, 색칠한 것은 새로운 생산량을 나타낸다.

■ 자연적 생산요소의 가격 상승

신용확대로 먼저 자연적 생산요소(노동력과 토지)의 가격이 상승한다. 이 가격 상승은 두 가지 요인 때문에 일어난다. 하나는 늘어난 신용으로 각 단계의 자본가들의 자연적 생산요소들에 대한 수요가 증가하기 때문이고, 다른 하나는 재화의 공급 측면에서 소비재는 물론 각 단계의 자본재에 투입될 수 있는 자연적 생산요소의 실제 양이 증가하지 않기 때문이다. 자연적 생산요소의 양이 증가하지 않은 상태에서 자연적 생산요소에 대한 각 단계의 기업가-자본가들 간의 경쟁으로 생산요소에 대한 가격 상승을 더욱 가속화시킨다. 이러한 생산요소의 가격 상승으로 새로 시작한 투자 프로젝트의 비용은 원래 예산보다 더 커지기 시작한다. 그러나 여전히 은행의 대출이 지속될 것이라는 낙관주의에 따라 기업가들은 계속 투자 프로젝트를 진행한다.

■ 소비재 가격의 상승

생산요소 가격의 상승에 뒤이어 소비재의 가격이 서서히 오르기 시작한다. 소비재 가격의 상승은 생산요소의 가격 상승보다 더 커지게 된다. 이와 같은 현상은 두 가지 요인으로 설명할 수 있다. 첫 번째 요인은 자연적 생산요소 소유자의 소득 증가다. 자연적 생산요소의 가격이 오름에 따라 자연히 그 소유자의 소득은 증가하게 되고, 그들의 소득 증가는 소비재에 대한 수요 증가로 이어져 소비재의 가격이 오른다.

두 번째 요인은 단기와 중기에서의 소비재 생산의 둔화다. 이것은 생산과정의 길어짐과 최종소비에서 가장 먼 단계에서 자연적 생산요소에 대한 수요가 증가한 결과다. 최종소비에서 가장 먼 단계에서 자연적 생산요소에 대한 수요 증가로 인해 자연적 생산요소는 소비에 가장 가까운 단계에서 이 단계로 이동하게 된다. 최종소비단계에서 생산요소가 부족하게 되어 최종소비재가 즉각적으로 생산과 공급되지 못한다. 소비재의 공급 감소로 소비재의 가격이 빠르게 상승한다. 그리하여 소비재의 가격 상승이 생산요소의 가격 상승보다 훨씬 크게 된다.

■ 실질임금의 하락과 고차재 기업의 이윤 감소

자연적 생산요소 소유자의 소득 증가에 비해 상대적으로 소비재 가격이 더 크게 오름으로써 생산요소 소유자의 실질소득이 낮아진다. 실질소득의 하락은 자발적 저축 증가의 경우에 일어났던 것과는 반대의 결과를 초래한다. 앞에서 본 것처럼 자발적 저축 증가의 경우, 소비재 수요가 일시적으로 감소함에 따라 실질임금이 증가하게 되고, 이로 인해 생산이 자본집약적으로 된다. 그러나 이제 그 효과는 정반대이다. 소비재 가격의 상대적 상승에 따른 실질임금의 하락으로 인해 기업가들이 기계나 자본 장비를 노동으로 대체할 강력한 동기를 갖는다. 이는 자본재에 대한 수요 감소로 이어지면서 소비와 먼 단계에서 생산하는 기업들의 이윤을 감소시키게 된다.

■ 금리 인상

실질저축이 뒷받침되지 않는 신용확대가 멈추게 되면 대부시장에서 이자율이 오르기 시작한다. 만약 다시 신용확대로 통화공급이 증가하면 소비재 가격이 상승한다. 즉 화폐의 구매력이 감소하게 된다. 금리는 화폐의 구매력 하락에 대한 예상, 즉 예상인플레이션이 반영되어 금리가 상승하게 된다. 게다가 필요한 자금이 계속 제공될 경우 길어진 생산단계를 착수한 기업가들이 자신들의 사업계획이 완성될 수 있다는 믿음을 가진다면 기업가들은 더 높은 이자율을 지불하더라도 새로운 대출을 요구할 것이다. 그로 인해 이자율은 신용확대가 시작되기 이전의 수준보다 더 높게 올라가게 된다.

■ 피할 수 없는 위기의 도래

위에서 언급한 요인들이 복합되어 나타나면서 최종소비에서 멀리 떨어진 단계의 기업들이 손실을 입기 시작한다. 손실을 본 기업가들은 투자가 잘못됐음을 깨닫게 되고, 잘못 착수한 투자 프로젝트를 청산해야 하는 상황에 직면하게 되며, 경제는 버스트 국면에 이른다.

특정 투자 프로젝트가 수익성이 없다는 것이 명백해짐에 따라 기업가들은 이를 청산하고 남은 생산적 자원, 특히 노동력을 소비에 가장 가까운 단계로 대량 이전해야 한다. 이러한 위기는 소비에서 가장 멀리 떨어진 단계, 즉 컴퓨터 소프트웨어 및 하드웨어, 첨단 통신 장치, 용광로, 조선소, 건설 등과 같은 자본재 산업과 확대된 자본재 구조를 갖는 다른 모든 단계에서의 과도한 투자("과잉 투자"), 그리고 소비와 가장 가까운 산업에 대한 상대적인 투자 부족 때문에 발생한다. 한마디로 생산적인 자원을 잘못 투자한 결과다. 이렇게 잘못된 투자가 발생한 근본적인 원인은 투자 프로젝트를 완수하는 데 필요한 자원이 실질적인 저축에 의해 제공되지 않은 데에 있다.

2. 통화정책과 경기순환

■ 통화팽창이 붐과 버스트의 원인

이제 오스트리안 경기순환을 이용하여 중앙은행의 통화정책이 어떻게 경기순환을 일으키는지 보도록 하자. 중앙은행이 확대통화정책을 쓰면 신용이 팽창되어 이자율이 하락한다. 이자율이 하락하면 그동안 수익성이 없었던 투자 프로젝트가 갑자기 이익을 낼 수 있는 것처럼 보이게 되어 기업들로 하여금 그 장기 프로젝트를 실행하도록 한다. 그리하여 앞에서 설명한 생산구조의 변화가 초래된다. 한편 이러한 정부의 확대통화정책을 통한 낮은 금리로 인해 사람들이 저축할 유인이 줄어 더 많은 것을 소비한다. 그래서 자본재를 만드는 기업가뿐만 아니라 소비부문 역시 호황(붐)을 보인다. 다시 말하면 모든 부문이 성장하는 것처럼 보인다. 고용이 증가하고 노동자를 고용하는 경쟁으로 인해 임금이 인상되는 등 사람들은 이러한 호황에 도취된다.

이러한 호황은 앞에서 설명한 것처럼 일시적인 것으로 지속가능하지 않다. 신용팽창이 저축의 증가로 인한 것이 아니라 정부의 통화팽창으로 유도된 것이기 때문이다. 기업 투자의 원천은 사람들의 저축이다. 저축이란 현재소비를 연기하는 것이다. 이것은 사람들이 현재재화보다는 미래재화를 더 많이 요구한다는 의미다. 기업은 이에 맞춰 미래재화를 생산하기 위해 사람들이 저축한 재원을 바탕으로 투자를 한다. 그래서 시간이 흘러 미래 시점이 되면 기업이 투자해 생산한 재화가 사람들이 원하는 미래재화의 수요와 맞아떨어져 경제가 조화를 이루며 움직인다.

그런데 사람들이 실제로는 현재의 소비를 줄여 저축을 늘리지 않아 미래재화에 대한 수요를 증가시키겠다는 의사가 전혀 없음에도 불구하고 인위적으로 낮춰진 이자율로 잘못된 메시지를 전달받은 기업들이 투자를 늘리게 되면 미래에 재화의 공급이 소비자들이 원하는 수요보다 많아지는 과잉생산이 초래된다. 이렇게 중앙은행의 확대통화정책에 따른 인위적인 저금리로 저축과 투자 간의 불일치가 초래돼 시간의 흐름에 따라 점점 생산의 조정에 혼란이 초래된다.

그리고 시간이 흐름에 따라 장기 프로젝트를 완수하려는 기업은 노동과 원자재 등이 필요한 만큼 충분하지 않다는 사실을 알게 된다. 실제 저축총량은 기업가들의 예상보다 적은 것으로 드러나고, 따라서 장기 프로젝트에 필요한 생산요소가 기업가들이 원하는 양에 비해 매우 적은 것으로 드러난다. 그래서 노동과 자원의 가격이 오르게 되고 기업가들이 예상했던 것보다 사업에 필요한 비용이 상승한다. 예상하지 못했던 투입요소의 가격 상승을 감당할 수 없어 투자 프로젝트가 중단될 수밖에 없다. 그로 인해 실업이 증가하고 불황(버스트)이 찾아온다.

이렇게 인위적인 붐 기간 동안 수행된 투자 프로젝트들이 오류였음이 드러나면서 불황이 발생한다. 경기와 상관없이 언제나 파산하는 기업들은 발생한다. 그러나 불황기간 동안에는 파산하는 기업들의 규모가 대단히 크다. 이렇게 많은 기업들이 한꺼번에 파산하는 경제전체적인 경제계산의 오류가 발생하는 이유는 모든 시장거래는 화폐로 이뤄지기 때문이다. 다시 말하면 모든 경제계산은 재화와 서비스의 화폐가격에 기초하여 이뤄지기 때문이다. 그리하여 중앙은행이 예상치 못하게 화폐공급을 변동시키면 화폐가격을 왜곡시켜 대규모 오류가 발생한다. 따라서 대규모의 기업 파산은 중앙은행의 인위적인 신용팽창 정책 때문에 발생하므로 불황이 발생하는 근본적인 원인은 중앙은행의 인위적인 통화팽창 정책에 있는 것이다.

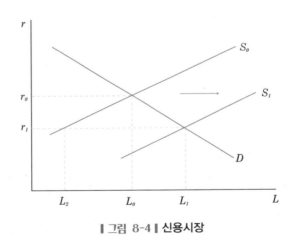

| 그림 8-4 | 신용시장

이 과정을 간단한 <그림 8-4>를 이용해 설명할 수 있다. 중앙은행이 신용을 팽창시키면 신용의 공급은 S_0에서 S_1으로 증가하며 이자율은 r_0에서 r_1로 하락한다. 이 낮아진 이자율로 기업들은 이전에 이윤이 나지 않았던 투자 프로젝트를 실행한다. 그러나 이 붐은 실제 저축이 증가하지 않았기 때문에 지속될 수 없다.

다시 말하면 투자량은 L_1이고 저축은 L_2에 불과하다. 따라서 경제가 작동할 수 있는 양이 $(L_1 - L_2)$만큼 부족하게 되어 경제가 붕괴되고 만다.

■ 불황 치유방안

불황은 정부의 인위적인 금리 인하에 따른 잘못된 투자로 인해 발생한 것이기 때문에 사실상 불황은 잘못된 투자로 인한 시장의 왜곡을 고치라는 신호나 마찬가지다. 그런데 만일 정부가 불황을 치유하기 위해 통화팽창정책을 지속해 나간다면 불황이 치유되는 것이 아니라 오히려 잘못된 투자가 교정되는 것을 방해하여 불황을 더욱 연장시키게 된다. 불황을 초래한 원인은 인위적으로 금리를 인하한 것이므로 금리 인하를 통한 통화팽창으로 불황을 치유하려고 하는 것은 원인으로 다시 불황을 치유하려고 하는 것과 같다. 통화팽창으로 불황을 치유하는 방법은 잘못된 투자로 초래된 고통을 더욱 심화시켜 훨씬 심각한 위기를 초래하게 된다. 뿐만 아니라 심각하고도 급속한 인플레이션(하이퍼인플레이션)이나 불황 속의 인플레이션(스태그플레이션)의 위험이 뒤따른다.

통화팽창으로 불황을 치유할 수 없는 이유를 구체적으로 살펴보자. 통화팽창정책을 쓰면 총수요가 증가해 최종재의 가격뿐만 아니라 생산요소 가격에 상승압력을 가한다. 저축이 늘지 않아 실질 자원의 부족 상태에서 더 많은 유동성이 공급되면 최종재의 가격보다 생산요소의 가격이 더 올라가게 된다. 이는 건실한 기업에게도 피해를 주어 투자를 위축시킨다.

뿐만 아니라 자본은 동질적인 것이 아니라 매우 이질적이며 복잡하여 전용한 계성이 있다. 그래서 단순히 경제에 유동성을 더 많이 투입한다고 해서 잘못된 투자로 인해 발생한 비생산적인 자본이 즉각적으로 다른 생산과정으로 투입되지 않는다. 이러한 과정을 거치는 데에는 시간이 필요하다. 금리를 인하하고 통화량을 늘리면 비생산적인 자본이 생산적인 곳으로 전환되는 과정을 오히려 방해한다. 그래서 경제가 회복되기 어렵다.

자본이 시장과정에 의해 정확하게 조정되어야 경제가 회복되고 제대로 성장하게 된다. 그래서 잘못된 투자가 생산적인 곳으로 전용되어 사용되는 것을 방해하는 장애물들을 제거하는 것이 중요하다. 이러한 점에서 구조조정이 쉽게 일어날 수 있도록 인수와 합병을 방해하는 규제를 완화하는 것이 필요하다. 뿐만 아니라 새로운 기업이 원래의 기업으로부터 자본재를 구입하기 위해서는 자금이 필요한데, 이 자금은 실질적인 저축으로부터 나와야 한다. 그래서 저축을 늘리도록 노력해야 한다. 해외로부터 자금이 들어오도록 규제를 완화하거나 국내 저축자에 대한 감세를 통해서 할 수 있다. 저축이 증가하면 잘못된 투자들이 이윤이 더 많이 나는 투자로 전환될 수 있다. 투자에 사용될 수 있는 저축의 증가로 불황기간이 짧아지게 된다.

3. 실제 사례

1) 2008년 글로벌 금융위기

■ 서브프라임 모기지 사태와 관련된 금융시장의 구조

2008년 글로벌 금융위기는 미국의 서브프라임 모기지(sub-prime mortgage) 사태로 촉발되었다. 그래서 2008년 글로벌 금융위기가 왜 발생했는지를 파악하기 위해서는 미국의 서브프라임 모기지 사태와 관련된 금융시장의 구조를 이해할 필요가 있다. <그림 8-5>를 이용하여 미국의 서브프라임 모기지 사태와 관련된 금융시장의 구조를 살펴보기로 하자.

Citi, Wachovia와 같은 상업은행들이 주택 구입자들에게 제공하는 대출을 모기지(mortgage)라고 한다.[4] 모기지는 차입자의 신용도와 부채 규모, 담보 능력 등에 따라 프라임(우량), 알트에이(Alt-A, 보통), 서브프라임(비우량)의 세 등급으로 분류되는데, 서브프라임은 이 중 가장 낮은 등급이다. 상업은행들은 서브프라임 대출을 잘 취급하지 않았다. 그러나 정부의 저소득층 주택보유 정책에 따라 서브프라임 대출이 급증해, 전체 주택저당대출(모기지) 중 서브프라임의 비중이 2006년 말 13%에 이르게 되었다. 모기지는 20년 이상의 장기대출로서 유동성이 낮은 상품이다. 그래서 은행은 유동성을 높이기 위해 모기지를 페니매(Fenni Mae)와 프레디맥(Freddie Mac)과 같은 모기지 전문회사에게 판다.

---

4) Citi는 모기지 뿐만 아니라 모기지저당증권(MBS)도 직접 만들어 판매하였다.

페니매와 프레디맥은 상업은행들의 모기지를 사들여서 모은 뒤 이를 담보로 모기지저당권(MBS: Mortgage—Backed Securities)을 발행한 다음 이를 일반 투자자들에게 판매한다. 이를 Bear Sterns, Lehman Brothers와 같은 투자은행(IB: Investment Bank)들이 사들여서 그 속에 편입되어 있는 모기지들을 합치고 재분류하여 부채담보부증권(CDO: Collateralized Debt Obligation)이라는 파생금융상품을 만든다.[5] 이 부채담보부증권(CDO)을 기관투자가와 헤지펀드들이 사 간다. 투자은행으로부터 CDO를 사들인 기관투자가와 헤지펀드는 투자은행들이 발행한 CDO가 부도날 가능성에 대비하여 이를 보호하기 위해 MBIA, Ambac Financial Group과 같은 채권보증기관(Monoline)이나 보험회사인 AIG에게 신용부도스왑 (CDS: Credit Default Swap)을 주문한다.[6]

신용부도스왑(CDS)은 채권보증기관에 의해서만 판매되는 것은 아니었다. Lehman Brothers와 같은 투자은행에 의해서도 판매되었다. 파생금융상품의 복잡성은 여기서 그치지 않았다. CDS는 일정한 고정수입 흐름을 낳았기 때문에 CDS를 기초증권으로 하는 새로운 CDO가 만들어져 판매되었다. CDS로부터 나오는 수입원을 CDO로 변환시킨 것이다. 이러한 과정을 거쳐 금융상품들이 서로 얽히고설켜 상상할 수 없는 크기의 금융상품들이 유통되었다.

---

5) 부채담보부증권(CDO)은 자산저당증권(Asset—Backed Securities)의 일종으로서 일정한 현금 수입의 흐름이 약속된 여러 가지 고정수입자산(fixed—income asset)들을 담보로 발행하는 파생금융상품이다.

6) 신용부도스왑(CDS)은 파생금융상품으로서 CDS 구매자는 CDS 판매자에게 매년 일정 금액(프리미엄)을 지급하고 그 반대급부로 기초증권이 파산하면 기초증권의 액면가만큼 지급 받는 일종의 보험과 같은 것이다. 예를 들어 한 투자자가 A기업의 채권에 투자하고, A기업의 채권이 부도가 날 수 있는 위험을 회피하고자 한다고 하자. 마침 B보험회사가 A기업의 채권을 보증해주는 상품을 판매한다는 것을 알고, 투자자는 일정 기간 동안 매년 일정액을 B회사에게 지불하고, 만일 A기업의 채권이 부도가 났을 경우 B회사가 투자자에게 채권의 액면가를 지불해주는 계약을 B회사와 체결할 수 있다. 이 계약이 바로 신용부도스왑(CDS)이다. CDS 계약을 통해 투자자와 B회사는 모두 이익을 본다. 투자자는 A기업의 채권이 보험되어 위험을 헤징해서 좋고, B 회사는 역시 일정 기간 현금 수입이 증가하기 때문에 좋은 것이다. 그러나 CDS를 사기 위해 실제로 A기업의 채권을 보유할 필요가 없다. 투자자가 A기업의 재무상태를 좋게 보지 않고 만일 A기업이 파산할 경우 돈을 벌 수 있을 것이라 생각한다면 A기업의 채권을 구매하지 않고 단지 B회사가 판매하는 CDS를 살 수도 있다.

■ 금융위기의 발발과 확산

문제는 2006년 이후 주택가격 상승세가 둔화되는 한편, 금리가 급등하자 서브프라임 대출자들이 빚 갚기를 포기하면서 시작되었다. 서브프라임 대출자들이 빚 갚기를 포기하자 은행들의 부실채권이 늘어나기 시작하였다. 2005년 1분기에 10.8%였던 서브프라임 연체율이 2006년 1분기에 12.6%, 2007년 1분기에 15%로 치솟았다. 자연히 서브프라임 대출이 많았던 Citi 같은 상업은행들의 손실이 엄청나게 늘어났고, 그에 따라 정부의 구제 금융을 받든가, 다른 은행으로 합병되었다.

서브프라임 연체율이 올라가면서 서브프라임을 기초로 한 모기지저당증권(MBS)의 가치가 급격히 하락하였고, 그에 따라 페니매와 프레디맥 역시 커다란 손실을 보아 정부의 구제를 받아야만 했다. 그리고 모지기저당증권(MBS)의 가치가 급격히 떨어지자 이를 사들여 이것들을 부채담보부증권(CDO)을 발행한 Bear Stern, Lehman Brothers 등과 같은 투자은행들이 막대한 손해를 입고 파산에 직면했다.[7] 뿐만 아니라 모기지저당증권(MBS)을 바탕으로 발행된 부채담보부증권(CDO)의 가치 역시 급격히 떨어졌고, 이에 따라 여기에 투자한 외국은행들과 같은 기관투자가와 헤지펀드들이 대규모 손실을 입게 됐다. 그와 함께 부채담보부증권(CDO)을 보증하는 신용파산스왑(CDS)을 발행한 많은 채권보증기관과 AIG와 같은 보험회사들이 물어줘야 할 돈이 늘어나 자금난에 빠지고, 파산하게 되었다. 이렇게 금융기관들이 파생금융상품으로 거미줄처럼 서로 얽히고설켜 있었고, 그로 인해 서브프라임 모기지의 연체율이 높아지자 연쇄적으로 금융기관들이 파산하였다. 또한 서브프라임 모기지 관련 증권에 투자한 외국 금융회사들이 파산하면서 전 세계로 확산되었다.

---

7) 나중에 미국 정부는 Lehman Brothers만 파산시키고 나머지는 모두 구제해 주었다.

■ 금융위기의 원인

미국 정부의 주택시장에의 개입

서브프라임 모기지 사태가 발생한 이유는 미국 정부의 주택정책과 미국 중앙은행인 연방준비은행(Federal Reserve Bank)의 방만한 통화정책이 결합되어 나타난 결과다. 미국 정부는 1977년 제정된 지역재투자법(CRA: Community Reinvestment Act)을 1990년 개정하여 은행들의 지역개발관련 대출의무를 강화해 저소득층에 대한 금융지원을 확대하도록 하였다. 그리고 1995년 서브프라임 모기지의 유동화를 허용하는 법을 제정하였다. 그러자 은행들이 위험을 고려하지 않고 모기지 대출을 하였으며 취약한 대출인 서브프라임 모기지를 포트폴리오에서 떨어버리기 위해 그것을 유동화 하는 데 적극적이었다. 그리고 1990년대 후반에 미국 정부와 의회는 페니매(Fannie Mae)와 프레디맥(Freddie Mac)에게 은행들이 유동화하는 서브프라임 모기지들을 구매하도록 압력을 가하였다.

게다가 정부가 손실을 보증해주기 때문에 페니매와 프레디맥은 은행들이 유동화하는 모기지를 늘릴수록 이익이었다. 페니매와 프레디맥은 위험은 고려하지 않고 그 모기지들을 구입하여 모기지저당증권(MBS)을 만들어 판매하는 데 적극적인 도덕적 해이를 보였다. 그런 과정에서 모기지저당증권(MBS), 부채담보부증권(CDO), 그리고 신용부도스왑(CDS)의 시장이 급증하였다. 그리고 이것은 이미 과열된 주택시장으로 보다 많은 자금이 흘러가게 하는 역할을 함으로써 주택시장을 더욱 과열시켰다.

미국 연방준비은행의 방만한 통화정책

이러한 과정을 더욱 증폭시킨 것은 바로 방만한 통화정책이다. 미국의 연방준비은행(Federal Reserve Bank)의 저금리정책이 주택시장을 과열시키는 결정적인 역할을 하였다. 연방준비은행(Federal Reserve Bank)은 2001년에 9.11테러, 실업률 증가, 석유가격 상승, 기업의 회계 부정 등 일련의 충격으로 경제가 위기에 처할 수 있을지 모른다고 생각했다. 그래서 이에 대응하기 위해 저금리정책을 써서 화폐공급량을 늘렸다. 그러나 연준이 우려했던 위기는 오지 않았다. 하지만 경기를 부양하기 위해 연준은 2003년 7월부터 2004년 6월까지 정책금리인 연방기금금리(federal fund rates)를 올리지 않고 계속 1%로 유지하였다. 저금리정책은 유동성 과잉을 낳았다. 의도하지 않게 자금이 많아진 금융기관들은 경쟁적으로 대출을 늘렸다. 지역재투자법(CRA)의 개정과 정부의 주택시장에 대한 개입으로 인해 은행 간 대출 경쟁에 의해 늘어난 유동성이 주택시장으로 몰렸다. 주택에 대한 수요가 급격하게 증가하면서 주택가격이 폭등했고, 경제가 붐을 이루었다.

그러다가 인플레이션을 우려한 연준이 2004년 6월 이후 매달 0.25%씩 올려 연방기금금리가 2006년 8월 5.25%가 되었다. 연방준비의 금리 인상으로 모기지 금리가 올랐고, 주택 수요가 감소하였다. 대출을 받아 주택을 사서 다시 팔아 이윤을 얻으려고 했던 사람들이 대출금조차 갚을 수 없는 상황에 이를 만큼 주택가격이 하락했다. 그러자 대출부도가 일어나기 시작하였고, Citi와 같은 상업은행들과 페니매와 프레디맥의 손실이 크게 증가하였다. 한편 모기지저당증권(MBS)에 투자한 베어스톤스, 리먼브라더스 메릴 린치, 골드만삭스 등 미국의 투자은행들이 파산하고, 이들이 만들어 낸 CDO에 투자한 외국은행들과 같은 기관투자가와 헤지펀드들과 CDO를 보증하기 위해 CDS를 발행한 금융회사들이 입은 손실로 국제적인 금융위기로 번진 것이다.

요컨대 2008년 글로벌 금융위기는 미국의 주택정책이 확대통화정책과 결합해 시장조정과정이 왜곡되었기 때문이다. 근본적으로는 앞에서 살펴본 바와 같이 확대통화정책에 따른 경제적 계산의 왜곡으로 붐을 이루다가 버스트가 되면서 발생한 것이다.

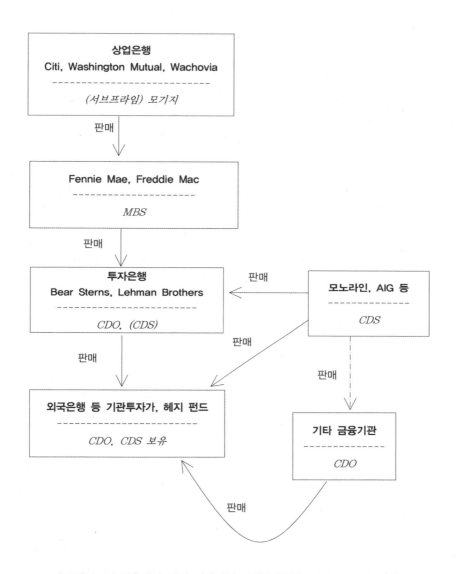

┃그림 8-5┃ 금융기관 간의 거래망과 파생금융상품 생성 및 거래 관계

주) MBS: Mortgage—Backed Securities
　　CDO: Collateralized Debt Obligation
　　CDS: Credit Default Swap

2) 닷컴 버블(Dot-Com Bubble)

1990년대 말 미국에서 발생한 닷컴 버블과 붕괴 역시 통화량과 밀접한 관계가 있다. 1990년대 들어서면서 확대통화정책을 썼다. 기준금리를 계속 인하하여 1994년 미국의 금리가 2.96%에 불과했다. 이러한 낮은 금리로 웹사이트를 기반으로 한 신규업체들이 많은 자본을 획득하여 투자했다. 그리하여 1995~2000년 인터넷 부분에서의 대규모 투기와 과잉 투자가 발생했다. 미국의 중앙은행인 Fed는 버블을 인지하고, 버블을 억제하고자 2000년 1월 연방기금금리 약 3%에서 6.5%로 인상했다. 2000년 3월 붕괴가 시작되었다. 2000~2002년 주식시장이 붕괴하여 NASDAQ stock의 총 시장가치가 약 $5조나 하락했다. 2003년 3월 NASDAQ 최저점이 1,270으로서 3년 전 최고점인 5,048에 비하면 1/5 정도의 수준으로 추락한 것이다(<그림 8-6> 참조).

이러한 불황을 막기 위해 Fed는 2001년 9.11 이후 11차례에 걸쳐 정책금리인 연방기금금리(federal fund rates)를 인하해 2003.6월~2004.6월 연방기금금리를 단 1%로 유지했다. 이것은 나중에 주택버블로 이어지게 되었다.

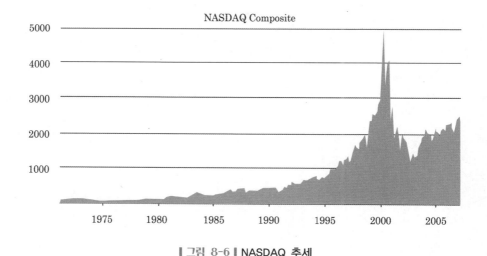

┃ 그림 8-6 ┃ NASDAQ 추세

주) 2003.3.10. NASDAQ 5,048.62 최고기록

3) 1970년대 스태그플레이션

1970년대 경기가 침체하고 실업이 늘면서 가격 인플레이션이 발생하는 이른바 스태그플레이션 현상이 나타났다. 미국의 경우를 보면 1973년 2/4분기부터 6분기 동안 연속 GDP 증가율이 하락했으며, 실업률이 1973년 5%에서 1975년 중반에 9%까지 치솟았다. 이 실업률은 1930년대 대공황 이후 최고치에 해당한다. 한편 인플레이션율은 1973년에 3.4%에서 9.6%로 3배나 뛰어오른 후 1974년 2월부터 1975년 4월까지 계속 10~12% 상태에 놓여있었다. 이와 같은 현상은 미국에만 국한된 것이 아니었다. 영국, 서독, 일본 등 세계 각국도 비슷한 상황이었다.

많은 사람들이 이러한 스태그플레이션의 원인을 OPEC의 원유 감산조치로 인한 유가 상승에서 찾았다. OPEC이 1973년 10월~1974년 1월에 석유가격을 배럴당 3달러에서 11.65달러로 4배 인상했다. 물론 유가폭등으로 스태그플레이션이 나타난 것은 사실이지만 근본적인 원인은 아니다. 그 근본적인 원인은 정부의 확장정책에 있다.

1970년 미국을 비롯해 주요 선진국의 경제에 경기후퇴가 찾아 왔다. 미국의 경우 1970년 GDP가 0.5% 하락하였고, 실업률은 완전고용수준이라고 생각하는 5%보다 약간 높은 6.1%에 달하였다. 한편 1960년대 확대통화정책으로 인해 인플레이션이 최고치에 달했다. 인플레이션으로 인해 브레튼우즈 협정에 따라 대외결제에 금본위제를 실시한 달러가 다른 국가들의 화폐와 금에 대해 심각하게 과대평가 되었다. 1972년 대통령 선거에서 재선을 노린 닉슨 대통령은 인플레이션을 야기하지 않으면서 실업률은 낮추고 경제를 진작시킬 방법을 강구했다. 대통령 선거가 1년여 남은 1971년 8월 닉슨 행정부는 무역적자를 해결하기 위해 금본위제를 버리면서 달러 가치를 하락시켰고, 임금·물가 통제를 포함하는 '신경제정책'을 실시했다.

미국이 금본위제를 버렸을 때 금 가격이 온스당 36달러에서 120달러로 폭등하였으며 동시에 달러 가치가 급락했다. 달러 가치 하락은 곧 미국의 수입물가 인상으로 이어졌다. 수입물가가 올랐을 때 미국 기업들은 임금·물가 통제로 인해 제품가격을 올릴 수 없었다. 대신 비용을 절감하는 쪽을 선택했다. 그러나 규제 때문에 임금을 인하할 수 없었기에 노동자들을 해고해야만 했다. 결과적으로 실업이 늘고 경제성장이 둔화되었다.

　　미국 정부의 경기부양을 위한 확대통화정책은 통화량 데이터에서도 나타난다. 미국의 통화증가량은 1970~1980년 기간 동안 매년 10.99%씩 증가하였다. 제1차 스태그플레이션 직전인 1970~1973년 기간에는 통화증가율이 연평균 12.23%에 이르렀고, 1974년에 7.85%로 잠시 낮아졌다가 1975년부터 다시 증가하여 1975~1980년에 연평균 10.70%를 기록했다.

　　미국 달러의 급증으로 달러 가치가 하락하자 환율을 안정시키기 위해 세계 각국은 자국의 통화를 경쟁적으로 풀어댔다. 자국화폐의 가치 상승으로 인한 국제 경쟁력의 약화를 막기 위함이었다. 그 결과 전 세계적으로 유동성이 급증하였고, 그것이 유가를 비롯한 원자재 가격을 폭등시켰다. OPEC의 감산조치는 유가 상승을 가중시켰을 따름이다.

　　1970년 미국을 비롯해 주요 선진국의 경제에 경기후퇴가 찾아 왔던 것은 1960년대 확대통화정책으로 인한 붐과 버스트의 결과였다. 그 경기침체를 잠깐 겪고 넘어갔으면 1970년대 내내 그렇게 심한 고통을 겪지 않았을 것이다. 그러나 불황을 타개하여 재선을 노린 정치인의 욕심으로 인해 불황은 더욱 깊어졌고 인플레이션의 고통까지 겪었다. 1970년대 스태그플레이션은 과다한 통화팽창의 결과다. 1970년대 스태그플레이션은 레이건 행정부가 정부의 시장에 대한 개입을 줄이고 통화관리를 엄격하게 시행함에 따라 해결되었다.

4) 1930년대 대공황

　　1930년대 대공황은 미국 역사상 최악의 경제위기였다. 1920년대는 미국 역사에서 가장 번성했던 10년이라고 할 수 있다. 그 시기는 단순히 부유해졌다는 의미 이상이었다. 사람들의 삶이 달라졌기 때문이다. 처음으로 각 가정에 전기가 도입되었고, 라디오를 가진 가정들이 늘어나 전국적인 라디오 망이 형성되었으며, 가구당 자동차 소유 비율이 3배나 증가했다. 이 뿐만 아니다. 프로스포츠가 커다란 사업으로, 할리우드가 영화의 메카로 대두되었던 것이 바로 이 시기였다. 부동산 가격과 주식 가격이 폭등하며 미국의 번영은 영원할 것만 같았다.

　　그러나 1929년 10월 24일 뉴욕 주식시장이 대폭락하면서 미국은 역사상 최악의 경제공황의 위기를 맞았다. 1929년 10월 24일 미국의 주가가 폭락하기 시작하여 1933년에 1929년의 10분의 1 수준으로 떨어졌고, 1933년 미국의 실질가처분

소득이 1929년에 비해 28%나 하락하였다. 실업률이 1929년 3.2%에서 1930년 8.9%, 1933년 25%로 급증하여, 1929년 160만 명이었던 실업자가 1933년 1,280만 명으로 늘어 4명 중 1명이 실업상태에 빠졌다.

■ 쿨리지 정부의 통화팽창정책

1924년부터 미국의 Fed는 통화팽창정책을 썼다. Fed가 통화팽창정책을 썼던 이유는 두 가지다. 하나는 1924년에 일시적인 경기후퇴가 오자 경기를 부양하기 위함이었다. 또 다른 하나는 1차 대전 후 미국의 달러 가치가 상승하고 영국의 파운드 가치가 하락하여 약 파운드가 지속되자 전전(戰前)의 환율을 유지하려고 미국이 통화량을 늘려 달러 가치를 떨어뜨리기 위함이었다. 이러한 이유로 1924년에 Fed는 약 5억 달러를 풀었다. 그로 인해 1년도 채 안 되는 기간에 증가한 은행 신용이 40억 달러가 넘었다. 이런 확대통화정책은 1924년 경기후퇴를 멈추게 하고 새로운 붐을 일으켰다. 그리고 3년 후인 1927년에 통화량을 더욱 늘리기 시작했다. 1924년 6월 445억1,000만 달러였던 총통화량이 1929년에 551억7,000만 달러에 이르렀다. 이런 통화팽창정책으로 인해 1921년 168억 달러였던 농가 및 도시 모기지 대출이 1929년 271억 달러로 증가했다. 뿐만 아니라 산업, 금융 및 주정부와 지방정부의 부채 역시 급증했다.

이러한 쿨리지 정부의 방대한 통화와 신용팽창정책이 1929년 공황을 초래했다. 통화량이 증가해 이자율이 하락하게 되었고, 기업은 새로 유입된 통화량을 이용하여 새로운 생산 프로젝트에 투입함에 따라 호황이 일어났다. 호황이 무르익자 통화량 증가로 인해 인플레이션이 발생하고 이자율이 이에 적응하여 상승함에 따라 기업의 비용이 증가하면서 기업의 이윤이 줄었다. 1929년 후반에 들어 미국 연방준비은행이 인플레이션을 퇴치하기 위해 통화량을 줄이기 시작했다. 미국 연방준비은행의 통화정책을 관찰하고 있던 투자자들이 통화량 감소로 주가가 하락할 것을 예상하고 주식을 내다 팔기 시작하자 주가가 폭락했다. 호황이 종식되면서 경기후퇴가 찾아 왔다.

■ 후버 정부의 반시장적인 정책

주식시장의 폭락과 함께 찾아온 1930년 경기후퇴는 1921~22년 경기후퇴에 비하면 가벼운 것이었다. 미국 경제가 1920년부터 경기가 나빠지기 시작하면서 1년간 산업생산지수가 무려 31.6% 하락했고, 실업률이 15.3%에 달했다.[8] 앞에서 언급한 것처럼 1930년 실업률은 이보다 훨씬 낮은 8.8%였다. 1930년 경기침체보다 훨씬 심각했던 1921년 경기침체는 1922년 산업생산지수가 60% 상승하고 1923년에 실업률이 2.4%로 하락할 정도로 빠른 속도로 회복했다. 1921~22년 경기침체가 빠르게 회복되었던 이유는 당시 하딩 정부가 시장에 개입하지 않았기 때문이다. 이렇다 한 경제안정화정책이나 경기부양책을 실시하지 않고 경기회복을 시장에 맡긴 결과였다. 불황은 잘못된 투자를 조정하라는 신호다. 정부가 개입하지 않고 시장에 맡기면 청산과 조정을 통해 경제가 정상으로 복귀된다. 만약 1930년 경기침체도 정부가 개입하지 않았다면 1921~22년 경기침체처럼 빠르게 회복되었을 것이다.

그러나 쿨리지 정부에 뒤이은 후버 정부는 정부계획의 케인즈 경제학의 영향을 받아 시장에 개입하기 시작했다. 후버 대통령은 기업들로 하여금 가격과 임금을 내리지 못하도록 했다. 오히려 구매력을 유지하기 위해 자본지출을 늘리고 임금 등을 인상하라고 촉구했다. 뿐만 아니라 적자지출을 감행했고, 지방정부에게 차입해서라도 공공사업을 늘리라고 요구했다. 1929년에 설립한 농업국(Farm Board)을 통해 밀, 목화 등 농산물 가격을 유지하는 정책을 폈다. 농업국이 밀, 목화 등을 재배하는 농부에게 보조한 금액이 수억 달러에 달했고, 재건금융공사(Reconstruction Finance Corporation)가 기업에 대한 보조금으로 수십억 달러를 썼다. 1930~1931년 GNP에서 차지하는 연방지출이 약 1/3 정도 증가하였다. 이것은 후에 루스벨트의 뉴딜(New Deal)의 모태가 됐다.

미국 경제를 대공황으로 몰아넣은 결정적인 조치는 1930년에 실시된 6월 스무트-홀리 관세법(Smoot-Hawley Tariff Act)다. 이 법을 통해 관세를 대폭 올렸다. 1929년 40.1%였던 관세율이 1932년 59.1%로 올랐다.[9] 미국에서 무역장벽을 높

---

8) 1920~21년 경기침체 역시 정부가 통화팽창을 통해 경기를 부양한 후 나타난 경기후퇴였다. 1819~20, 1839~43, 1857~60, 1873~78, 1893~97 경기침체도 마찬가지다.

9) https://www.usitc.gov/documents/dataweb/ave_table_1891_2016.pdf 참조.

이자 미국에 물건을 팔기가 어려워진 외국 정부들이 보복조치로 미국 제품에 대한 금수조치를 취하였다. 그로 인해 미국의 수출이 1929년 55억 달러에서 1932년 17억 달러로 급감하였다. 수출 감소로 가장 많이 타격을 받은 품목이 미국 농산물이었다. 미국 농부들은 시장의 약 1/3을 잃게 되었다. 농산물 가격이 폭락하고 수만 명의 농부들이 파산하였다. 농업의 붕괴로 인해 지방은행들이 도산하며 은행공황으로 이어졌다. 실업률이 1933년 25%로 급증하여, 1929년 160만 명이었던 실업자가 1933년 1,280만 명으로 늘어났다.

이런 상황에서 미국 정부는 최후의 일격을 가했다. 1932년의 세입법(Revenue Act)을 제정하며 소득세를 두 배로 올렸다. 최고한계세율이 24%에서 64%로 증가하였고, 조세감면이 줄었다. 법인세와 상속세가 올랐고, 증여, 휘발유, 자동차에 대한 세금이 신설되었으며, 우편 요금을 급격히 인상했다. 이와 같은 잘못된 정책으로 예전 같으면 1~2년 만에 끝날 수 있는 불황을 더욱 심화시켰고 많은 사람들을 고통 속으로 몰아넣었다.

■ 루스벨트의 뉴딜정책[10]

사유재산을 근간으로 하는 시장시스템의 가장 큰 장점은 어떤 장애물이든 극복할 수 있는 내재적인 능력을 가지고 있는 것이다. 가격과 비용을 재조정하고 새로운 저축과 투자를 통해 시장은 균형을 회복하고 소비자들에게 서비스를 다시 시작하게 된다. 그래서 더 이상 정부의 개입이 없었다면 경제는 후버 정부의 개입으로부터 곧 회복되었을 것이다.

그러나 루스벨트는 대통령이 되자 임기 내내 경제와 싸웠다. 뉴딜 첫해에 루스벨트는 30억 달러의 조세수입을 훨씬 초과한 100억 달러의 정부지출을 계획했다. 정부지출이 83% 이상 증가했다. 1929년 GDP의 3%였던 정부지출이 1933~1939년 기간 동안 정부지출이 3배나 증가했다. 이런 정부지출을 위한 재원 마련을 위해 세금을 올리고 부채를 늘렸다. 루스벨트는 후버처럼 고소득자에 대한 소득세율을 인상하였고, 기업의 배당에 대한 5% 원천과세를 도입하였다. 증세는 루스

---

10) 뉴딜은 경제회복을 위한 루스벨트 대통령의 경제정책을 뜻한다. 이 용어는 루스벨트 대통령이 "미국인을 위한 새로운 (분배)정책(a new deal for the American people)"을 약속한 1932년 대통령 후보 수락 연설에서 따온 것이다.

벨트 대통령이 선호한 정책이었다. 제2차 세계대전 마지막 해에 최고 소득세율이 94%까지 올라 최고조에 달했다. 그리고 미배당 이윤세(undistributed profits tax) 부과했다. 미배당 이윤세는 기업의 유보 이윤에 대한 조세다. 경제를 회생시키는 데 필요한 자본을 세금으로 거두어 갔다. 그러나 경제가 쇠퇴하면서 재정수입이 줄자 정부부채를 늘렸다. 루스벨트가 대통령이 된 첫해인 1933년에 220억 달러로 GDP의 20%였던 정부부채가 1936년에 약 GDP의 40%인 337억 달러로 늘었다.

1933년 농업조정법(AAA: Agricultural Adjustment Act)을 제정했다. 경작면적을 줄이고 생산된 곡물을 내다 버려 공급을 감소시켜 농산물 가격을 인상시킴으로써 농가의 수입을 증대시키려고 하였고, 경작하지 않은 농부들에게 보조금을 주었다. 그러나 공급 감소로 가격이 올라 많은 사람들이 농산물에 대해 높은 가격을 지불해야 했고, 공급 감소로 먹을 것을 구하지 못해 고통을 겪었던 사람들이 수없이 많았다. 또한 생산이 줄자 일자리가 줄게 되어 가난한 흑인 소작농이 일자리를 잃었다.

또 같은 해 6월 국가산업부흥법(NIRA: National Industrial Recovery Act)을 제정해 최저임금제를 도입하고, 청소년 고용을 금지했고, 가격과 판매조건을 규제했다. 기업의 비용이 급격히 증가시켜 경제가 회복하는 데 대한 또 다른 장애물로 작용했으며, 실업이 1,300만 명까지 증가하였고, 특히 최저임금법으로 인해 남부에서 대다수의 흑인들이 일자리를 잃었다.

대법원이 1935년 NIRA, 1936년 AAA가 위헌이라고 판정했다. 이로 인해 경제가 뉴딜의 악몽으로부터 탈출하여 약간의 회복 조짐을 보였다. 실업이 1935년에 18%, 1936년에 16%, 1937년에 13%로 하락하였다. 그러나 1935년 국가노동관계법(National Labor Relations Act)을 제정해 노조에 면책과 특권을 부여하면서 경제가 다시 악화되기 시작했다. 가공할만한 힘을 가진 노조들은 전투적이고 광폭해지는 기구로 변해 갔고, 협박, 보이콧, 파업, 공장 점거, 폭력 등으로 인해 생산성이 급격히 떨어졌다. 그로 인해 실업률이 1938년에 다시 20% 가까이 증가했다. 1937년 8월에서 1938년 2월까지 주가가 약 50% 하락하였다. 1939년 4월에는 실업률이 20%를 넘어섰다. '불황 속의 불황'이었다.

■ 경제회복

1941년 미국이 제2차 세계대전에 개입시키면서 실업률이 1944년 1.2%로 하락하였고, 1940~43년 동안 GDP가 84% 증가하였다. 이러한 통계를 바탕으로 2차 세계대전이 대공황을 종식시켰다고 주장하는 사람들이 많다. 그러나 이러한 통계가 인간의 삶과 경제의 진면목을 반영한 것으로 판단하는 것은 오류다. 전쟁 기간 동안 실업률이 급감한 것은 징집의 결과였다. 미국 정부는 전쟁 기간 동안 1940년 총노동력의 20%에 해당하는 1,200만 명을 징집하여 군대에 보냈다. 통계상 실업률이 떨어지는 것은 당연했다. 또 GDP가 급증한 것은 전쟁 수행을 위한 군수품과 군 인력에 대한 정부지출 증가 때문이었다. 정부지출 때문에 GDP는 증가하였지만 GDP의 민간항목인 소비와 투자는 하락했다. 1943년 실질 민간 GDP는 1941년보다 14%나 낮았다. 징집으로 인해 실업률이 하락하고 전쟁을 위한 정부지출 증가로 나타난 GDP 증가는 진정한 호황과 번영이라 할 수 없다.

전쟁 기간 동안이 호황이었다는 착각은 GDP를 산정하는 방법으로부터 나온다. 잘 알다시피 GDP는 특정 기간 동안 생산된 최종재화와 서비스의 총량으로서 소비지출, 투자지출, 정부지출, 순수출의 합으로 계산된다. 이것을 가지고 실질적인 부의 증가 여부를 판단하는 것은 오류를 낳는다. 문제는 정부지출에 있다. 전쟁 기간 동안의 GDP 데이터가 경제상황을 잘못 평가하는 까닭도 여기에 있다.

기관총, 탱크, 전투기, 전함 등을 생산하는 데 사용된 자원은 소비재와 서비스를 생산하는 데 사용되지 않는다. 사람들이 쓸 자동차, 집, 가정용 기기, 초콜릿, 설탕, 고기, 휘발유, 식품, 의복, 생활용품 등 소비재가 턱없이 부족하게 된다. 소비재 가격이 폭등할 수밖에 없다. 자연히 사람들의 생활은 궁핍해진다. 게다가 군대에 있는 일자리뿐만 아니라 무기와 군수품을 생산하기 위해 만든 일자리는 민간으로부터 걷은 세금으로 만들어진 것이다. 그리하여 전쟁에 필요한 자금을 조달하면 민간소득이 줄어 사람들이 필요한 재화를 사는 구매력이 떨어진다. 다시 말하면 사람들의 소득은 줄고 향유할 수 있는 재화와 서비스가 준다. 요컨대 전쟁 동안 소비자의 후생이 악화된다. 따라서 전반적인 생활수준의 후퇴를 가져왔던 대공황이 2차 세계대전 동안 끝났다는 것은 사실이 아니다.

대공황을 끝낸 것은 2차 세계대전 후 시장친화적인 정책으로의 회귀였다. 스무트-홀리 관세법에 의해 높여졌던 관세를 낮추는 조치로 인해 동맹국과의 무역이 활발해지면서 경제가 살아났다. 더 중요한 것은 루스벨트 정부에 이은 트루먼 정부가 취한 민간투자를 유인하는 조치들이었다. 그 조치들이 투자자들을 되돌아오게 했고, 전후 경제를 회복시키는 데 결정적인 역할을 했다.

사실 전후 트루먼 대통령은 루스벨트 대통령이 전쟁 중에 잠시 중단시킨 뉴딜정책들을 재개하려고 했다. 그러나 뉴딜정책이 미국 경제의 회복을 지연시키고 악화시켰다는 인식을 갖게 된 미국 의회가 여기에 반대했다. 오히려 뉴딜정책을 수행하기 위해 높였던 세금을 낮췄다. 94%에 달했던 최고 한계소득세율을 1946년 86%로 인하했다가 다시 1948년 82%로 낮췄다. 기업의 모든 이윤에 부과했던 초과이윤세(excess profit tax)를 없앴고 40%였던 법인세율을 38%로 낮추었다.

큰 폭은 아니었지만 이런 감세조치는 기업가들에게 열심히 번 돈을 정부에 적게 내고 더 많은 것이 자기 차지가 될 수 있다는 신호를 줬다. 기업 활동이 살아나기 시작했다. 일자리가 늘어나 전쟁에서 돌아온 병사들이 쉽게 일자리를 찾을 수 있었다. 1946년 실업률이 단지 3.9%에 불과했고 이런 상태가 그 후 10년 동안 이어졌다. 대공황을 끝낸 것은 규제완화, 감세, 정부지출 축소로 인한 민간경제 활성화였다.

1930년대 대공황의 원인은 1920년대 미국 정부의 통화팽창정책에 있었다. 그것이 정부의 잘못된 정책으로 인해 장기화되었고 증폭되었다. 무역을 파괴하는 관세, 인센티브를 없애는 조세, 생산과 경쟁에 대한 통제, 곡물과 가축의 무의미한 파괴, 강제적인 노동법 등이 1~2년 정도면 경제가 회복될 수 있었던 불황을 12년 동안 지속되게 하였다. 이로 인해 수많은 사람을 고통을 받았다. 결국 장기간의 불황을 야기한 것은 자유시장이 아닌 대규모의 정책실패 때문이었다.

5) 일본의 잃어버린 30년

'일본의 잃어버린 30년'이야말로 오스트리안 경기순환이론으로 잘 설명되는 전형적인 케이스다. 제2차 세계대전 이후 수십 년 동안 경이적인 경제성장을 이룬 후 일본경제가 1990년에 갑자기 추락하더니 불황에 빠져 20년 이상 지속되었다. '일본의 잃어버린 30년'을 살펴보기 위해서는 1985년에 있었던 플라자협정까지 거슬러 올라갈 필요가 있다. 플라자협정은 1985년 9월 22일 미국 뉴욕에 있는 플라자 호텔에 미국, 영국, 서독, 프랑스, 일본, 이른바 경제선진국 G5의 재무장

관들과 중앙은행 총재들이 한자리에 모여 미국의 달러화의 가치를 떨어뜨리고 일본 엔화의 가치를 높이기로 합의한 협정을 말한다. 당시 미국은 GDP의 3.5%에 달하는 심각한 경상수지 적자에 시달리고 있었다. 이 경상수지 적자 문제를 해결하기 위해 참가국들이 달러 가치를 떨어뜨리기로 합의한 것이다.

플라자협정 이후 달러화 가치가 떨어지고 엔화의 가치가 크게 올랐다. 엔/달러가 1985년 달러당 260엔에서 1987년 123엔까지 상승했다. 엔화가치 상승으로 일본의 수출경쟁력이 약화되어 경제성장이 둔화될 것을 우려한 일본 정부는 저금리정책으로 엔화가치 상승의 효과를 상쇄하고자 했다. 그리하여 1986년 1월부터 1987년 2월까지 재할인금리를 5%에서 2.5%로 낮추며 엔화를 풀었다. 1986년부터 1990년까지 통화량이 평균 10.5%씩 증가했다. 투자와 소비가 큰 폭으로 상승했고, 투자와 소비의 높은 성장세에 힘입어 1988년도 경제성장률이 7.1%를 기록했다. 대호황이었다.

돈이 넘쳐났다. 가계와 기업은 낮은 금리로 은행으로부터 대출을 받아 주식과 부동산을 매입하기 시작했다. 해외자산도 적극적으로 매입했다. 소니는 컬럼비아, 미쓰비시는 록펠러센터를 인수하는 등 미국의 부동산과 기업들을 인수한 것도 이때다.

주식과 부동산 가격이 폭등했다. 닛케이지수가 1986년 1월 말 13,000에서 1989년 39,000까지 3배나 뛰었고, 1989년 상업 지역 땅값이 1985년에 비해 4배 가까이 뛰었다. 1986년부터 1989년까지 토지와 주식가격 시가총액 증가액은 명목GDP를 넘어서기도 했다. 1989년 명목GDP가 410.1조 엔이었는데, 그해 토지가격이 321.6조 엔, 주식가격은 194.8조 엔 각각 증가해 총 516.4조 엔이나 되었다. 전형적인 인위적인 통화팽창에 의한 자산 버블 현상이었다.

1987년부터 버블 경고가 나오기 시작했지만 일본 정부는 알아채지 못했다. 1986~1988년 소비자물가상승률이 평균 0.5%에 불과해 인플레이션 문제가 없다고 판단했기 때문이다. 1989년 5월 물가가 3%로 급등하자 그때서야 돈이 너무 풀렸다는 것을 인식하고 부랴부랴 금리를 올렸다. 1989년 4월부터 1년 3개월간 기준금리를 2.5%에서 6.0%까지 무려 두 배 이상 인상했다. 또 부동산 관련 대출을 일정 규모로 규제하는 대출총량규제를 실시하고, 부동산 관련 산업과 건설업에 대한 대출을 사실상 금지하는 조치를 단행했다. 많은 돈이 주식시장과 부동산

시장에서 빠져나가자 주가가 폭락하고 부동산 버블이 붕괴했다. 1989년 말 39,000이었던 니케이지수가 1992년 15,000 이하로 60%가량 하락했다. 1990년대 중반 주가가 약간 상승했으나 2001년 3월 12,000 이하로 다시 떨어졌다. 부동산 가격은 그 상승폭이 둔화되기 시작하다가 1992년부터 본격적으로 하락하기 시작했다. 1991년에서 1998년까지 80%나 하락했다.

자연히 금융기관의 부동산 담보가치가 하락했다. 부동산 담보가치 하락으로 부실채권이 증가해 부실 금융기관이 늘어났다. 금융기관들이 대출을 억제하고 기대출금을 회수하자 도산하는 기업이 증가하여 새로운 부실채권이 누적되는 악순환이 발생했다. 1995년 부실채권비율은 75%에 달해 처음 문제가 발생한 1991년에 비해 35% 포인트 증가하였다. 부실채권 규모는 1995년에 17조4,000억 엔에서 1996년에 41조9,000억 엔으로 1년 동안 약 2.4배나 증가했다. 실업률도 1991년 2.1%에서 2000년 말 4.7%로 증가했다. 버블이 붕괴되면서 불황이 찾아 온 것이다.

이 불황을 타개하기 위해 일본 정부는 1990년대에 10차례에 걸쳐 100조엔 이상을 투입했다. 부실금융기관과 부실기업에 구제금융도 제공했다. 그러나 불황은 치유되지 않았다. 재정상태만 악화됐다. 국가채무가 증가해 GDP 대비 100% 이상 되었다. 중앙은행의 저금리정책 역시 효과가 없기는 마찬가지였다. 일본은행이 6%였던 기준금리를 1991년 4.5%, 1992년 3.25%, 1993~1994년 1.75%, 1995~2000년 0.5%까지 인하했지만, 경기는 회복되지 않았다. 불황이 20년 이상 지속되었다.

수많은 돈을 풀었음에도 불구하고 경기가 회복되지 못하고 불황이 장기간 지속되었던 이유는 구조개혁이 되지 않았기 때문이다. 잘못된 투자가 청산되어 생산적인 부문으로 전환되어야 경제가 살아나는 법인데 정부가 돈을 풀어 처리하려고 하다 보니 잘못된 투자가 교정되지 않고 좀비기업들이 늘어나게 되었던 것이다. 일본이 비효율적인 생산구조를 그대로 유지하다가 20년 넘게 경제 불황을 겪은 것이다. 물론 저출산·고령화로 인한 잠재성장률 하락이 장기 불황의 요인이기도 하지만, 잘못된 투자의 처리 실패로 글로벌 경제의 새로운 성장동력으로 떠오르던 IT 산업에 대한 투자 실기가 일본의 공급능력을 크게 위축시킨 것이 주된 요인인 것이다.

2016년 초부터 경제가 회복되면서 다시 성장하게 된 것은 바로 아베노믹스 중에서 구조개혁이 어느 정도 이루어졌기 때문이다. 아베 총리는 2012년 집권하면서 '아베노믹스'라는 이름으로 세 개의 화살을 들고 나왔다. 대규모 금융 완화, 과감한 재정 투입, 성장과 구조개혁 프로그램이 세 개의 화살이다. 만약 아베 총리가 과거 정권처럼 돈만 푸는 정책을 썼다면 일본 경제의 불황은 더 지속되었을 것이다. 그러나 산업경쟁력강화법제정, 노동시장개혁, 법인세 인하, 서비스업 생산성 향상 및 활성화, 로봇산업육성촉진 등을 구조개혁을 단행하였다. 이로 인해 과거 일본은 구조조정에 매우 소극적이었지만 아베 정부는 좀비기업들을 과감히 정리하면서 자원이 부를 창출할 수 있는 생산적인 부문으로 옮겨가 경제가 회복되고 성장한 것이다. 일본의 실업률은 3%로 거의 완전고용 수준에 이르렀다.

4. 경기순환에 대한 다른 학파의 견해[11)

앞에서 본 것처럼 오스트리안 경기순환이론은 자본이론을 근간으로 한다. 그러나 다른 학파들의 이론에는 자본이론이 빠져 있다. 이 점이 가장 큰 차이점이다. 다른 학파들의 이론이 오스트리안 이론과 어떻게 다른지 보도록 하자.

■ 케인즈 학파

케인즈의 일반이론은 자본이론을 포함하고 있지 않다. 케인즈 이론에서는 시점 간에(intertemporally) 자원을 효과적으로 배분할 수 있는 시장 메커니즘, 즉 자본재 시장이 없는 것이다. 그래서 케인즈 이론에서 이자율은 대부자금시장에서 결정되는 것이 아니라 화폐의 수요와 공급에서 결정된다. 케인즈의 일반이론이 자본이론을 포함하지 않는 사실은 케인즈의 이론이 고정된 자본스톡과 고정된 자본구조를 가정했다고 해석할 수 있다. 이 가정 하에 케인즈는 다른 거시경제 변량, 즉 소비지출 분석에 초점을 두었다. 소비지출은 소득에 따라 변동한다. 소득이 오르면 소비지출이 늘고 소득이 떨어지면 소비지출이 준다. 단기 소비함수가 이 이론의 기초가 되며, 케인즈 이론에서 투자 자금에 대한 수요는 이자율에

---

11) 오스트리안 이론과 다른 거시경제학파 견해에 대한 비교는 Garrison(2001, 2005)에 자세히 설명되어 있음.

대해 비탄력적이고 화폐에 대한 수요는 이자율에 대하여 탄력적이다.

소비성향과 투자자금 및 화폐수요의 탄력성에 기초한 케인즈 이론은 투자지출이 전적으로 소비지출에 의존하는 2단계모형이다. 저축이 증가하면 소비가 줄고, 소비가 줄면 기업들은 생산에 대한 투자를 줄여 결국 국민경제 전체적으로 소득이 준다는 것이다. 그래서 케인즈 경제학에서는 소비가 미덕이고 저축은 악덕이 된다. 소비하려는 의지가 고용수준과 국민소득을 제한한다는 것이다. 여기에서 케인즈 승수들이 투자지출과 고용변화를 연결시키는 데 사용된다.

케인즈 이론은 불황의 원인을 유효수요의 부족에 둔다. 유효수요의 하나인 투자지출은 기업의 미래에 대한 막연한 기대, 즉 동물적 감각(animal spirit)을 기초로 한다. 그래서 케인즈 경제학에 따르면 기업이 미래에 대한 전망이 좋다는 확신이 커지면 붐이 일어나고 그 확신이 없으면 버스트가 일어난다. 기업의 확신이 줄어들면 투자지출이 감소하고 그 감소가 승수효과에 의해 경제전체의 생산이 급격하게 줄어 불황이 온다는 것이다. 그에 따라 노동에 대한 수요가 감소하여 대규모 실업이 발생하며, 임금은 노조나 임금 경직성 때문에 하락하지 않는다는 것이다. 그래서 거시경제 문제는 시장 이외의 힘이 시장의 잘못을 시정할 때까지 지속된다고 주장하며, 이런 문제를 해결하기 위해서는 정부가 적극적으로 경제에 개입하여 정부지출을 늘려야 한다고 주장한다. 그러면 승수효과에 의해 정부지출의 몇 배만큼 국민소득이 증가하여 불황을 타개할 수 있다는 것이다.

케인즈의 이러한 결론은 자본이론의 부재에서 온다. 시점 간에 자원을 효과적으로 배분할 수 있는 조정 메커니즘이 없으면 시점 간 시장은 조정될 수 없다. 따라서 위와 같은 이상한 결론이 나올 수밖에 없다. 나중에 케인즈 학파는 자본스톡이 고정되어 있다는 가정이 문제가 있음을 인식하게 된다. 그리하여 자본스톡의 변화를 경제성장의 연구에서 다룬다. 그러나 대부분 암묵적으로 자본스톡이 고정되어 있다는 가정 하에서 거시경제를 접근하고 있다.

■ 통화주의

케인즈 경제학의 이면에 자리 잡은 핵심적인 가정은 자유시장경제는 원천적으로 불안정하고 정부가 개입하여 유효수요를 늘리고 회복시키지 않는다면 완전고용에 결코 달성할 수 없다는 것이다. 프리드먼은 케인즈 경제학에 깊이 자리 잡은 이러한 의심에 태클을 걸었다. 프리드먼은 1963년 슈워츠와 함께 저술한 <미국의 화폐 역사(*A Monetary History of the United states, 1987~1960*) >를 통해 '화폐가 중요하지 않다'는 케인즈의 명제를 뒤집은 것은 물론 1930년대 공황의 진짜 원인이 Fed의 통화정책에 있다고 주장하였다. 1929년 8월부터 1933년 3월까지 통화량이 1/3 이상 감소하였음을 발견하고 대공황은 자유시장경제의 원천적인 불안정성 때문이라기보다는 Fed의 잘못된 통화정책 때문에 발생하였다고 결론지었다.

미국의 Fed는 1928년 봄부터 1929년 10월 주식시장 붕괴 시기까지 투기억제를 위해 통화량을 지속적으로 줄였다. 그리고 주식시장이 붕괴된 후 1930년 10월부터 대규모 은행도산, 예금인출을 위한 뱅크런 등 은행위기가 확산되면서 은행시스템이 붕괴됐다. 은행들이 도산하면서 사람들이 현금을 많이 보유하자 시중에서 통화량이 급감했다. 이에 대해 프리드먼은 Fed가 적극적으로 통화공급을 늘리지 않았기 때문에 대공황이 발생했다고 하며, 만일 Fed가 적극적으로 통화량을 늘리는 정책으로 대응했다면 극단적인 상황까지 가지 않았을 것이라고 주장한다.[12]

프리드먼은 일단 화폐제도가 안정되면 아담 스미스가 말하는 자유시장경제가 잘 작동한다고 결론지었다. 그리고 정부의 화폐교란이 시장경제를 왜곡시킨다는 믿음을 갖고 있다. 요컨대 프리드먼에 따르면 경기순환은 시장이 아닌 정부가 유발하는 것이며 화폐안정성이 경제안정성의 중요한 전제조건이다. 프리드먼은 이러한 원리를 피셔(Fisher)의 화폐수량설을 이용하여 체계적으로 설명하였다.

이와 관련하여 그는 '인플레이션은 언제 어디서나 통화적 현상이다'라는 사실을 실증적으로 보임으로써 통화량의 안정적인 공급이 경제안정에 필수적임을 발

---

12) 사실 주식시장이 붕괴된 후 Fed는 긴축통화정책에서 확대통화정책으로 전환한다. 그럼에도 불구하고 프리드먼이 Fed의 실수라고 하는 것은 시중에서 발생한 통화량 감소를 상쇄할 만큼의 충분한 통화량을 늘리지 않았다는 점이다.

견하고 중앙은행은 재량(discretion)이 아닌 엄격한 준칙(rule)에 의거하여 통화신용정책을 실시할 것을 주창하며, 경제안정화를 위해 경제성장률과 통화증가율을 일치시키는 k%준칙을 제안하였다.

"인플레이션은 언제 어디서나 화폐적 현상이다."는 통화주의자와 오스트리아 학파가 공유하는 부분이다. 뿐만 아니라 통화주의자와 오스트리안은 통화팽창에 의해 촉발된 자동복귀과정(self−reversing process)에 초점을 둔다는 점에서 공통점을 갖고 있다. 그러나 통화주의와 오스트리안이 다른 점은 오스트리안이 자본재시장에 초점을 맞춘 반면, 통화주의는 노동시장에 중점을 둔다. 통화주의는 장단기 필립스곡선을 이용하여 노동−여가의 왜곡을 분석한다. 화폐 교란으로 자연실업률로부터 멀어졌을 경우 임금과 산출물 가격의 변화를 통해 궁극적으로 자연율로 되돌아간다는 시장과정을 설명한다.13)

통화주의에서 자동복귀과정은 화폐교란이 노동시장과 인플레이션을 통해 실질임금에 미치는 효과의 인식 차이에 의해 작동한다. 통화량이 증가해서 인플레이션이 발생하게 되는데, 그 인플레이션에 대한 인식의 차이 때문에 노동자들이 실질임금이 올랐다고 믿는 반면, 고용자는 실질임금이 떨어졌다고 믿는 경우 고용이 증가한다. 다시 말하면 노동자들이 소비자의 구매력의 관점에서 인지되어 실질임금이 오른다고 믿을 수 있고, 고용자는 기업의 산출물 가격의 견지에서 실질임금이 떨어진다고 인식할 수 있다. 그렇게 되면 단기에 인플레이션율이 오르고 실업률은 떨어진다. 이로 인해 단기에 인플레이션과 실업률 관계를 나타내는 필립스곡선이 우하향으로 나타난다는 것이다. 최종적으로 인플레이션이 잘 예상되어 노동자와 고용자 간의 실질임금률 변화에 대한 믿음의 차이가 없게 되면 단기필립스곡선은 우측으로 이동하여 완전고용으로 복귀한다. 이것은 단기에는 화폐의 중립성이 성립하지 않지만 장기에는 화폐의 중립성이 성립한다는 것을 의미한다. 화폐의 중립성이란 화폐공급 증가가 물가를 비례적으로 상승시키지만 실질경제 활동(생산, 투자, 고용)에는 아무런 영향을 미치지 않는 것을 말한다.

디플레이션이나 디스인플레이션은 인플레이션의 반대의 경우다. 인식의 차이로 노동자들이 실질임금이 떨어졌다고 믿는 반면, 고용자가 실질임금이 올랐다고 믿는 경우 고용이 줄어 단기 필립스곡선에 따라 인플레이션율이 떨어지고 실

---

13) 필립스곡선이론은 제11장에서 자세히 다시 다룬다.

업률이 오른다. 그리고 최종적으로 노동자와 고용자 간의 실질임금 변화에 대한 믿음의 차이가 없을 때 단기 필립스곡선은 좌측으로 이동하여 완전고용상태로 복귀한다.

통화주의의 이런 자동복귀과정은 자본구조에 어떠한 교란도 없다고 가정하고 있다. 다시 말하면 통화주의는 화폐유입에 따른 시점 간 불균형이 야기되는 생산과정을 전혀 고려하지 않고 있다. 게다가 통화주의는 신용팽창의 효과를 단지 물가수준에만 한정하고 있다. 다시 말하면 실질 산출물의 증가가 신용팽창의 물가에 대한 효과를 상쇄하여 물가수준이 상승하지 않는다면 임금에 대한 오해는 없어 노동시장에 아무런 왜곡이 생기지 않는다. 그러나 신용팽창으로 화폐 교란이 일어나면 상대가격이 변하여 노동시장에서 왜곡이 발생할 수 있다. 또 시간이 걸리는 특정 기술의 개발과 특정 장기 생산과정에 보완적인 기술개발은 인적 및 비인적 자본의 시점 간 구조와 관련되어 있다. 통화주의이론은 이러한 신용팽창의 효과를 고려하지 못하고 있다.

1930년대 대공황이 통화정책의 잘못 때문에 발생했다는 점에서, 그리고 경기변동의 원인이 화폐라는 점에서 오스트리안과 프리드먼의 주장은 동일하다. 그러나 그 내용은 매우 다르다. 오스트리안은 1930년대 대공황이 어떻게 발발했는지 그 근원을 말하는 것이고 프리드먼은 충격 이후, 즉 1930년대 초 통화량 감소에 따라 불황이 심화되었다고 하는 것이다. 사실 통화량 감소로 인해 1929년부터 1933년까지의 상황에 대해서 그들의 설명은 설득력을 갖는다. 그러나 통화주의는 왜 1920년대에 전례 없이 주택시장과 주식시장이 붐을 이루었다가 버스트가 되었는지에 대해 설명하지 못한다. 통화주의는 단지 1920년대 내내 물가수준이 안정적이었음을 지적하면서 Fed의 판단 착오로 충분한 확대통화정책을 쓰지 않았고, 그것이 대공황을 일으켰다고 주장한다. 물론 1920년대에 소비자물가지수가 매우 안정적이었던 것은 사실이다. 그러나 전국적으로 주택가격이 오르면서 거품이 발생하였다가 터지면서 대공황이 시작되었던 것 역시 사실이다.

통화주의는 대공황의 시발점인 1929년의 주가 폭락에 대해 설명하지 못한다. 그 이유는 통화주의자들은 일반적으로 효율적 시장가설(efficient market hypothesis)을 근간으로 하기 때문이다. 주식, 부동산과 같은 자산가격은 모든 정보가 실시간으로 반영되어 거래된다는 것이 효율적 시장가설이다. 효율적 시장가설은 주택버블과 같은 것의 존재를 부인한다. 합리적 경제주체와 신속히 청산되는 가정을 바탕으로 하고 자본구조에 대한 정치한 이론이 없기 때문에 통화주의는 불황을 갑작스러운 '충격'에 기인하는 '균형' 결과로 설명할 수밖에 없다.

역사적으로 통화주의자는 시장금리 이하의 금리로 인해 야기되는 왜곡을 생각하지 못했다. 그렇기 때문에 2008년 금융위기도 전혀 예측하지 못했다. 통화주의 경제학자들은 피셔가 1930년대 공황을 예측하지 못하는 것과 똑같은 실수를 범하였다. 당시 통화량이 늘어도 소비자물가지수가 안정적인 것을 보고 통화팽창에 의한 주택시장에서의 버블을 간과한 것이다. 최근에서야 통화주의는 Fed의 제로금리정책을 비난하기는 하지만, 2008년 금융위기를 Fed의 '긴축통화'정책에 있다고 주장한다. 통화주의가 대공황의 원인이 자유시장의 실패가 아닌 정부실패인 것을 밝힘으로써 자유시장경제를 케인즈 경제학으로부터 복원하는 데는 커다란 공헌을 하였지만 통화주의 이론은 경기순환을 잘 설명하지 못하고 있다.

■ 새고전학파[14]

새고전학파 이론은 통화교란이 경제의 불안정성, 즉 경기순환의 주요인이라는 점에서 통화주의와 유사하다. 그러나 통화교란에 따른 경제의 불안정성이 발생하는 이유를 통화주의는 시차 때문이라고 하는 반면, 새고전학파는 예상치 못한 통화공급 변화라고 한다. 그와 같은 차이가 발생하는 것은 통화주의는 적응적 기대(adaptive expectation)를 바탕으로 이론을 전개하는 반면, 새고전학파는 합리적 기대(rational expectation)를 가정하고 있기 때문이다.

적응적 기대는 인플레이션에 대한 기대가 최신의 경험을 바탕으로 형성되는 것을 말한다. 적응적 기대 하에서는 통화량 증가가 있을 경우 사람들이 적응하여 이것이 완전히 인플레이션으로 이어질 때까지는 어느 정도 시간이 걸린다. 합리적 기대는 모든 관련 있는 정보, 즉 화폐수요, 신용에 대한 수요, 중앙은행의 의도 등의 정보들이 모든 사람에게 알려져 있다고 가정하고 인플레이션에 대한 기대는 경제이론의 예측에 따라 내생적으로(endogenously) 이루어지는 것을 말한다.[15] 합리적 기대 하에서는 통화량 증가가 있을 경우 사람들이 그 이론적 결과

---

14) 새고전학파에 관한 자세한 내용은 Lucas(1981)를 참조하기 바람.
15) 사람들의 기대가 평균적으로 경제이론으로부터 나오는 예측과 같다는 의미에서 균형기대(equilibrium

를 알기 때문에 즉각적으로 인플레이션으로 이어진다.

새고전학파는 합리적 기대의 가정 하에 모든 시장은 장기뿐만 아니라 단기에서도 수요와 공급에 의해 움직인다고 본다. 그래서 예상된 통화정책은 총산출량과 실업률에 영향을 미치지 못하고, 단지 예상치 못한 통화정책만이 영향을 미친다고 주장한다. 이것이 바로 루카스의 정책 비효과성 정리(policy ineffectiveness theorem)이다.

여기에 경기순환에 대한 설명이 내포되어 있다. 새고전학파의 이론은 경기순환이 일어나는 이유가 정부의 예상치 못한 통화정책에 있음을 시사한다. 다시 말하면 화폐공급의 변화가 있을 때 사람들이 그것을 즉각적으로 인식하지 못하는 지식의 문제 때문에 경제의 불안정성, 즉 경기순환이 발생한다는 것이다.

중앙은행이 통화공급을 10% 증가시켰다고 하자. 그러면 재화에 대한 지출이 10% 증가해서 재화들의 평균가격이 10% 증가한다. 결과적으로 실질개념에 따른 재화에 대한 지출은 10%−10%가 되어서 0이 된다. 통화공급 증가가 재화가격 상승으로 정확히 상쇄되는 것이다. 그래서 사람들이 통화공급을 예상하면 통화공급 증가로 재화의 가격들이 오른다는 사실을 알고 자신들이 생산한 재화와 서비스의 가격을 올림에 따라 물가가 상승하게 되고 재화의 상대가격에 아무런 변화가 없으므로 경제에 아무런 실질효과가 발생하지 않는다는 것이다. 예를 들어 빵 1개의 가격이 1,000원이라고 하자. 통화량이 10% 늘어나면, 1,000원 가진 사람이 1,100원을 갖게 되고 빵 1개의 가격은 즉각적으로 10%가 증가해 1,100원이 된다. 그러나 통화공급이 증가해도 통화공급이 증가하기 이전과 똑같이 빵 1개만 구매할 수 있기 때문에 실질수요가 증가하지 않아 빵 공급량은 통화공급이 증가하기 이전과 똑같이 그대로 1개다. 실질 측면에서 아무런 변화가 없는 것이다.

그러나 사람들이 예상치 못하게 갑자기 통화공급을 10% 늘리면 빵 가격은 즉각적으로 오르지 않는다. 화폐공급이 10% 증가할 경우 사람들이 늘어난 화폐를 보유하지 않고 지출하게 되면 아직 변하지 않는 가격에서 사람들의 구매력이 증가한다. 즉 1,000원 가진 사람이 1,100원을 갖게 된다. 통화공급이 증가하기 이전보다 1.1개의 빵을 가질 수 있다. 즉 10%의 구매력이 증가하는 것이다. 재화에 대한 실질수요가 10% 증가하고 재화생산이 10% 증가한다는 것이다. 이렇게 사

---

expectation)라고도 한다.

람들이 예상치 못한 통화공급 증가가 재화의 생산을 늘리게 되고, 반대로 예상치 못한 통화공급 감소가 재화의 생산을 감소하게 된다. 그래서 새고전학파는 앞에서 언급한 것처럼 경기순환의 주요인이 중앙은행의 예상치 못한 통화정책이라고 주장한다.

통화주의와는 달리 새고전학파는 단기에서도 필립스곡선은 수직이라고 주장하며, 중앙은행이 예상치 못한 통화정책을 수행할 경우 경제를 불안정하게 할 뿐이라고 주장한다. 이러한 새고전학파의 견해는 현재 대부분의 중앙은행의 통화정책에서 투명성을 강조하는 데 반영되어 있다. 통화정책이 투명해야 사람들이 통화정책 방향을 예상할 수 있게 되어 경제의 안정성이 보장된다는 생각 때문이다.

경기순환의 주요인이 화폐교란에 있다는 점에서 새고전학파는 통화주의와 오스트리안과 동일한 입장이다. 그러나 새고전학파의 모형에서는 사실상 단 하나의 상품만이 공급되고 수요된다. 그러한 모형에서는 어떤 종류의 생산과정도 다루지 않는다. 또한 현재재화를 소비하거나 나중의 소비를 위해 비축해두는 것 간의 선택을 다루지 않는다. 그런 모형에서는 화폐주입은 이전지출의 형태를 띨 뿐, 신용확대로 발생하는 금리효과는 전혀 다뤄지지 않는다. 이러한 이론으로는 자본집약적인 현대경제에서 일어나는 경기순환의 원인을 제대로 설명할 수 없다.

케인지안, 통화주의, 새고전학파의 이론들이 오스트리안 이론과 근본적으로 다른 점은 초점을 두는 시장에 있다. 오스트리안 이론은 자본시장에 초점을 두고 있는 한편, 다른 학파들은 노동시장에 초점을 둔다. 그러다 보니 다른 학파들은 자본에 관한 이론이 없다. 자본은 단순히 생산함수에 들어가는 하나의 생산요소로 다룰 뿐이다. 그래서 실제 현실에서 존재하는 자본재의 다양성과 전용한계성 문제 자체를 다루지 않고 있으며, 생산과정을 매우 단순하게 다룬다. 그러한 전제하에 모든 거시경제의 변동을 노동시장에서 찾는다.

■ 실물경기순환이론(real business cycle theory)[16]

실물경기순환이론은 기술적 충격과 생산성의 변화를 경기순환을 일으키는 요인으로 본다. 새로운 기술이 생산성을 향상시키면 투자수익률이 높아진다. 이로 인해 투자 증가, 생산 증가, 임금 상승이 발생한다. 임금이 오름에 따라 노동자들의 노동공급이 증가한다. 그런 과정을 통해 경제가 호황을 이룬다. 반면에 노동자의 파업으로 인해 생산성이 저하되는 경우 그 반대의 현상이 발생한다. 기업들의 투자가 줄고, 근로자들의 노동공급이 준다. 이러한 공급 측면의 총생산량이 감소하며 불황이 초래된다. 이 뿐만 아니라 정부가 규제를 늘리면 그로 인해 생산성이 떨어져 불황이 올 수 있다. 실물경기이론은 통화와 중앙은행의 정책은 경기순환과 무관하다고 주장한다.

통화정책과 무관한 무작위 외부충격에 의해 불경기가 발생한다고 보는 실물경기변동이론은 1930년 대공황과 2008년 글로벌 금융위기는 잘 설명하지 못한다. 앞에서 본 것처럼 오스트리안 경기순환이론은 신용확대가 부정적인 생산성 충격을 초래한다는 것을 시사한다. 그러한 점에서 오스트리안 경기순환이론은 실물경기변동이론이 가지고 있는 문제를 해결하는 데 도움을 줄 수 있다.

---

16) 실물경기순환이론에 관한 자세한 내용은 Romer(2011)를 참조하기 바람.

3

중앙은행과 통화정책

중앙은행제도와 통화정책 수단

1. 중앙은행제도

■ 중앙은행의 역사와 역할

일반적으로 중앙은행제도는 일반은행들이 은행공황에 적절하게 대처하지 못해서 발생했다고 알고 있다. 그래서 중앙은행제도는 시장에서 자연적으로 생성된 것이며, 금융시장의 안정을 위해 필요하다고 주장한다. 그러나 제2장에서 살펴본 바와 같이 영국의 중앙은행으로 자리 잡고 세계 각국의 중앙은행의 모형이된 잉글랜드은행을 보면 중앙은행이 자연적으로 생성된 것으로 보기 어렵다. 잉글랜드은행은 사실상 정치적 목적에 따라 설립되었기 때문이다.

뿐만 아니라 중앙은행이 금융시장의 안정을 위해 필요하다는 주장 역시 의문이 들기는 마찬가지다. 보통 미국의 중앙은행인 연방준비제도가 19세기 말에 만연했던 금융위기를 다시 겪지 않기 위해 설립되었다고 주장한다.[1] 이것이 어느 정도는 사실이지만, 보다 근본적인 것은 그러한 금융위기들이 국가은행제도 (National Banking System) 때문에 발생했다는 점이다.

1863년 미국의 국가은행법(National Banking Act)은 은행들의 지점 설치를 금지하였으며, 은행권 발행을 보증할 자산의 종류를 제한하였다. 연방정부인가은행(national bank)이 고객에게 은행권(현금)을 제공하려고 할 때마다 정부 채권을 구입해서 당시에 은행권을 인쇄해주는 워싱턴에 통화감독청(the Office of the Comptroller of Currency)에 제출해야 했다. 정부 채권의 액면가가 은행권의 가치보다 약간 높았

---

1) Goodhart(1988, 45−46쪽, 73−75쪽)는 민간은행이 중앙은행 기능을 할 수 있으며, 실제로 기능을 하였으나 영리를 추구하는 민간은행이 중앙은행 기능을 하는 경우에 다른 경쟁은행들과의 이해상충(conflict of interest)문제로 인해 효과적인 은행의 은행, 혹은 최후대부자 기능을 수행하는 데 한계가 있어서 비경쟁적, 비영리적인 중앙은행이 필요함에 따라 자연스럽게 정부가 그것을 떠맡아 수행했다고 주장한다. 특히 그는 1907년 미국의 은행패닉을 예로 들고 있다.

을 뿐만 아니라 이러한 복잡한 과정 때문에 은행권 공급이 잘 이루어지지 않았다. 당시 미국에서 농부들에게 곡물 대금을 지불해야 했던 관계로 매년 가을 추수기에는 현금에 대한 수요가 증가하였는데, 이러한 규제로 인해 은행들이 증가한 현금수요에 맞추어 화폐를 적절하게 공급할 수 없었다. 그래서 미국에서는 유동성 부족 현상이 주기적으로 발생하였다. 그 대표적인 금융위기가 1907년 은행패닉이다. 미국은 금융위기의 재현을 막기 위해 그 원인이 되는 규제를 완화하기보다는 연방준비제도라는 중앙은행을 설립을 선택하였다. 중앙은행을 선택하게 된 배경에는 뉴욕시의 은행들과 정치인들의 이해관계가 맞아떨어졌기 때문이다. 당시 뉴욕시의 은행들은 전국적인 지점은행을 봉쇄함으로써 자신들을 시장지배력을 유지하고 싶어 했다. 한편 금융위기 때마다 결제소나 J. P. 모건 같은 민간금융기관이 나서서 사태를 수습하는 것에 자존심이 상한 정부의 관리들이 유동성을 쉽게 공급할 수 있는 정부기관을 원했다. 이러한 정치적인 이해관계에 따라 설립된 것이 연방준비제도이다. 연방준비은행이 정치적인 이해관계에 따라 설립되었다는 증거는 연방준비제도가 12개의 지역연준은행(district federal reserve bank)으로 구성되어 있다는 점이다.

1930년대 대공황 시에 중앙은행이 있었던 미국에서 9,000여개의 은행이 파산하는 금융위기가 있었지만 중앙은행이 없었던 캐나다는 파산한 은행이 하나도 없었으며 금융위기를 겪지 않았다.[2] 그것은 미국과는 달리 캐나다는 지점규제뿐만 아니라 은행에 대한 규제를 거의 하지 않아 캐나다 은행들이 현금에 대한 수요에 따라 탄력적으로 화폐를 공급하였기 때문이다. 그럼에도 불구하고 1935년 캐나다는 중앙은행을 설립하였다. 캐나다에서 중앙은행이 설립되었던 것도 역시 정치적인 이해관계 때문이었다.[3]

대공황이 심해짐에 따라 캐나다를 구하기 위해서는 정부가 무엇인가를 해야 한다는 여론이 일기 시작하였다. 그래서 정부는 1932년 기초화폐로 쓰이는 정부지폐를 은행에 강제로 대출해줌으로써 통화량을 늘리려고 하였지만 실패하였다. 대공황의 치유책으로 중앙은행 설립을 주창하는 정치적 견해들이 쏟아져 나왔다. 좌파 정당들은 은행제도를 민주적 통제에 두어야 한다는 논리로 중앙은행 설립

---

2) Mishkin(2007, 249쪽)과 Dowd(1992, 90−91쪽).

3) Dowd(1992, 91쪽).

을 주장하였다. 처음에는 중앙은행 설립을 반대하였던 자유당이 1933년 중앙은행 설립이 정치적으로 이익이 될 것으로 판단하여 입장을 바꾸었다. 집권당인 보수당은 대공황과 싸우는데 아무것도 하지 않으면 웃음거리가 될 것이라 생각하여 1934년에 역시 중앙은행 설립을 주창하였다. 이러한 배경으로 1934년에 중앙은행을 설립하는 법이 통과되고 1935년에 캐나다은행(the Bank of Canada)이 설립되었다.

캐나다은행은 대공황을 종식시키는 데 뚜렷한 역할을 하지 못했다. 캐나다가 대공황에서 회복된 것은 2차 세계대전 동안 캐나다 제품에 대한 영국의 수요가 증가 때문이었다. 캐나다의 민간화폐제도가 아주 인상적인 성과를 보였지만, 캐나다는 정치적인 이유로 민간화폐제도로 돌아가지 않고 중앙은행제도를 채택한 것이다.

이처럼 중앙은행이 은행공황에 효과적으로 대처하기 위해 자연스럽게 생긴 제도라는 주장과는 달리 중앙은행은 시장에서 자연스럽게 진화된 제도가 아니며, 정부의 특혜와 규제, 그리고 정치적인 동기에 의해 만들어진 제도이다. 또한 중앙은행은 경쟁적인 은행권 발행권시장을 독점시장으로 바꾸어 놓은 제도이다. 비록 중앙은행이 이러한 정치적 배경으로 탄생한 제도이지만 현대에 와서 금융시장과 전체 경제에 가장 크게 영향을 미치는 위치를 차지하고 있다. 일반적으로 중앙은행은 화폐발행 독점권을 바탕으로 은행에게 부족자금을 대출하는 역할을 하고, 유동성 위기에 직면한 은행에 자금을 대출하는 최후대부자(lender of last resort) 기능을 한다. 뿐만 아니라 통화량 및 금리 조절을 통해 물가안정을 포함한 거시경제안정을 위해 통화정책을 수행한다.

2. 중앙은행의 통화정책 운영체계

통화정책은 중앙은행이 경제 내의 화폐의 공급량과 증가율을 관리하는 경제정책을 말한다. 통화정책을 통해 중앙은행은 시중에 유통되는 유동성(화폐량과 신용)을 늘리거나 줄인다. 통화정책은 경제의 안정적인 성장을 위해 물가안정이나 높은 고용수준 등을 최종목표로 삼는다. 우리나라에서는 한국은행이 통화정책을 책임지고 있다. 한국은행법(제1조)에 따르면 한국은행이 수행하는 통화정책의 최우선 목표는 물가안정이다. 한편 2008년 글로벌 금융위기를 겪으면서 금융시스템의 안정이 물가안정 달성에 매우 중요하다는 인식이 확산됨에 따라 한국은행이 금융안정에 유의하여 통화정책을 수행하고 있다.

국가마다 중앙은행의 통화정책 목표를 달리 규정할 수 있다. 중앙은행의 통화정책 목표를 규정하는 방식에는 두 가지가 있다. 하나는 최우선책무(hierarchical mandate)를 규정하는 방식이고, 다른 하나는 양대책무(dual mandate)를 규정하는 방식이다. 최우선책무 방식은 다양한 목표 간 우선순위를 정하는 것으로서 물가안정을 최우선 목표로 규정하고 물가안정을 저해하지 않는 범위 내에서 고용, 성장 등의 거시경제 목적을 고려할 수 있도록 규정하는 것이다. 유럽중앙은행(ECB: European Central Bank), 잉글랜드은행, 일본은행 등이 여기에 속한다. 한국은행도 최우선책무방식에 해당한다고 할 수 있다. 한편 양대책무 방식은 물가안정과 고용, 성장 등 거시경제 목적을 나란히 나열하여 규정하는 것이다. 물가안정과 최대 고용의 책무를 규정하고 있는 미국의 중앙은행인 연방지준제도(federal reserve system)가 대표적이다.

중앙은행의 문제는 물가안정과 같은 최종목표에 직접적으로 영향을 미칠 수 없다는 데 있다. 중앙은행은 최종목표에 영향을 미칠 수 있는 변수들에 영향을 줄 수 있는 정책 수단(공개시장조작, 여수신제도, 지급준비제도 등)을 가지고 있을 뿐이다. 그래서 중앙은행은 최종목표를 직접 겨냥하기보다는 정책 수단과 최종목표 사이에 존재하는 변수들을 중간목표와 운용목표로 설정하여 통화정책을 수행한다. 중앙은행은 최종목표에 직접적으로 영향을 미치는 통화지표(M1, M2, Lf 등), 이자율, 환율, 물가상승률과 같은 변수들 중 하나를 선택한다. 이렇게 선택된 지표를 명목기준지표(nominal anchor)라고 하며, 이것을 최종목표를 달성하기 위한 중간목표(intermediate target)로 삼는다. 그러나 중간목표 역시 중앙은행이 정책 수단을 통해 직접 제어할 수 없다. 그래서 중앙은행은 자신이 직접 제어할 수 있는 변수를 선택한다. 이것을 운용목표(operating target)라고 한다. 운용목표로 사용되는 변수에는 일반적으로 단기시장금리(콜금리), 지급준비금, 본원통화 등이 있다. 중앙은행은 이런 변수들 중 하나를 운용목표의 지표로 설정하고, 이 운용목표를 달성하기 위해 공개시장조작, 여수신제도, 지급준비제도 등의 정책 수단을 활용한다.

요약하면 <그림 9-1>처럼 중앙은행은 정책 수단을 사용하여 설정한 운용목표와 중간목표를 통해 최종목표를 달성하기 위해 노력한다. 현재 한국은행은 물가안정을 최종목표, 2%의 소비자물가상승률을 중간목표, 한국은행이 정하는 기준금리를 운용목표로 삼고 있다. 그러나 이렇게 소비자물가상승률을 중간목표로 정할 경우에는 명시적인 소비자물가상승률이 곧 최종목표인 물가안정 그 자체이기 때문에 중간목표와 최종목표는 사실상 동일하다. 달리 말하면 중앙은행이 물가상승률 목표치를 사전에 명시적으로 제시할 경우 중간목표가 없는 것이나 마찬가지인 것이다.

┃그림 9-1┃ 통화정책 운영체계

■ 통화정책의 최종목표

화폐발행권을 가지고 있는 중앙은행이 가져야 할 책무는 무엇보다도 화폐가치안정이다. 화폐가치안정은 물가와 반비례 관계가 있으므로 중앙은행 통화정책의 최종목표는 물가안정이 되어야 한다. 그러나 앞에서 잠깐 언급한 바와 같이 중앙은행이 추구하는 통화정책의 최종목표에는 경기안정, 고용안정, 금융안정 등이 있다. 금융안정이 통화정책의 목표로서 중요성이 높아진 계기는 2007년 미국의 서브프라임 모기지 사태로 촉발된 글로벌 금융위기다. 그리고 경기안정과 고용안정은 글로벌 금융위기 이후 저성장이 장기간 지속되면서 경기안정이나 고용안정을 통화정책의 직접적인 목표로 삼고 있는 나라들이 많아졌다.

그러나 중앙은행이 다양한 통화정책 목표를 추구할 경우 각 목표가 서로 상충될 가능성이 있다. 특히 경기안정 및 고용안정이 물가안정은 서로 상충될 수 있다. 예를 들어 경제가 확장되고 실업률이 감소할 때 물가가 상승할 수 있다. 이때 중앙은행이 물가상승을 막기 위해 화폐공급을 줄이면 단기적으로 실업률이 증가할 수 있다. 따라서 중앙은행의 최종목표 선택에 있어서 최종목표들 간의 상충문제가 존재한다.

■ 통화정책의 중간목표

<그림 9-1>에서 보는 바와 같이 일반적으로 명목지표 또는 중간목표로 통화량, 이자율(단기이자율, 또는 장기이자율), 환율, 물가상승률 등이 사용된다. 여러 가지 목표변수들 중 어느 것이 중간목표로서 적합한지를 선택하는 기준으로 가장 중요한 특성은 변수가 갖는 최종목표에 대한 예측성이다. 통화량이 최종목표를 가장 잘 예측하면 통화량을 중간목표로 삼고, 이자율이 최종목표를 가장 잘 예측하면 이자율을 중간목표로 삼는다. 중간목표 변수들 중 어떤 것이 적합한지는 각국의 경제구조와 금융시장 발달 정도 등에 따라 다를 수 있다. 통화량, 물가상승률을 중간목표 또는 명목기준지표로 활용하는 경우 각각을 통화량목표제(monetary targeting), 인플레이션목표제(inflation targeting)라고 한다. 이에 대해서는 제11장에서 자세히 논의할 것이다.

과거에 많은 국가들이 통화량목표제를 채택했다. 그 이유는 물가와 통화량 사이에 안정적이며 밀접한 관계가 성립하므로 통화량의 조절을 통해 인플레이션을 억제할 수 있다는 통화주의 이론의 영향을 받았기 때문이다. 그러나 1980년대부터 금융혁신과 금융규제 완화 등으로 통화량의 움직임을 정확히 파악하고 제어하는 것이 어려워졌고 통화량과 최종목표인 물가 사이의 관계도 불안정해졌다. 그래서 1990년 뉴질랜드를 시작으로 주요 중앙은행들이 명시적인 인플레이션 목표를 채택했다. 우리나라 역시 1997년 말 한국은행법 개정 때 물가안정목표제를 도입해 1998년부터 운용하고 있다. 인플레이션목표제는 대중들에게 명확한 물가목표치를 제시함으로써 그동안 물가와 경기순환을 안정시켰다는 평가를 받아왔다. 그러나 최근에 금융위기가 발생하면서 통화정책이 자산가격 버블 등에는 제대로 대처하지 못한다는 비판에 직면해 있다.

■ 통화정책의 운용목표

중간목표(명목기준지표)가 통화정책의 최종목표에 가까운 지표라면 운용목표는 중앙은행이 정책 수단을 통해 제어하고자 하는 지표이다. 따라서 운용목표는 중앙은행이 상당 부분 통제할 수 있고 중간목표 또는 최종목표에 예측 가능한 영향력을 가진 변수가 선택되며 일반적으로 이러한 조건을 충족시킬 수 있는 본원통화(지급준비금)나 초단기시장금리가 사용된다.

중앙은행은 통화량(본원통화)을 목표로 할지, 이자율을 목표로 할지를 결정해야 한다. 왜냐하면 두 가지를 동시에 활용할 수 없기 때문이다. 한 가지를 선택하면 다른 것은 포기해야 한다. 예를 들어 중앙은행이 목표를 정하고 공개시장 조작이나 여수신제도를 통해 본원통화를 증가시킬 경우 은행의 초과지준금이 증가하게 된다. 은행들은 먼저 증가한 이 초과지준금을 콜시장을 통해 서로 빌려주려고 할 것이다. 이것은 콜금리를 낮추게 된다. 그러면 콜금리는 대출에 비해 상대적으로 매력적이지 못하게 되기 때문에 은행들은 이 초과지준을 고객들에게 대출할 것이고 대출하기 위해서 이자율을 낮출 것이다. 이자율이 변동하게 된다.

한편 중앙은행이 시장이자율(콜금리)의 목표를 정하고 이자율이 원하는 목표에 도달하게 하기 위해서는 중앙은행은 공개시장조작이나 여수신제도를 통해 본원통화를 변화시켜야 한다. 따라서 중앙은행이 이자율을 정하기 위해 화폐발행권을 사용한다면 중앙은행 본원통화와 통화량에 대한 조절을 포기해야 한다.

중간목표가 통화량인 경우 대개 본원통화(지급준비금)를 운용목표로 활용한다. 본원통화가 통화량(M1, M2 등)과 안정적인 관계가 있다는 전제 하에 통화증가율 목표달성에 필요한 본원통화 규모를 산출하고 공개시장운영 등 정책 수단을 활용하여 본원통화 규모를 달성하는 방식으로 운영한다.

인플레이션목표제의 경우에는 일반적으로 콜금리(미국의 경우 연방기금금리)와 같은 초단기시장금리를 운용목표로 활용한다. 단기시장금리를 중앙은행이 설정한 정책금리의 목표에 근접한 수준에서 유지하도록 노력한다. 단기시장금리가 장기시장금리와 여수신금리로 파급되어 실물경제에 영향을 미치는 통화정책의 파급경로를 염두에 둔 운영방식이다.

여기서 정책금리는 중앙은행이 통화정책의도를 전달하는 기준금리로서 중앙은행이 전적으로 그 수준을 결정한다. 미국은 연방기금금리(federal fund rates)의 목표금리를 정책금리(또는 기준금리)로 하고 있다. 우리나라는 현재 시장금리가 아닌 별도의 기준금리(base rate)를 정해 정책금리로 활용하고 있으며, 과거 기준금리가 도입되기 전에는 '목표 콜금리'를 정책금리로 활용했다. 한국은행 기준금리는 제4장에서 설명한 바와 같이 한국은행이 금융기관과 환매조건부증권(RP) 매매, 자금조정예금 및 대출 등의 거래를 할 때 기준이 되는 금리다.

■ 통화정책 수단

중앙은행이 운용목표의 수준을 조절하기 위해 활용하고 있는 통화정책 수단으로는 이미 언급한 것처럼 지급준비제도, 공개시장조작, 중앙은행 여수신제도 등이 있다. 지급준비제도란 금융기관으로 하여금 예금 등과 같은 금융기관 부채의 일정 비율(지급준비율)에 해당하는 금액(지급준비금)을 중앙은행에 예치하도록 의무화하는 제도이다. 공개시장조작은 중앙은행이 금융기관을 상대로 채권 등을 사고팔아 부족자금을 공급하거나 잉여자금을 흡수하는 것이다. 공개시장조작을 통해 채권의 매매 물량 및 가격을 조절함으로써 통화량과 금리에 영향을 미친다. 여수신제도는 중앙은행이 금융기관과의 대출 및 예금 거래를 통해 자금의 수급을 조절하는 정책 수단을 말한다. 중앙은행은 대출금리를 변경하거나 자금량을 직접 조절함으로써 금융기관의 자금조달비용, 유동성 사정 및 신용공급 등에 영향을 미칠 수 있다.

3. 우리나라 중앙은행: 한국은행

■ 한국은행 연혁

한국은행은 1950년 6월에 설립된 우리나라의 중앙은행이다. 설립 당시에 한국은행은 정부가 자본금 15억 원(圓)을 전액 출자한 법인이었다. 그러나 일반회사와는 달리 영업 활동을 위한 기초자산인 납입자본금의 필요성이 없고 손실발생 시 법에 따라 정부가 보전하도록 되어 있기 때문에 자본금이 큰 의미가 없어서 1962년 한국은행법을 개정하여 무자본 특수법인으로 전환되었다.

1950년 한국은행은 설립 당시에는 행정부로부터 상당히 독립성을 가질 수 있었다. 그러나 1962년 한국은행법을 개정하여 통화정책에 대한 정부의 영향력을 강화하였다. 금융통화위원회가 금융통화운영위원회로 개칭되고 재무부 장관이 통화정책에 대한 금융통화운영위원회의 결정에 대해 재심의를 요구할 수 있고, 재무부가 한국은행 업무에 대해 감사할 수 있도록 하였다. 이러한 제도 하에서는 통화금융정책은 정부의 경제계획을 달성하기 위한 보조수단에 불과했다. 자연히 통화가치 안정을 위한 중앙은행의 통제력은 상실되었다. 정부가 성장계획 하에 총 신용공급량이 정해지면 그에 따라 중앙은행은 통화량을 관리하는 양상이었다. 통화금융정책은 정부의 전략 산업에 대한 자원을 제공하는 수단으로 사용되었다. 이러한 환경에서 한국은행이 통화공급을 제어하는 일은 사실상 어려운 일이었다. 그로 인해 통화량이 연평균 30% 정도씩 팽창하면서 만성적인 인플레이션이 고착화 되었다.

1981년 전두환 정부가 들어서서 인플레이션을 억제하기 위해 긴축적인 재정정책과 통화정책을 강력히 추진했다. 재정적자와 정책금융이 축소됨에 따라 통화팽창 압력이 감소되면서 통화정책의 자율성이 회복되었다. 정부의 안정화정책 이후 한국의 통화정책이 정부의 재정정책의 보조수단에서 벗어나 통화가치 안정을 위해 독립적으로 수행할 수 있는 구조로 변화하였다. 그 후 한국은행의 독립성 강화 필요성이 꾸준히 제기됨에 따라 1997년과 2003년 두 차례에 걸쳐 한국은행법을 개정하여 한국은행의 독립성과 통화신용정책의 중립성을 강화하였다. 1997년 한국은행법 개정 시에 금융통화운영위원회가 금융통화위원회로 환원되고 의장이 재정경제원 장관에서 한국은행 총재로 바뀌게 되었다. 한편 한국은행의 은행감독권이 통합감독기구인 금융감독원으로 이관되었다.

한편 2008년 글로벌 금융위기 이후 거시건전성정책의 중요성이 확대되면서 2011년 8월 중앙은행의 금융안정 역할을 강화하는 방향으로 한국은행법이 개정되었다. 그에 따라 통화신용정책의 수립과 실행에 있어서 금융안정에 유의하도록 하는 '금융안정 책무'를 명시적으로 부여했다. 그리고 매년 2회 이상 거시금융안정 상황에 대한 평가보고서를 작성하여 국회에 제출하도록 했다.

■ 한국은행의 대차대조표

한국은행의 통화정책 운용을 이해하기 위해서는 우선 한국은행의 자산과 부채를 나타내는 대차대조표를 살펴볼 필요가 있다. <표 9-1>은 2020년 12월 31일 자 한국은행 대차대조표를 보여주고 있다. 주요 자산에는 대출금, 국채, 외국증권 등이 있고, 주요 부채에는 화폐발행잔액(발행된 한국은행권), 금융기관예치금, 통안증권 등이 있다. 한국은행의 자본은 부채 쪽에 기록되어 있다. 대차대조표의 원리에 따라 부채에 자본을 더한 금액은 자산액과 정확히 일치한다. 2020년 12월 31일부 한국은행의 자산 총액은 538조7,304억 원이다.

〈표 9-1〉 한국은행대차대조표(2020.12.31.)

단위: 10억 원

자산합계	538,730.4
국내자산	84,106.8
현금	0.0
대출금	34,272.3
유가증권	25,939.9
국채	25,939.9
대정부대출금	213.0
정부대행기관	0.0
고정자산	2,424.7
환매조건부채권매입	0.0
기타국내자산	21,257.0
국외자산	454,623.6
지금은	5,216.7
외국증권	374,708.1
외화예치금	28,872.1
IMF특별인출권보유	3,667.4
국제금융기구출자금	18,857.2
기타국외자산	23,302.1
부채합계	516,559.1
국내부채	479,843.3
화폐발행잔액	147,556.9
예금계	143,588.8
은행금융기관지준예금	71,161.8
비은행금융기관예금	2,880.0
중앙정부예금	6,213.6
특수자금융자기금	0.0
통화안정증권발행	159,257.0
환매조건부채권매각	11,000.0
통화안정계정	9,250.0
충당금	201.8
기타국내부채	2,775.3
국외부채	36,715.8
비거주자예금	3,697.1
IMF특별인출권배분	3,767.8
출자증권발행	7,728.6
기타국외부채	21,522.3
자본	22,171.3

■ 한국은행의 주요 자산

유가증권

유가증권은 한국은행의 가장 중요한 자산이다. 이것의 거의 대부분은 국채다. 국채에는 국고채권과 재정증권이 있다. 국고채권은 기획재정부가 국고채전문딜러(KTB Primary Dealer) 및 예비국고채전문딜러(KTB Preliminary Primary Dealer)로 지정한 금융기관을 대상으로 신한은금융망(BOK-Wire+)을 통한 경쟁입찰방식에 의해 시장실세금리로 발행된다. 현재 발행되는 국고채권의 만기는 3년, 5년, 10년, 20년, 30년, 50년의 6종류가 있다.

재정증권은 단기적인 재정수급의 불균형을 해소하기 위하여 발행되는 것으로 발행되는 재정증권은 당해 회계연도 중에 전액 상환된다. 재정증권은 2006년 9월 이후 발행이 중단되었다가 2011년 3월에 발행이 재개되었다. 국채는 한국은행의 공개시장운영 등 통화정책 수행에 사용된다. 한국은행은 2020년 12월 31일 현재 국채 25조9,399억 원을 보유하고 있다.

금융기관 대출

한국은행은 자금이 필요한 금융기관에게 직접 대출한다. 이런 대출제도에는 자금조정대출, 금융중개지원대출, 일중당좌대출이 있다. 자금조정대출은 금융기관의 자금수급과정에서 발생한 부족자금을 지원하는 것, 금융중개지원대출은 금융기관의 중소기업 등에 대한 금융중개기능에 필요한 자금을 지원하는 것, 그리고 일중당좌대출(日中當座貸出)은 금융기관의 일중 지급·결제에 필요한 일시적인 부족자금을 당일 결제 마감 시까지 지원하는 것을 말한다. 이들 대출은 어음재할인 또는 증권담보대출의 형태로 실행될 수 있으며, 담보의 종류에는 금융기관이 대출로 취득한 어음 등 신용증권, 국공채, 통화안정증권, 한국주택금융공사가 발행한 주택저당증권 등이 있다.

자금조정대출과 일중당좌대출의 대상금융기관은 한국은행에 예금지급준비금을 예치하여야 하는 금융기관으로 하고 있다. 한국은행이 대출에 부과하는 이자율을 할인율(discount rate)이라고 한다. 최근 들어 많은 중앙은행들이 개별 금융기관을 상대로 한 일시적 부족자금 대출과 함께 일시적 여유자금을 예수할 수 있는 대기성 여수신제도(standing facility)를 도입하면서 중앙은행의 대출제도가 여수신제도로 발전함에 따라 한국은행도 2008년 3월 자금조정대출과 함께 자금조정예금을 새롭게 도입함으로써 이전의 대출제도를 여수신제도로 확대·개편하였다. 여수신제도는 통화정책의 수단으로 사용된다. 2020년 12월 31일 현재 한국은행의 금융기관 대출 금액은 34조2,723억 원이다.

정부대출

한국은행은 정부에 대하여 당좌대출 또는 그 밖의 형식의 여신을 할 수 있다. 한국은행이 정부에 대출할 수 있는 한도는 금융통화위원회에서 결정한다. 한국은행이 2021년 정부에 대출할 수 있는 한도를 50조 원으로 설정했다. 2020년 12월 31일 현재 한국은행의 정부대출 규모는 2,130억 원이다.

환매조건부채권매입

환매조건부매매(RP 또는 Repo: repurchase agreement)는 일정 기간 이후 정해진 가격으로 되사거나 되파는 것을 조건으로 증권을 팔거나 사는 것을 말한다.[4] 되파는 조건으로 증권을 사는 것을 환매조건부매입, 되사는 조건으로 증권을 파는 것을 환매조건부매각이라고 한다. 한국은행은 시중 유동성 조절을 위해 금융기관을 대상으로 환매조건부채권을 이용한다. 시중에 유동성을 공급할 필요가 있을 때 환매조건부매입을 하고 유동성을 흡수하고자 할 때 환매조건부매각을 한다. 환매조건부매매 대상증권에는 국채, 통안증권, 그리고 한국주택공사가 발행하는 주택저당채권(MBS)이 있다. 환매조건부 매입금액은 한국은행의 자산이 된다. 2020년 12월 31일 현재 한국은행의 환매조건부채권 매입금액은 0원이다.

해외자산

한국은행의 해외자산은 지금은, 외국증권, 외화예치금, IMF특별인출권보유, 국제금융기구출자금 등으로 구성되어 있고, 해외부채는 비거주자예금, IMF특별인출권배분, 출자증권발행으로 구성되어 있다. 지금은 금보유량, 외국증권은 국채, 정부기관채, 회사채, 자산유동화 증권 등 유동성이 높은 금융상품, 예치금은 예금형태로 가지고 있는 현금성 자산, SDR(특별인출권)은 달러를 대치할 수 있는

---

4) 환매조건부증권매매(RP)는 거래주체를 기준으로 금융기관과 일반고객 간에 이루어지는 대고객 RP, 금융기관 간에 이루어지는 기관 간 RP, 그리고 한국은행과 금융기관 간에 이루어지는 한국은행 RP가 있다.

국제준비자산으로 IMF가 발행한 바스켓 통화, 국제금융기구출자금은 IMF 등 국제금융기구들에 출자, 출연한 금액을 말한다. 2020년 12월 31일 현재 해외자산 규모는 454조6,236억 원이다.

금, 외국증권, 외화예치금, IMF특별인출권(SDR), 국제금융기구출자금 중 IMF포지션이 외환보유고를 구성한다. 전체 외환보유고 중 외국증권(대부분이 달러채권)이 약 90% 이상을 차지하고 있다. 금은 1~2% 정도 차지한다. 외환보유고는 대외준비자산(international reserves)이라고도 한다. 대외준비자산은 중앙은행이 국제수지 불균형을 바로 잡거나 외환시장을 안정시키기 위해 언제든지 사용할 수 있는 외화표시 대외자산을 의미한다. 경상수지 흑자 또는 자본수지 흑자로 인해 외화가 국내로 유입되면 준비자산은 증가하고, 반대로 경상수지 적자 또는 자본수지 적자로 인해 준비자산은 감소한다. 외화가 부족해지면 중앙은행이 보유하고 있는 외환보유고를 사용해 부족분을 메워야 한다. 준비자산 증감은 여러 대외거래에 따른 결과로 통화 당국이 가지고 있는 공적지급준비자산의 변화를 뜻한다.[5]

기타 자산

기타 자산과 기타 부채의 차이를 말한다. 기타 자산에는 국내본지점대, 가지급금, 외환평가조정금 등이 포함된다.

■ 한국은행의 주요 부채

화폐발행잔액

한국은행이 발행한 화폐(지폐 및 동전)의 총량 중 사람들이 보유하고 있는 현금과 금융기관이 예금인출에 대비하여 금융기관의 금고에 보관하고 있는 현금을 의미한다.[6] 금융기관이 예금인출에 대비하여 금고에 보관하고 있는 현금을 시재

---

5) 준비자산이 증가하면 국제수지표상의 준비자산증감란에서 음(−)으로 표시하고, 감소하면 양(+)로 표시한다. 국제수지표상 음(−)으로 표시되는 것은 차변(debit)을 말하고, 차변에는 실물자산(상품)의 수입이나 대외자산(금융자산을 의미)의 증가 또는 대외부채의 감소를 기록하기 때문이다. 그리고 플러스(+)는 대변(credit)을 표시하는 것으로서 대변에는 실물자산의 수출이나 대외자산의 감소 또는 대외부채의 증가를 기록한다. 실물이든 금융이든 자산의 증가는 차변(−)에, 자산의 감소는 대변(+)에 표시하기. 때문이다.

6) 우리나라, 중국, 필리핀, 헝가리 등과 같이 제2차 세계대전 이후에 중앙은행을 설립한 대부분의 국가에서는 지폐와 주화 모두를 중앙은행이 발행하고 있지만 미국, 영국, 일본, 캐나다 등에서는 은행권은 중앙은행이 발행하고 주화는 정부가 발행하고 있다.

금이라고 하며, 법정준비금의 일부로 보유한다. 다시 말하면 화폐발행잔액은 비은행 민간이 보유하고 있는 화폐량과 은행의 시재금이 합해진 화폐량을 말한다. 2020년 12월 31일 현재 화폐발행잔액은 147조5,569억 원이다.

금융기관예금

금융기관예금에는 은행과 비은행금융기관이 한국은행에 지급준비금으로 예치하고 있는 금액과 별단예금, 외화예수금 등이 포함된다. 이 중 은행과 비은행금융기관의 예치금은 은행들 간에 서로 빌려주고 빌리는 자금(콜자금)의 원천으로서 콜시장을 형성한다. 한국은행은 이 예치금에 대해서 이자를 지불하지 않는다. 앞에서 설명한 화폐발행잔액과 은행 및 비은행금융기관의 예치금이 본원통화(한국은행 화폐 발행 총량)를 형성한다. 2020년 12월 31일 현재 은행 및 비은행 금융기관의 예치금 규모는 74조418억 원이다. 별단예금은 은행의 사무처리 중에 일시적으로 발생하는 미결제, 미정리 자금을 일컫는다. 그리고 외화예수금은 은행들이 한국은행에 예치하는 외화자금이나 외화예금을 말한다.

정부예금

한국은행은 대한민국 국고금의 예수기관(預受機關)으로서 국고금을 취급한다. 2020년 12월 31일 현재 정부예금액은 6조2,136억 원이다.

통화안정증권

제4장에서 설명한 바와 같이 통화안정증권은 한국은행이 공개시장을 통해 유동성 조절을 목적으로 발행하는 채무증서이다. 보통 통안채, 또는 통안증권이라고 부른다. 시중의 유동성을 회수할 필요가 있다고 판단되면 통안증권을 발행하고, 시중에 유동성을 공급할 필요가 있다고 판단되면 발행했던 통안증권을 회수한다. 다시 말하면 통안증권은 일종의 공개시장조작의 방법으로 사용된다. 통화안정증권은 공모 또는 상대매출 방식으로 발행된다. 통화안정증권의 만기는 공모발행의 경우 2년 이내이며, 그 종류에는 할인채와 이표채가 있다. 할인채는 할인방식으로 발행되어 만기일에 액면금액이 지급된다. 그리고 이표채는 이표지급방식으로 발행되어 발행일로부터 3개월마다 이자를 지급하고 만기일에 액면금액을 지급한다.

원래 미국의 중앙은행인 연방준비제도처럼 공개시장조작은 국채를 매입하거나 매각하는 방식으로 운영된다. 그럼에도 불구하고 한국은행이 통안증권을 공개시장 조작의 방법으로 사용하는 이유는 공개시장을 운영할 수 있을 만큼 국채 발행량이 많지 않기 때문이다. 물론 최근에는 국채보유량이 늘어남에 따라 공개시장조작에 일부 국채를 활용하고 있다. 2015년 이후 통안증권 규모를 줄이고 환매조건부채권을 공개시장조작에 사용하고 있다. 한국은행은 시중의 유동성을 기조적으로 환수할 필요가 있을 경우 통화안정증권을 순발행하여 유동성을 흡수한다. 통화안정증권은 환매조건부매매와 통화안정계정과 같은 여타 공개시장운영수단에 비해 만기가 길어 정책효과가 오래 지속되기 때문에 기조적 유동성 조절수단(structural adjustment)으로 활용된다. 2020년 12월 31일 현재 통화안정발행액은 159조2,570억 원이다.

통화안정계정

통화안정계정은 금융시장 유동성 조절을 위한 일종의 기한부 예금(term deposit)이다. 통화안정계정은 통화량의 수축이 필요할 때에는 금융기관에게 일정 금액을 통화 안정계정에 예치케 하고, 반대로 통화량의 증가가 필요할 때는 일정 금액을 이 계정에서 인출하도록 함으로써 금융기관의 단기유동성조절을 도모하는 정책수단이다. 통화안정계정은 형태 면에서 지급준비제도와 유사하지만 기능 면에서는 공개시장조작과 같다. 통화안정계정이 시장친화적 방식의 기간부 예금입찰 방식으로 운영되기 때문이다. 한 가지 유의할 점은 통화안정계정에 예치된 금액은 금융기관의 지준예치금으로 인정되지 않는다는 것이다.

사실 통화안정계정은 1967년 해외부문 등으로부터의 과잉유동성을 흡수하기 위해 강제예치방식으로 운용되었다. 그러나 통화안정계정은 1990년대 이후 금융시장의 발달, 환매조건부증권매매(RP) 등 시장친화적인 공개시장운영수단의 정착 등으로 잘 활용하지 않았다. 그러다가 RP매각에 필요한 보유증권의 한계, 통화안정증권 발행 누증에 따른 부작용(이자부담 증가, 시장수요 제한 등) 등으로 보다 효과적인 유동성 관리를 위하여 2010년 10월 이후 다시 활용되고 있다. 2020년 12월 31일 현재 통화안정계정 규모는 9조2,500억 원이다.

환매조건부채권매각

앞에서 설명한 바와 같이 한국은행 RP는 시중 유동성 조절을 위해 실시하는 공개시장조작 수단 중 하나이다. 유동성을 흡수하고자 할 때는 RP매각을 실시한다. RP매각 시점에 시중 유동성이 흡수되고 RP매각 만기도래 시점에 채권 환매수를 통해 다시 유동성이 공급된다. 환매조건부매각 금액은 한국은행의 부채가 되고 환매조건부매입 금액은 한국은행의 자산이 된다. 공개시장조작의 환매조건부증권매매 대상증권에는 국채와 통안증권, 그리고 한국주택공사가 발행하는 주택저당증권(MBS)이 있다. 2020년 12월 31일 현재 환매조건부채권매각 규모는 1조 원이다.

해외부채

비거주자예금, IMF특별인출권 배분, 출자증권발행, 기타해외부채로 구성되어 있다. 해외부채 총액은 2020년 12월 31일 현재 36조7,158억 원이다.

기타 부채

기타 부채에는 국내본지점차, 가수금, 수입보증금 및 외환평가조정금(대변잔액) 등이 포함된다.

자본

한국은행의 자본금은 법정적립금, 임의적립금, 미처분이익잉여금으로 구성되어 있다. 법정적립금은 법에 의해 적립을 강제하는 적립금을 말하고, 임의적립금은 법률로서 강제하는 적립금이 아닌 회사나 은행의 결정으로 적립하는 적립금을 말한다. 미처분이익잉여금은 앞의 적립금 등으로 적립하지 않고 사내나 은행에 유보한 나머지 금액을 의미한다. 한국은행은 당기순이익의 30%는 법정적립금으로 쌓고 약간의 임의적립금을 뺀 나머지는 국고로 낸다. 한은은 2020년 당기순이익의 30%인 2조2,098억 원은 법정적립금으로, 341억 원은 농어가목돈마련저축장려기금 출연 목적의 임의적립금으로 쌓아뒀으며, 나머지 5조1,220억 원은 정부에 세입으로 납부했다. 그 결과 한국은행의 자본금 규모는 적립금 증가로 22조1,713억 원이 되었다.

■ 한국은행의 화폐발행이익(시뇨리지)

중앙은행은 화폐발행을 통해 이익을 얻는다. 이것을 시뇨리지라고 한다. 100% 지준제도 하에서는 통화공급량은 본원통화와 같다. 그래서 통화량, 즉 본원통화 변화는 그대로 중앙은행의 시뇨리지가 된다. 그러나 부분지준제도 하에서는 본원통화는 통화공급량의 일부에 불과하다. 즉 $B = \frac{1}{k}M$, 여기서 k는 통화승수다.

그래서 통화팽창으로부터 얻는 중앙은행의 시뇨리지는 단지 $\frac{\triangle B}{P} = \frac{1}{k}\frac{\triangle M}{P}$ $= \frac{1}{k}\mu m$이다. 나머지 시뇨리지, 즉 $\mu m - \frac{1}{k}\mu m = \frac{k-1}{k}\mu m$은 은행의 수익이 된다. 요구불예금에 대한 이자지급에 대해 은행들 간에 자유롭게 경쟁하도록 하면 이 잠재적 시뇨리지는 은행 고객들에게 돌아갈 수 있다. 중앙은행은 이익금을 정부에게 넘겨주어야 하기 때문에 이 시뇨리지는 정부로 넘어간다. 그래서 중앙은행의 시뇨리지는 정부의 시뇨리지가 된다. 현재 우리나라에서는 한국은행의 순이익 중 30%의 법정적립금을 제외하고 나머지는 정부의 세입으로 처리된다(한은법 제99조). 앞에서 언급한 것처럼 2020년 한국은행의 이익금 중 30%(2조2,098억 원)를 뺀 5조1,220억 원이 정부 세입으로 처리되었다.

정부는 새로운 본원통화가 창출되는 시점에서 새로운 본원통화를 이익으로 간주하지 않는다. 대신에 정부는 금융시장에 새로운 국채를 발행해 판매함으로써 재정적자를 보전하기 위해 빌린다. 중앙은행이 본원통화로 이 국채를 매입하면 중앙은행은 정부로부터 이 채권에 대한 이자를 받을 것이다. 그러나 앞에서 말한 대로 중앙은행은 이익금을 정부에게 넘겨주어야 하기 때문에 이 이자수입을 정부에게 넘겨준다. 그리하여 정부는 이 부분에서 아무런 차입비용이 들지 않는다. 이것은 화폐를 스스로 발행하는 것과 다름이 없다. 재정적인 측면에서 정부는 새로운 화폐를 직접 발행할 수도 있지만 중앙은행으로 하여금 그렇게 하도록 하는 것은 재정적자를 운영하는 재정적 결정을 본원통화를 확장함으로써 이룰 수 있는 이점이 있다.

4. 본원통화에 영향을 미치는 요인

우리는 제5장에서 본원통화에 통화승수를 곱한 만큼 통화량이 공급됨을 알았다. 이제 한국은행이 공개시장조작과 여수신제도를 통해 어떻게 본원통화를 조절할 수 있는지를 보도록 하자. 그것을 보기 위해서는 먼저 본원통화에 영향을 미치는 요인이 무엇인지를 파악할 필요가 있다. 그 요인을 파악하기 위해 <표 9−1>의 한국은행의 대차대조표를 <표 9−2>와 같이 순자산 측면으로 대차대조표를 변형시켜보자. 순유가증권(S)은 한국은행 보유하고 있는 국채를 포함한 유가증권에서 통화안정증권 등과 같은 한국은행이 발행한 채권을 뺀 것을 말한다. 대금융기관순신용(L)은 금융기관에 대한 대출금에서 금융기관예치금을 제외한 통화안정계정에 예치된 금액과 별단예금 및 외화예수금 등을 뺀 것, 대정부순신용(G)은 대정부대출금에서 정부예금을 뺀 것, 해외순자산(F)은 해외자산에서 해외부채를 뺀 것, 기타순자산(O)은 기타자산에서 기타부채를 뺀 것을 나타낸다.

〈표 9-2〉 순자산 측면으로 만든 한국은행 대차대조표

자산		부채 + 자본	
순유가증권(S)	−144,317.1	화폐발행잔액(C+C$_V$)	147,556.9
대금융기관순신용(L)	−44,524.7	금융기관예치금(D$_R$)	74,041.8
대정부순신용(G)	−6,000.6		
해외순자산(F)	417,907.8	자본(NW)	22,171.3
기타순자산(O)	20,706.6		
계	243,770.0	계	243,7770

본원통화는 현금통화와 금융기관의 지준금의 합이다. 현금통화(C)는 시중에 유통되는 화폐량으로서 사람들이 보유하고 있는 현금을 말한다. 그리고 금융기관의 지준금은 금융기관의 금고에 들어있는 현금(시재금; vault cash, C_V)과 금융기관의 한은예치금(D_R)으로 구성된다. 앞에서 설명한 바와 같이 화폐발행잔액은 사람들이 보유하고 있는 현금과 금융기관이 예금인출에 대비하여 금융기관의 금고에 보관하고 있는 현금을 의미하므로, 화폐발행잔액은 현금통화(C)와 시재금(C_V)의 합이다. 따라서 여기서 본원통화는 화폐발행잔액과 금융기관예치금이 된다.

대차대조표 항등성에 따라 자산과 부채에 순자산을 더한 것이 같다. 대차대조표 항등성과 <표 9−2>로부터 우리는 다음과 같은 식이 성립함을 알 수 있다.

$$S + L + G + F + O = C + C_V + D_R + NW \tag{9-1}$$

금융기관의 지준금(R)은 시재금(C_V)과 한은예치금(D_R)이므로 (9-1)은 아래와 같이 변형해 쓸 수 있다.

$$C + R = S + L + G + F + O - NW \tag{9-2}$$

본원통화(B)는 현금통화(C)와 금융기관지준금(R)의 합, 즉 $B = C + R$이므로 (9-2)는 아래와 같이 쓸 수 있다.

$$B = S + L + G + F + O - NW \tag{9-3}$$

그러면 본원통화의 변화는 아래와 같다.

$$\triangle B = \triangle S + \triangle L + \triangle G + \triangle F + \triangle O - \triangle NW \tag{9-4}$$

이것으로부터 우리는 본원통화에 영향을 미치는 요인을 파악할 수 있다. 본원통화는 순유가증권의 변화($\triangle S$), 금융기관순신용의 변화($\triangle L$), 대정부순신용의 변화($\triangle G$), 해외순자산의 변화($\triangle F$), 기타순자산의 변화($\triangle O$), 자본금의 변화($\triangle NW$)에 영향을 받는다.

한국은행이 공개시장을 통해 국채, 통안증권 등을 매입하면 본원통화가 증가하고 매각하면 본원통화가 감소한다. 마찬가지로 여수신제도를 통해 금융기관에 대한 대출이 변하는 경우 본원통화가 변화한다. 즉 금융기관순신용이 증가하면 본원통화가 증가하고, 순신용이 감소하면 본원통화가 감소한다. 또 대정부순신용이 증가하면 본원통화가 증가하고, 대정부순신용이 감소하면 본원통화가 감소한다. 해외순자산이 증가하면 본원통화가 증가하고, 해외순자산이 감소하면 본원통화가 감소한다. 해외자산이 유입되면 해외순자산이 증가하고 해외자산이 유출되면 해외순자산은 감소한다. 또 한국은행이 외환시장에 개입할 경우에도 해외자산이 변할 수 있다. 해외자산이 유입이나 유출로 인한 본원통화의 변화를 원하지 않을 경우 한국은행은 그것을 방어적 공개시장조작을 통해 상쇄할 수 있다. 그 방어적 공개시장조작을 불태화(sterilization)라고 한다. 기타순자산이 증가하면 본원통화가 증가하고 기타순자산이 감소하면 본원통화가 감소한다. 그리고 자본금이 증가하면 본원통화가 감소하고, 자본금이 감소하면 본원통화가 증가한다.

여기서 우리는 본원통화에 영향을 미치는 요인이 대단히 많고 복잡하다는 것을 알 수 있다. 한국은행의 유가증권 보유량은 공개시장조작을 통해 완전히 통제된다. 한국은행에 의해 통제되지 않는 요인들(예를 들어 $\triangle G$, $\triangle F$ 등)은 단기적으로 변동이 심하며, 이것들이 단기적으로 본원통화를 변동시키는 중요한 요인이된다. 한국은행은 이러한 본원통화의 변동을 통화정책 수단, 특히 공개시장조작을 통해 상쇄한다. 다음 절에서 이와 관련해 자세히 논의하기로 한다.

5. 통화정책 수단

■ 공개시장조작

공개시장조작은 시중에 유통되는 통화량이나 금리 수준에 영향을 미치기 위해 한국은행이 금융시장에서 금융기관을 상대로 국채 등의 증권을 매입하고 매각하는 것을 말한다. '공개시장'이라고 부르는 이유는 한국은행이 정부나 채권발행자로부터 직접 매입하기보다는 '공개시장'에서 거래를 하기 때문이다. 한국은행이 증권을 매입하는 것을 공개시장매입, 매각하는 것을 공개시장매각이라고 한다.

공개시장조작 대상기관은 「은행법」에 의한 은행, 중소기업은행, 한국산업은행, 한국수출입은행, 「자본시장과 금융투자업에 관한 법률」에 의한 투자매매업자, 투자중개업자, 집합투자업자, 신탁업자, 증권금융회사, 종합금융회사 및 자금중개회사 및 한국거래소, 「보험업법」에 의한 보험회사, 「국민연금법」에 의한 국민연금기금 중에서 매년 한국은행 총재가 선정한 기관으로 하고 있다.

한국은행이 증권을 매입할 경우 매입 대금을 금융기관의 한국은행의 지준계좌에 입금해준다. 이로 인해 은행권의 지준금이 늘어나면서 본원통화가 증가한다. 앞에서 언급했듯이 본원통화는 화폐발행 잔액에 금융기관의 지준금을 더한 것이기 때문이다. 그래서 한국은행이 금융시장에서 증권을 매입하면 이에 상응하는 본원통화(유동성)가 시중에 공급되며, 반대로 보유 증권을 매각하면 이에 상응하는 본원통화(유동성)가 환수된다.

공개시장조작에는 2가지 형태가 있다. 하나는 능동적 공개시장조작(dynamic open market operation), 다른 하나는 방어적 공개시장조작(defensive open market operation)이다. 능동적 공개시장조작은 의도적으로 본원통화를 늘리거나 줄이려는 거래를 말하고, 방어적 공개시장조작은 기본공식에 있는 다른 요인들, 즉 대정부순신용(G), 해외순자산(F), 기타순자산(O)과 같은 요인들로 인해 발생한 본원통화의 변화를 상쇄시키기 위한 거래를 말한다. 예를 들어 경상수지 흑자로 인해 해외순자산(F)이 80억 원이 증가한 한편, 정부예금이 20억 원이 감소했다면 본원통화는 80억－(－20억)＝100억 원이 증가하게 된다. 100억 원의 공개시장매각($\triangle S$＝100억)으로 이 효과들을 정확히 상쇄하면 본원통화량은 변하지 않고 그대로 유지된다. 한국은행은 증권매매, 통화안정증권 발행·환매, 통화안정계정 예수 등을 이용해 공개시장조작을 하고 있다.

증권매매는 앞에서 언급한 것과 같이 국공채 등을 매매하여 자금을 공급하거나 회수하는 것을 말한다. 한국은행의 매매대상증권은 국채, 정부보증채, 금융통화위원회가 정하는 기타 유가증권으로 제한되어 있다. 매매대상 기타 유가증권에는 통화안정증권이 포함되며, 2008년 9월 리먼사태 이후 신용경색 완화를 위해 대상증권을 한시적(2008.11.7~2009.11.6)으로 은행채 및 일부 특수채(한국토지공사·대한주택공사·중소기업진흥공단이 발행한 채권, 한국주택금융공사가 발행한 사채 및 주택저당채권)까지 확대한 적이 있다. 증권매매의 종류에는 증권의 소유권을 완전히 이전하는 단순매매(outright sales and purchases)와 일정 기간 이후 증권을 되사거나 되파는 환매조건부매매(RP: Repurchase Agreements)가 있다.[7]

단순매매는 유동성이 영구적으로 공급 또는 환수되어 장기시장금리에 직접적인 영향을 줄 수 있기 때문에 제한적으로 활용되고 있으며, 증권매매가 주로 RP거래(통상 7일물)를 중심으로 이루어지고 있다. 또한 2011년 한국은행법 개정으로 증권의 대여와 차입이 가능해짐에 따라 다른 기관으로부터 국채를 빌려서 환매조건부매매 매각에 활용할 수 있다. 한국은행은 재정조기집행과 외국인 자금 유입으로 유동성이 많이 풀릴 것에 대비해 2012년 3월 15일 국민연금으로부터 7조 원 규모의 국채를 빌려 15일간 환매조건부증권 매각에 활용한 적이 있다.

통화안정증권은 앞에서 언급한 것처럼 한국은행이 발행하는 채무증서로서 한

---

[7] 매매방식은 공모방식에 의한 매매와 상대매매로 구분할 수 있다. 공모방식에 의한 매매는 증권매매 시 참가자들의 응찰금리에 따라 매매물량을 배분하는 '경쟁입찰'과 참가자들의 응모금액에 따라 매매물량을 배정하는 '모집'으로 구분할 수 있다. 상대매매는 대상기관이 아닌 특정 기관을 상대로 증권을 매매하는 것을 말한다.

국은행이 채권을 발행하면 본원통화가 흡수된다. 통안증권은 만기가 비교적 길기 때문에 그 기간 동안 정책효과가 지속되는 기조적인 유동성 조절 수단으로 활용된다.

통화안정계정은 담보 없이도 단기유동성을 효과적으로 흡수할 수 있는 장점이 있는 반면, 중도해지, 제3자에 대한 양도 및 담보제공이 허용되지 않기 때문에 통화안정증권에 비해 유동성이 떨어지는 단점이 있다. 그래서 통화안정계정은 주로 지준자금의 미세조절 및 예상치 못한 지준수급 변동에 대응하는 등 단기 유동성조절 수단으로만 활용되고 있다. 그 활용 비중도 RP나 통화안정증권에 비해 낮다. 현재 한국은행의 만기별 유동성조절 수단을 보면 초단기(만기 14일 이내) 구간에서는 RP매매를, 단기구간(만기 15~91일)에서는 통화안정계정을, 그 이상은 통화안정증권(91일, 182일, 1년, 2년이 주된 만기임)을 사용하고 있다.

■ 여수신제도

현재 한국은행이 운영하고 있는 주요 여수신제도는 자금조정대출 및 예금제도, 일중당좌대출제도, 금융중개지원대출제도, 특별대출제도의 네 가지가 있다.

자금조정대출 및 예금제도

자금조정대출 및 예금제도는 금융기관이 자금의 수급조정을 위하여 한국은행으로부터 자금을 차입하거나 여유자금을 자유롭게 한국은행에 예치할 수 있도록 한 제도이다. 자금조정대출 및 예금의 대상기관은 지준예치대상 금융기관으로 한다. 단, 부실 금융기관을 지원하는 수단으로 활용되지 않도록 재무건전성이 열악한 금융기관에 대해서는 자금조정대출의 이용을 제한할 수 있다. 대출 및 예금 기간은 1영업일이다. 하지만 금융통화위원회가 금융시장이 원활히 기능하는 데 필요하다고 인정할 경우 1개월의 범위 내에서 자금조정대출의 대출기간을 연장할 수 있다. 제4장에서 설명한 것처럼 자금조정대출의 금리는 기준금리에 1% 포인트를 더한 이율이며, 기준금리가 1% 미만일 경우에는 기준금리의 2배에 해당하는 이율로 설정한다. 한편 자금조정예금의 금리는 기준금리에서 1% 포인트를 차감한 이율로 하며, 기준금리가 1% 이하일 경우 0%를 하한으로 한다.

자금조정대출 및 예금제도는 미국의 연방지준, 잉글랜드은행, ECB 등 주요국 중앙은행들의 대기성 여수신제도(standing facilities)를 국내사정에 맞게 도입한 제도로서 2008년 3월 통화정책 운영체계의 개편과 함께 시행되었다. 그리고 2009년과 2011년 두 차례 운영방식을 개선하였다. 2009년 2월에는 금융시장 안정수단으로서도 신축적으로 활용될 수 있도록 하기 위해 자금조정대출의 대출기간을 최장 1개월까지 연장할 수 있도록 하였고, 자금조정대출 및 예금금리를 기준금리 수준까지 인하(인상)할 수 있도록 금리조정 요건을 완화하였다. 또한 2011년 9월 한국은행법 개정(2011년 12월 시행)에 따라 금융기관의 지준 보유기간이 반월(半月)에서 월 단위로 변경됨에 따라 금융기관이 지준 과부족 조정을 지준마감일까지 미루지 않도록 유도하기 위해 지준 적립기간의 마지막 영업일에도 자금조정대출 및 예금의 금리를 평상시와 동일한 수준으로 조정하였다. 이는 금융기관 자금관리의 신축성 및 자율성을 높이는 한편 지준 마감일 경 조정해야 할 자금과부족 규모가 크게 확대되면서 콜금리가 큰 폭으로 변동할 가능성에 대비하기 위한 조치였다.

일중당좌대출

일중당좌대출제도는 금융기관의 영업시간에 발생하는 일시적인 지급결제부족 자금을 실시간으로 지원함으로써 금융기관 간 자금거래와 이를 매개로 하는 기업 간 대금결제가 원활히 이루어지게 할 목적으로 도입된 제도다. 일중당좌대출은 하루 중 금융기관이 한국은행에 보유하고 있는 당좌예금계정에 예치된 금액을 초과하는 지급 또는 결제의 요청이 있는 경우 가용담보 범위 내에서 자동으로 실행된다. 일중당좌대출 이용기관은 한국은행에 지급준비금을 예치하고 新한은 금융망(BOK-WIRE+)에 가입한 금융기관으로 한정되어 있다. 금융기관의 일중당좌대출에 대한 과도한 의존을 방지하기 위하여 일정 금액을 초과하는 대출에 대해서는 이자를 부과한다. 금융기관 자기자본의 25%를 초과하는 대출금액에 대해서는 '3년물 국고채 수익률-콜금리(무담보 익일물)' 수준의 금리를 적용하여 매 영업일에 이자를 수취한다. 그리고 일중당좌대출 상환마감시각까지 대출을 상환하지 못하면 자금조정대출로 전환된다. 자금조정대출이 제한되는 금융기관의 경우 일중당좌대출 이용도 제한될 수 있다.

금융중개지원대출

금융중개지원대출은 한국은행이 금융기관의 중소기업대출 등을 지원하기 위해 운영하는 대출제도이다. 한국은행은 대출한도 범위 내에서 금융기관의 중소기업대출실적 등에 따라 저리자금을 지원하고 있다. 대출한도와 금리는 금융통화위원회가 금융경제 동향 및 중소기업의 자금사정 등을 감안하여 필요 시 수시 조정하고 있다.

금융중개지원대출은 정부의 정책에 따라 특정 부문으로 자금이 배분되게 하려는 목적 하에 실시하는 제도다. 정부의 정책 변화에 따라 금융중개지원대출의 구성체계가 조정되어 왔다. 2014년 9월 중소기업의 설비투자 촉진을 지원하기 위해 설비투자지원 프로그램을 신설하고 지방소재 경기부진 업종에 대한 지원 강화를 위해 지방중소기업지원 프로그램 내 특별지원부문을 신설하였다. 2015년 5월에는 신용대출지원 프로그램을 폐지하는 한편 기업의 설비투자 촉진을 강화하기 위해 설비투자지원 프로그램 지원 대상에 중견기업을 포함시켰다. 2016년 3월에는 창업촉진을 유도하기 위해 기존 기술형 창업지원 프로그램을 창업지원 프로그램으로 변경하고 지원대상에 기존 기술형 창업기업 외에 일반창업기업을 추가하였다. 2017년 9월에는 신성장동력 발굴 및 일자리 창출에 대한 지원을 강화하기 위해 창업지원 프로그램을 신성장·일자리지원 프로그램으로 변경하고 한시 운용기간이 도래한 설비투자지원 프로그램을 폐지하였다. 아울러 경기대응적 기능 강화를 통해 통화신용정책의 효율성을 제고하기 위해 중소기업대출안정화 프로그램을 도입하였다. 이에 따라 2017년 9월 말 현재 금융중개지원대출은 지원 목적 및 대상에 따라 무역금융, 영세자영업자, 신성장·일자리, 지방중소기업 지원 프로그램 및 중소기업대출안정화 프로그램 등 5개 프로그램으로 구성되어 있다.

개별 프로그램의 특징을 살펴보면, 먼저 무역금융지원 프로그램은 수출금융지원 목적으로 중소기업의 원자재조달 및 제품생산 등에 소요되는 자금을 지원대상으로 하고 있다. 2017년 9월 말 현재 동 프로그램의 한도는 1.5조 원이며 대출금리는 연 0.5%이다. 신성장·일자리지원 프로그램은 창업 촉진을 통한 경제활력 제고를 위해 창업 후 7년 이내의 중소기업 중에서 우수기술을 보유하였거나 신성장동력 발굴과 일자리 창출에 기여하는 중소기업의 운용자금을 지원대상으로 하고 있다. 한도는 6.0조 원이며 대출금리는 연 0.50%이다. 영세자영업자지원 프로그램은 취약계층에 대한 금융접근기회 확대를 목적으로 금융기관이 저신용·저소득 영세자영업자의 기존 고금리대출을 저금리대출로 전환해주는 경우 그 실적과 연계하여 지원해 주고 있다. 한도는 0.5조 원이며 대출금리는 연 0.50%이다. 지방중소기업지원 프로그램은 지방소재 중소기업을 지원대상으로 하며 전략지원부문, 특별지원부문 및 일반지원부문으로 구분하여 지역 경제사정에 부합하는 특화산업을 중심으로 지원하고 있다. 한도는 5.9조 원이며 대출금리는 연 0.75%이다. 중소기업대출안정화 프로그램은 중소기업에 대한 대출 변동성을 완화하고 신용경로의 원활한 작동을 통한 통화신용정책의 효율성 제고를 목적으로 하고 있다. 이것은 중소기업에 대한 대출 등 신용공급 및 이를 반영한 중소기업 자금사정이 부진하다고 판단되는 경우에 가동되며 한도는 11.0조 원이다. 그리고 신규지원이 종료된 설비투자지원 프로그램 잔액 등에 대해서도 지원한다.

특별대출

특별대출은 한국은행이 금융시장 안정을 도모하기 위해 최종대부자로서 지원하는 대출이다. 한국은행은 1997년 하반기에 금융시장이 크게 불안해지자 이에 대처하여 총 10조7,656억 원의 특별대출을 실시하였다. 이 대출은 대상기관의 유동성 부족을 해소하는 차원에서 이루어진 것이었다. 당시 특별대출의 내용을 살펴보면 먼저 1997년 9월 유동성 부족을 겪고 있던 제일은행에 1조 원을 당시 일반은행의 평균자금조달비용 수준인 연리 8%로 공급하였으며, 그 해 10월에는 부도유예협약 기업에 대한 여신이 자기자본의 50%를 초과하는 16개 종합금융회사에 대하여 거래은행을 통해 1조 원을 연리 8%로 지원하였다. 이어 12월에는 14개 종합금융회사 및 증권회사의 업무정지에 따라 콜시장을 통한 금융기관 간 자금거래가 극도로 위축되는 등 금융·자본시장이 위기 국면에 처함에 따라 은행에 6조7,671억 원을 콜금리에서 1%포인트를 차감한 금리로, 증권회사 및 종합금융회사에 대해서는 각각 한국증권금융(주)과 신용관리기금을 통해 1조1,275억 원 및 8,710억 원을 콜금리로 지원하였다. 그러나 1998년 하반기 이후 금융시장이 점차 안정을 되찾으면서 이를 단계적으로 회수하였다.

한편 1999년 8월에는 '컴퓨터 2000년 문제(Y2K)'로 인한 은행의 지급결제자금 부족발생 가능성에 대비하여 1999년 11월부터 2000년 4월까지 6개월간 Y2K 특별대출제도를 시한부로 도입하였다. 그러나 우려하였던 '컴퓨터 2000년 문제'가 발생하지 않아 Y2K 특별대출실적은 없었다. 또한 2006년 2월 정부의 '생계형 금융채무 불이행자에 대한 신용회복지원 방안'에 따른 국민기초생활보장 수급자의 채무재조정 지원과 관련하여 한국산업은행을 통해 한국자산관리공사에 대한 특별대출을 실시하였다. 대출규모는 4,462억 원, 대출금리는 연 2%였는데 2006년 말까지 전액 환수하였다. 2009년 3월에는 글로벌 금융위기에 대응하여 은행의 자본을 확충함으로써 신용공급 확대 및 원활한 기업구조조정 추진 등을 유도하기 위해 한국산업은행을 통해 은행자본확충펀드에 3조2,966억 원을 지원하였다. 은행자본확충펀드에 대한 대출은 2010~13년에 대출금액 등을 조정하여 네 차례 재대출을 실시하였으며, 2014년 3월 31일까지 전액 회수하였다. 2014년 3월과 2015년 10월에는 회사채시장의 불안요인을 완화하기 위해 마련된 '회사채시장 정상화 방안'과 관련하여 한국산업은행에 대한 대출 및 통화안정증권 상대매출을 실시함으로써 한국산업은행이 신용보증기금에 출연하는 데 필요한 유동성을 지원하였다. 이 대출금은 2015년 3월 26일과 2016년 10월 14일에 각각 전액 회수하였다.

한편 특별대출과 관련하여 2011년 9월에는 긴급여신 요건을 완화하는 내용을 담은 한국은행법 개정이 이루어졌다. 이에 따라 한국은행이 금융안정을 위해 특별대출을 실시할 수 있는 여지가 더 넓어졌다. 개정된 한국은행법은 금융안정에 위협이 되는 긴급상황이 발생할 경우 최종대부자기능을 선제적이고 탄력적으로 수행할 수 있도록 한국은행의 금융기관 여신에 대한 적격담보의 범위를 확대하였고 긴급여신을 수행할 수 있는 요건을 완화하였다. 아울러 영리기업 여신에 있어서도 심각한 통화수축기와 같은 엄격한 실시요건을 완화하였다.

■ 법정지급준비제도

법정지급준비제도란 금융기관으로 하여금 지급준비금 적립대상 채무의 일정 비율(지급준비율)에 해당하는 금액을 중앙은행에 지급준비금으로 예치하도록 의무화하는 제도이다. 중앙은행은 지급준비율을 조정하여 금융기관의 자금사정을 변화시킴으로써 시중 유동성을 조절하고 금융안정을 도모할 수 있다. 예를 들어 지급준비율을 올리면 은행들은 더 많은 자금을 지급준비금으로 예치해야 하기 때문에 대출 취급이나 유가증권 매입 여력이 축소되고 결국 시중에 유통되는 돈의 양이 줄어들게 된다. 이에 따라 시중 유동성이 줄어들게 되고, 과도한 대출 증가로 인한 금융 불안 가능성도 방지할 수 있다.

지급준비제도는 1980년대 이후 전 세계적으로 통화정책이 통화량 중심에서 금리 중심으로 전환됨에 따라 그 활용도가 과거에 비해 저하된 것은 사실이지만 우리나라를 비롯한 주요국에서 여전히 중요한 통화정책 수단으로 간주되고 있다. 이는 금융기관으로 하여금 중앙은행에 일정 규모의 지급준비금을 당좌예금으로 예치하게 함으로써 중앙은행 당좌예금계좌를 이용한 금융기관 간 지급결제가 원활히 이루어지도록 함은 물론 단기시장금리를 안정시킴으로써 금리정책의 유효성을 제고하는 등 그 유용성이 크기 때문이다.

현재 우리나라의 지급준비제도 적용대상 금융기관에는 일반은행 및 특수은행이 있다. <표 9-3>에서 보는 바와 같이 예금종류에 따라 현재 0~7%로 차등화되어 있다. 해당 금융기관은 지급준비율에 해당하는 금액을 지급준비금으로 보유하여야 한다. 한편 한국은행법 개정에 따라 2011년 12월 17일부터는 기존 예금 채무 이외에 일부 금융채에 대해서도 지급준비율을 부과할 수 있게 되었다. 금융기관은 필요지급준비금을 원칙적으로 한국은행 당좌예금으로 보유하여야 하나 필요지급준비금의 35%까지 금융기관 자신이 보유하고 있는 한국은행권(시재금)을 지준예치금으로 인정해주고 있다. 지준 적립방식과 관련하여 각 금융기관은 지준을 월별로 계산하고 일정 기간 경과 후 해당 금액을 월별로 적립한다. 현행 지준 계산기간은 매월 1일부터 말일까지이며 이에 따라 계산된 지준 보유기간은 다음 달 둘째 주 목요일부터 그 다음 달 둘째 주 수요일까지이다.

그러나 통화정책의 수단으로서 지준율 조작은 매우 다루기 어려운 수단이다. 왜냐하면 화폐공급의 작은 변화는 지준율 변화를 통해 달성하기 어렵기 때문이다. 예를 들어 요구불예금이 600억일 경우, 이 예금에 대한 지준율이 0.5% 포인트 상승은 초과지준을 30억만큼 감소시킨다. 이와 같은 초과지준의 감소는 승수적 예금 수축과정을 발생시키기 때문에 통화공급을 크게 감소시킨다. 지준율을 아주 작게 변화시켜서(예를 들면 0.001% 포인트) 작은 화폐공급의 변화를 달성할 수는 있다. 그러나 이러한 방법에는 비용이 많이 든다. 그리고 지준율 인상은 초과지준이 적은 은행들에게 즉각적인 유동성문제를 발생시킬 수 있다. 계속적인 지준율 변화는 은행들의 불확실성을 증대시키고 은행들의 유동성 관리를 어렵게 만든다.

〈표 9-3〉 예금종류별 지급준비율 및 지급준비금 계산 예시

❖ 예금종류별 지급준비율

예금 종류	지급준비율
장기주택마련저축, 재형저축	0.0%
정기예금, 정기적금, 상호부금, 주택부금, CD[4]	2.0%
기타예금	7.0%

주[4] 지급준비예치대상 금융기관을 상대로 발행된 경우 제외

각 금융기관은 월별(매월 1일부터 말일까지)로 매일의 지급준비금 적립대상 채무잔액을 기초로 평균하여 계산한 지급준비금 적립대상 채무에 대한 최저지급준비금을 다음 달 둘째 주 목요일부터 그 다음 달 둘째 주 수요일까지 보유하여야 한다.

❖ 지급준비금 계산 및 보유 예시 (2020년 1월 예시)

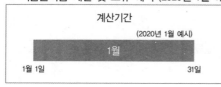

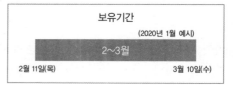

10 한국은행의 통화정책 실제 운영

1. 한국은행 조직

한국은행은 1950년 5월 5일 제정된 「한국은행법」에 따라 설립되었다. 한국은 행은 통화정책을 수립하고 집행한다. <그림 10-1>처럼 한국은행은 금융통화 위원회, 총재, 감사를 중심으로 운영되고 있다. 금융통화위원회는 통화정책에 관 한 주요 사항을 심의·의결하는 정책결정기구이다. 총재는 정책결정기구인 금융 통화위원회가 수립한 정책을 집행하고, 감사는 한국은행의 업무를 감사한다. 금 융통화위원회는 한국은행 총재 및 부총재를 포함하여 총 7인의 위원으로 구성된 다. 한국은행 총재는 금융통화위원회 의장을 겸임하며 국무회의 심의를 거쳐 대 통령이 임명한다. 부총재는 총재의 추천에 의해 대통령이 임명하며, 다른 5인의 위원은 각각 기획재정부 장관, 한국은행 총재, 금융위원회 위원장, 대한상공회의 소 회장, 전국은행연합회 회장 등의 추천을 받아 대통령이 임명한다. 총재의 임기 는 4년이고 부총재는 3년으로 각각 1차에 한하여 연임할 수 있으며, 나머지 금통 위원의 임기는 4년으로 연임할 수 있다.

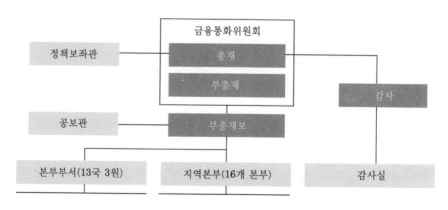

┃그림 10-1┃ 한국은행조직도

■ 금융통화위원회의 운영

금융통화위원회의 본회의는 의장(총재)이 필요하다고 인정하는 때, 또는 위원 2인 이상의 요구가 있을 때 의장이 소집할 수 있다. 현재는 매월 둘째 주, 넷째 주 목요일에 정기회의가 개최되고 있다. 본회의에 상정되는 안건을 심의·의결하기 위해서는 통상 7인의 금융통화위원 중 5인 이상의 출석과 출석위원 과반수의 찬성이 필요하다. 본회의의 논의내용에 대해서는 의사록을 작성하고 의사록 내용 중 통화정책에 관한 사항에 대해서는 외부에 공개한다.

2. 통화정책 실제 운영

통화정책은 한국은행의 최고 의사결정 기구인 금융통화위원회가 수립한다. 물가안정목표는 매 3년마다 금융통화위원회가 정부와 협의하여 설정한다. 한국은행의 정책금리인 기준금리는 연 8회 금융통화위원회의 회의에서 결정된다. 기준금리를 결정하기 위해서 먼저 한국은행 주요부서 실무진의 각종 비공식회의와 '동향보고회의'가 열린다. 각종 실무진의 회의는 기준금리 결정회의 개최 1주일 전에 열리며, 동향보고회의는 바로 전날 개최된다. 동향보고회의에서 금융통화위원회 위원들은 한국은행의 주요부서들로부터 국내외 금융·경제 상황에 대한 종합적인 보고를 받고 토론을 한다. 그리고 다음 날 9시에 본회의가 개최되고, 여기에서 기준금리가 결정되며 통화정책방향 의결문이 작성된다. 회의가 끝난 직후 통화정책방향 의결문을 담은 보도자료가 배포되고, 의장인 한국은행 총재는 기준금리 결정내용 및 배경 등을 설명하는 기자간담회를 갖는다. 회의에서의 토론내용을 상세히 수록한 의사록은 2주 후 일반에 공개된다.

■ 기준금리

한국은행 기준금리에 대해서는 제4장에서 잠깐 설명했다. 다시 설명하면 한국은행 기준금리는 한국은행이 금융기관과 환매조건부증권(RP) 매매, 자금조정예금 및 대출 등의 거래를 할 때 기준이 되는 정책금리다. 한국은행은 기준금리를 7일물 RP매각 시 고정입찰금리로, 7일물 RP매입 시 최저입찰금리(minimum bid rate)로 사용한다. 자금조정대출의 금리는 기준금리에 1% 포인트를 더하고, 기준금리가 1% 미만일 경우에는 기준금리의 2배로 설정한다. 한편 자금조정예금의 금리는 기준금리에서 1% 포인트를 빼고, 기준금리가 1% 이하일 경우 0%를 하한으로 한다.

금융통화위원회에서 결정된 기준금리는 초단기금리(대부분 익일물)인 콜금리에 즉시 영향을 미친다. 콜금리는 금융기관 상호간의 자금과부족이 조정되는 초단기 자금시장인 콜시장에서 결정되는 금리다.[1] 그리고 단기시장금리(CD유통수익률, 기업어음(CP) 중개금리 등), 장기시장금리(만기 1년 이상의 국채, 회사채, 금융채 등의 유통수익률), 은행의 예금 및 대출금리 등의 변동으로 이어져 궁극적으로는 실물경제 활동에 영향을 미치게 된다.

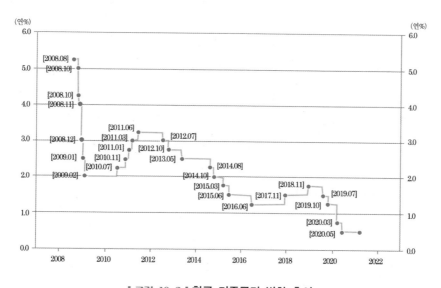

| 그림 10-2 | 한국 기준금리 변화 추이

주) 2008년 2월까지는 콜금리 목표

<그림 10-2>는 한국은행 기준금리 변동 추이를 나타낸다. 2008년 글로벌 금융위기 이후 5.25%였던 기준금리를 2009년 2.0%까지 지속적으로 인하했다. 글로벌 금융위기의 여파가 조금씩 사라지고 경기가 회복되는 조짐을 보이자 한

---

1) '콜'금리라고 하는 이유는 일시적으로 자금이 부족해진 금융기관이 다른 금융기관으로부터 자금을 빌려달라고 요청하는 것을 '콜'이라고 하기 때문이다.

국은행은 기준금리를 조금씩 인상하기 시작했다. 2011년 6월에 기준금리가 3.25%까지 인상되었다. 그 후 경기가 다시 후퇴하기 시작하자 기준금리를 2019년 10월에 1.25%까지 인하했다. 그리고 코로나19로 경기가 더욱 악화되자 2020년 3월 0.75%로 급격히 인하하고 5월에 다시 0.5%로 인하했다. 그 후 한국은행은 현재(2021년 6월)까지 기준금리를 계속 동결하고 있다.

한국은행이 기준금리를 정하고 이것을 정책금리로 사용한 것은 2008년 3월부터다. 그 이전에는 콜금리 목표를 정책금리로 사용했다. 한국은행이 콜금리 목표를 정책금리로 사용하게 된 것은 1997년 외환위기 이후다. 그 이전에는 통화량목표제를 사용했다. 즉 중간목표를 통화량으로 설정하고 이를 달성하기 위한 운용목표로서 지준총액을 사용했다. 그러나 중간목표로서 통화량의 유효성이 점차 약화되면서 외환위기 이후 물가안정목표제를 도입하면서 운용목표로 콜금리를 사용했다. 2008년에 정책금리를 콜금리 목표에서 기준금리로 바꾼 이유는 콜금리가 목표수준에 거의 고정되면서 콜금리의 시장신호 전달 기능이 약화되고, 그로 인해 정책금리인 콜금리 목표의 조정으로부터 장단기금리 및 실물경제로 이어지는 통화정책 파급경로의 원활한 작동이 제약되는 문제가 노출되었기 때문이다. 그래서 <그림 10-3>처럼 정책금리 → 단기시장금리→ 장기시장금리 및 은행여수신금리 경로가 제대로 작동하도록 정책금리의 실체를 '기준금리'로 변경했다.[2] 현재 한국은행은 기준금리를 정하고 콜금리가 기준금리에서 크게 벗어나지 않도록 운영하고 있다.

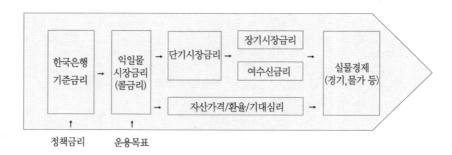

▎그림 10-3 ▎통화정책 운영체계의 파급경로

---

2) 이상호(2013), "한국은행공개시장조작의 이해" 참조.

3. 지준시장과 콜금리

이 절에서는 한국은행이 통화정책 수단을 사용하여 어떻게 콜금리를 기준금리 수준에 도달하게 하는지를 살펴보려고 한다. 이것을 이해하기 위해서는 본원통화의 개념을 다시 상기할 필요가 있다. 본원통화는 현금통화와 지준금으로 구성되어 있다. 한국은행은 공개시장조작, 여수신제도, 지준제도를 통해 금융기관의 지준금을 변동시켜 본원통화를 변동시킨다고 했다. 그리고 금융기관이 지준의 과부족을 해결하기 위해 초단기로 자금이 거래되는 콜시장을 이용하기 때문에 콜금리는 은행의 지준상황에 따라 크게 영향을 받는다. 그런 의미에서 콜시장은 지준시장이라고 할 수 있다. 그래서 한국은행이 통화정책 수단을 사용하여 어떻게 콜금리를 기준금리 수준에 도달하게 하는지를 살펴보기 위해서 먼저 지준시장을 이해할 필요가 있다.

1) 지준의 수요와 공급

■ 수요곡선

지준에 대한 수요곡선을 도출하기 위해 콜금리의 변화와 지준의 수요 간의 관계를 살펴볼 필요가 있다. 앞장에서 살펴본 바와 같이 지준은 (i) 지준대상 예금과 지준율을 곱한 필요지준과 (ii) 금융기관이 추가로 보유하는 초과지준으로 구성되어 있다. 따라서 지준수요는 필요지준과 초과지준수요의 합과 같다. 초과지준은 예금인출에 대비하기 위해 금융기관이 자체 판단 하에 보유하는 지준금이다. 이 초과지준의 보유는 기회비용을 낳는다. 초과지준을 많이 보유하면 다른 금융기관에 대출하여 벌 수 있는 이자소득이 그만큼 준다. 다른 금융기관에 대출하여 벌 수 있는 이자율이 바로 콜금리다. 따라서 콜금리가 감소함에 따라 초과지준의 기회비용은 하락하고 지준에 대한 수요량은 증가한다. 따라서 지준에 대한 수요곡선(R^d)은 <그림 10-4>와 같이 우하향한다.

지준수요곡선을 이동시키는 요인

예금이 예기치 않게 증가할 경우 그에 대한 필요지준을 보유해야 한다. 그리고 한국은행이 지준율을 인상하면 필요지준을 더 많이 보유해야 한다. 또 금융기관들이 초과지준을 더 많이 보유하려고 할 수 있다. 이러한 것들은 지준에 대한 수요의 증가를 초래한다. 그러면 주어진 이자율 수준에서 지준수요곡선은 우로 이동한다. 한편 지준율을 인하하면 지준수요곡선은 좌로 이동한다.

■ 공급곡선

앞장에서 설명한 바와 같이 지준의 공급은 한국은행에 의해 이뤄진다. 한국은행은 여수신제도와 공개시장조작을 통해 지준을 공급할 수 있다. 여수신제도를 통해 공급되는 지준을 차입지준(borrowed reserve)이라고 한다. 금융기관이 한국은행으로부터 차입하면 금융기관의 지준금이 증가하기 때문이다. 한편 공개시장조작에 의해 공급되는 지준을 비차입지준(non-borrowed reserve, R_n)이라고 한다. 한국은행이 공개시장 매입을 하면 매입한 금액만큼 금융기관에 지급해야 하는데, 한국은행이 금융기관에 지급할 때 한국은행에 있는 금융기관의 계좌에 넣어준다. 그것이 바로 금융기관예치금이므로 지준금이 증가하는 것이다.

금융기관이 한국은행으로부터 차입할 경우 한국은행에 지급해야 한다. 이때 한국은행이 금융기관에 부과하는 이자율을 할인율, 또는 재할인율(i_d)이라고 한다. 한국은행으로 받는 재할인 대출과 다른 은행으로부터 지준자금을 대출받는 (차입하는) 것은 서로 대체재이다. 만일 콜금리(i_c)가 재할인율(i_d)보다 낮으면 콜시장에서 차입하는 것이 더 싸기 때문에 금융기관은 한국은행으로부터 차입하지 않을 것이고 재할인 대출은 0이 될 것이다. 그래서 <그림 10-4>와 같이 콜금리(i_c)가 재할인율(i_d)보다 낮은 한 지준공급은 한국은행이 의해 공급되는 비차입지준(R_n)과 일치할 것이다. 따라서 지준공급곡선(R^s)은 수직선이 된다. 그러나 콜금리(i_c)가 재할인율(i_d) 이상으로 상승하면 금융기관은 한국은행에서 계속 차입을 해 콜금리로 다른 금융기관에 대출하고자 할 것이다. 그 결과 <그림 10-4>와 같이 지준의 공급곡선은 i_d에서 수평이 될 것이다.

지준공급곡선을 이동시키는 요인

지준의 공급은 금융기관이 실제로 적립하고 있는 지준이다. 지준금은 정부, 국외, 기타 부문에서의 수급 변동에 따라 매일매일 달라진다. 예를 들어 정부가 세금을 징수하면 납세자들이 은행예금으로 납부하는 경우 은행의 지준금이 정부 예금계좌로 이체되기 때문에 은행의 지준이 그만큼 줄어든다. 반대로 정부가 민간건설업자에게 공사대금을 지급하면 그만큼의 자금이 정부예금계좌에서 민간 업자가 거래하는 은행계좌로 옮겨지게 되므로 은행의 지준이 늘어난다. 또 한국 은행이 은행으로부터 달러화를 사들이면 그 대가로 원화가 해당 은행의 계좌로 입금되므로 지준이 증가한다. 한국은행이 공개시장 매입할 경우 은행의 지준금 이 증가하고, 공개시장 매각할 경우 은행의 지준금이 감소한다. 이러한 요인들은 지준공급곡선을 이동시킨다. 각 요인에 따라 지준금이 증가하면 지준공급곡선이 우로 이동하고, 지준금이 감소하면 지준공급곡선은 좌로 이동한다.

■ 시장균형

시장균형은 지준의 수요와 지준의 공급이 일치하는 점인 $R^d = R^s$에서 달성된 다. 따라서 시장균형은 지준수요곡선(R^d)과 지준공급곡선(R^s)의 교차점인 점1 에서 달성된다. 이때 균형 콜금리는 i_c^*이다. 한편, 콜금리가 균형금리보다 낮은 경우(i_c^1) 지준에 대한 수요량이 지준의 공급량보다 더 많아지는 초과수요가 발생 한다. 초과수요가 발생하면 콜금리는 상승압력을 받아 균형금리 i_c^*로 상승하게 된다. 콜금리가 균형금리보다 높은 경우(i_c^2) 지준의 공급량이 지준에 대한 수요량 보다 더 많아지는 초과공급이 발생한다. 그러면 콜금리는 하락압력을 받아 균형 금리 i_c^*로 하락하게 된다.

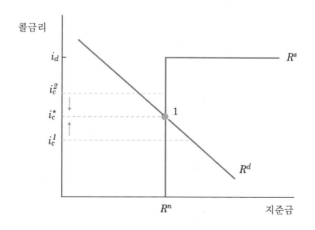

┃ 그림 10-4 ┃ 지준시장의 균형

4. 통화정책 수단의 변화가 콜금리에 미치는 영향

지금까지 우리는 콜금리가 어떻게 결정되는지를 살펴봤다. 이제 통화정책 3가지 수단, 공개시장조작, 여수신제도, 지준율 변화가 콜금리에 어떻게 영향을 미치는지를 살펴보자. 그것을 이해하면 한국은행이 어떻게 콜금리를 기준금리 수준에 도달하게 할 수 있는지를 이해할 수 있다.

■ 공개시장조작

앞에서 살펴본 바와 같이 한국은행의 공개시장 매입이 지준의 공급을 증가시킨다. 한국은행의 공개시장에 의해 증가된 지준은 비차입지준이다. <그림 10−5>처럼 한국은행이 공개시장 매입을 하면 주어진 콜금리에서 지준공급곡선이 R_1^S에서 R_2^S로 우로 이동시키고, 균형점을 점1에서 점2로 움직이게 한다. 그리하여 콜금리는 i_c^1에서 i_c^2로 하락한다. 한편 공개시장 매각은 지준의 공급을 감소시키고 지준의 공급곡선을 좌로 이동시킨다. 그리하여 콜금리는 상승한다. 이러한 사실을 이용하여 한국은행이 기준금리를 정하고 콜금리가 정해진 기준금리 수준에 도달하게 하기 위해서 어떻게 하는지를 알 수 있다. <그림 10−5>에서 현재 콜금리가 i_c^1인데, 한국은행이 기준금리를 i_c^2으로 정한다고 하자. 콜금리를 기준금리인 i_c^2으로 인하시키기 위해서 한국은행이 공개시장 매입을 하여 비차입지준을 R_n^1에서 R_n^2로 증가시킨다. 반대로 현재 콜금리가 i_c^2인데, 한국은행이 기준금리를 i_c^1으로 정한다고 하자. 콜금리를 기준금리인 i_c^1으로 인상시키기 위해서 한국은행이 공개시장 매각을 하여 비차입지준을 R_n^2에서 R_n^1로 감소시킨다.

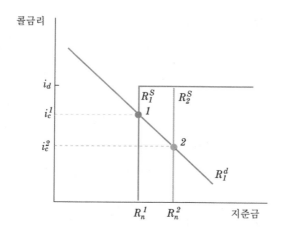

■ 그림 10-5 ■ **공개시장 매입 효과**

　보다 구체적인 예를 통해 공개시장운영을 살펴보자. 공개시장운영을 위해 한국은행은 당일 지준의 수요량과 공급량을 전망한다. 예를 들어 당일 정부부문에서 5,000억 원의 정부지출이 있고, 원천세 등으로 3조 원이 흡수될 예정이라고 하자. 그러면 정부부문을 통한 지준공급이 2조5,000억 원 줄어들 것으로 전망된다. 이날 한국은행은 은행들에게 금융중개지원대출금 100억 원을 추가로 빌려주고 은행에 팔았던 통안증권의 이자 100억 원을 지급해야 한다고 하면 지준이 200억 원 증가한다. 또 민간의 현금수요가 늘어나면 금융기관은 한국은행에 예치한 현금을 찾아 이에 응해야 하는데 이럴 경우 지준은 감소하고, 민간의 현금수요가 감소하여 은행에 예치하면 그만큼 금융기관의 지준이 늘어난다. 이날 현금수요가 900억 원 감소해 지준이 900억 원 늘었다고 하자. 한편 통안증권 1조 원과 RP 3조 원이 만기도래하여 4조 원을 금융기관들에게 상환해 주어야 한다고 하자. 이를 모두 합하면 당일 지준은 2조6,000억 원(=5조1,100억원−2조5,000억원)이 늘어날 것으로 전망된다. 한편 전일 금융기관들이 한국은행에 예치하고 있던 지준잔액이 60조 원이었다고 한다면 당일 지준잔액은 62조6,000억 원(60조억 원+2조6,000억 원)이 된다. 그런데 사전적으로 정해진 이날의 필요지준이 59조 원이라고 하면, 3조6,000억 원 만큼의 초과지준이 발생하게 된다.

　만일 한국은행이 아무런 조치를 취하지 않는다면 은행들은 잉여자금을 낮은 금리로라도 운용하려고 할 것이고 그 결과 콜시장의 자금공급이 늘어나 콜금리가 하락하게 된다. 그러므로 콜금리가 기준금리 수준에서 유지되도록 하기 위해서는 한국은행은 공개시장운영을 통해 잉여자금 3조6,000억 원을 RP매각 등을 통해 흡수한다.

■ 여수신제도

여수신제도에서 재할인율 변화의 효과는 지준수요곡선이 지준공급곡선의 수직선 부분에서 교차하느냐, 수평선 부분에서 교차하느냐에 따라 다르다. <그림 10-6>의 (a)는 지준수요곡선이 재할인 대출이 존재하지 않는 지준공급곡선의 수직선부분에서 교차하는 경우다. 이 경우 한국은행이 재할인율을 i_d^1에서 i_d^2로 인하할 경우 재할인 대출이 존재하지 않는 수직선 부분이 줄어들지만 지준수요곡선과 지준공급곡선이 교차하는 지점은 변하지 않는다. 그래서 이 경우 콜금리는 변하지 않고 i_c^1에서 유지된다.

그러나 지준수요곡선이 지준공급곡선의 수평선 부분에서 교차하면 약간의 대출이 존재한다. <그림 10-6>의 (b)에서 처럼 재할인율 변화는 콜금리에 영향을 미친다. 이 경우 처음에 재할인 대출은 양(+)이고, 콜금리는 재할인금리와 일치한다. 즉 $i_c^1 = i_d^1$이다. 한국은행이 재할인율을 i_d^1에서 i_d^2로 인하하면, 지준의 공급곡선의 수평선부분이 아래로 이동하여 균형점이 점1에서 점2로 이동한다. 콜금리는 i_c^1에서 $i_c^2 (= i_d^2)$로 하락한다.

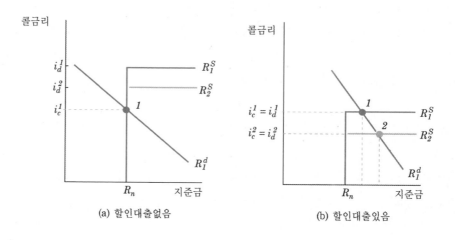

(a) 할인대출없음   (b) 할인대출있음

| 그림 10-6 | 여수신제도에서 재할인금리 인하의 효과

한국은행은 현재 일반적으로 재할인율을 기준금리보다 높게 유지하고 있기 때문에 기준금리에 따른 재할인율의 변화는 대부분 콜금리에 영향을 미치지 못한다고 할 수 있다. 앞에서 설명한 대로 금융기관의 자금수급조정을 위한 자금조정대출금리(재할인금리)는 기준금리보다 1% 포인트 높게 설정되고, 기준금리가 1% 미만일 경우에는 기준금리의 2배로 설정하고 있다. 따라서 대부분의 경우 자금조정대출제도 하에서 이루어지는 재할인 대출은 매우 적다.

그럼에도 불구하고 자금조정대출제도는 콜금리가 기준금리보다 너무 높게 상승하지 않도록 하면서 건전한 금융기관에 유동성을 지원하는 기능을 한다. 예금이 예기치 않게 급격히 증가하여 지준에 대한 수요가 크게 증가할 경우를 보자. <그림 10-7>에서 보는 바와 같이 처음에 콜금리가 목표 기준금리(i^T)와 같은 수준이 되도록 지준수요곡선과 지준공급곡선이 점1에서 교차한다고 하자. 이제 필요지준의 증가는 지준수요곡선을 R_1^d에서 R_d^2로 이동시키고 균형점은 점2로 이동한다. 그 결과 재할인 대출(자금조정대출)은 0에서 DL로 증가하고 콜금리는 더 이상 상승할 수 없는 i_d로 상승한다. 따라서 자금조정대출제도 때문에 i_d가 콜금리의 상한선이 된다.

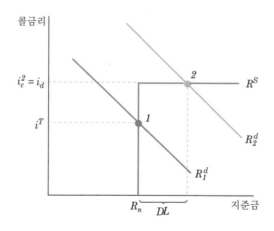

∥ 그림 10-7 ∥ 자금조정대출제도와 콜금리 상한

■ **법정지급준비제도**

법정지준율이 인상되면 필요지준이 증가한다. 이에 따라 주어진 이자율에서 지준에 대한 수요는 증가한다. 그래서 지준율이 인상되면 <그림 10-8>처럼 지준수요곡선이 R_1^d에서 R_d^2로 우로 이동한다. 균형점은 점1에서 점2로 이동하며 콜금리는 i_c^1에서 i_c^2로 상승한다.

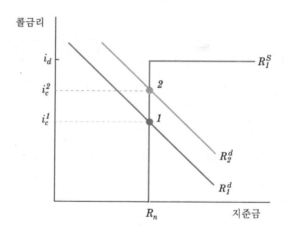

∥ 그림 10-8 ∥ **법정지준율 인상의 효과**

목표변수의 선택과
실제 통화정책

앞장에서 우리는 한국은행이 기준금리를 정해 통화정책을 운용한다는 것을 배웠다. 통화정책의 목표변수로 이자율을 선택하고 있다는 것을 보여준다. 그러나 제5장에서 본 바와 같이 통화정책 운용목표로서 총량변수(본원통화)를 사용할 수 있다. 다시 말하면 중앙은행이 2%의 물가상승률을 달성하기 위해서 단기이자율을 3%로 인상하는 것을 선택할 수도 있고, 4%의 통화량 증가율을 선택할 수도 있다. 그러나 중앙은행은 2가지의 목표변수를 동시에 선택할 수 없다. 그 중 한 가지를 선택해야 한다. 이 장에서 그 이유를 살펴보기로 하자.

I. 통화량목표인가, 이자율목표인가

우리는 중앙은행은 통화정책 수단, 특히 공개시장조작을 통하여 통화량의 수준과 증가율을 조절할 수 있음을 배웠다. 그러나 중앙은행이 본원통화와 통화량의 목표수준을 선택하면 이자율과 관계없이 공개시장조작을 통해 일정액의 채권을 매입해야만 한다. 시장이자율은 기대인플레이션과 신용에 대한 수요와 공급에 의해 결정되므로 시장이자율은 중앙은행의 통제 밖에 있다. 그래서 중앙은행이 본원통화나 M1과 같은 통화량을 목표로 하면 시장이자율에 대한 조절을 포기해야만 한다.

한편 중앙은행은 시장이자율, 특히 콜금리를 적어도 단기에 자신이 목표로 하는 수준에 이르게 할 수 있다. 그러나 중앙은행은 이자율목표를 달성하는 데 필요한 통화정책 수단, 특히 공개시장조작을 통하여 본원통화와 통화량을 공급해야 한다. 그런데 중앙은행의 공개시장조작은 시장이자율에 대해 영향을 미칠 수 있다. 공개시장조작이 시장이자율에 영향을 미칠 수 있는 것은 부분적으로는 채권시장에 미치는 직접적인 효과와 부분적으로는 지준금시장에 미치는 간접적인 효과 때문이다. 공개시장조작을 위해 중앙은행이 특정 채권(국채)을 매입하면 그 채권가격을 올리고 그것의 만기수익률(이자율)을 떨어뜨릴 것이다. 그리고 공개시장매입은 새로운 본원통화를 창출한다. 그래서 은행의 초과지준금이 늘어난다. 먼저 은행들은 이 초과지준금을 콜시장(미국의 경우 연방기금시장)을 통해 서로서로 빌려주려고 할 것이다. 이것은 콜금리(미국의 경우 연방기금금리)를 낮추게 된다. 그러면 콜금리(혹은 연방기금금리)는 대출에 비해 상대적으로 매력적이지 못하게 되기 때문에 은행들은 이 초과지준을 고객들에게 대출할 것이고 대출하기 위해서 이자율을 낮출 것이다. 중앙은행은 자신이 목표로 하는 이자율을 달성하기 위해서 공개시장조작을 통하여 다시 본원통화와 통화량을 변동시켜야 한다. 그래서 중앙은행이 이자율을 정하기 위해 화폐창출력을 사용한다면 한국은행은 본원통화와 통화량에 대한 조절을 포기해야만 한다. 이것을 앞장에서 배운 지준시장을 이용해 설명해보자.

■ **통화량목표를 선택할 경우**

<그림 11-1>은 지준시장의 수요곡선과 공급곡선을 나타낸 것이다. 중앙은행은 지준에 대한 수요곡선이 R^{d^*}에 있기를 기대하지만, 지준수요곡선은 실제로는 R_1^d이 될 수도 있고, R_2^d가 될 수 있다. 그 이유는 앞장에서 설명한 바와 같이 예기치 않은 예금인출 및 유입에 따른 필요지준의 변화, 그리고 은행이 초과지준을 보유하려는 욕구의 변화 때문이다. 예를 들어 은행이 초과지준을 덜 보유하려고 할 경우 지준수요가 감소해 지준수요곡선이 R_1^d이 될 수 있고, 예기치 않게 예금이 증가할 경우 필요지준을 더 많이 보유해야 하기 때문에 지준에 대한 수요가 증가해 지준수요곡선이 R_2^d이 될 수 있다. 3%의 통화공급증가율 목표를 가지고 있고 그것을 달성하는 데 필요한 비차입지준이 R_n^*이라고 하자. 그러면 R_n^*은 비차입지준목표가 된다. 이 비차입지준목표 하에서 중앙은행이 예상하는 콜금리(혹은 기준금리)는 i_c^*일 것이다. 그러나 <그림 11-1>이 보여주는 바와 같이 지준수요곡선이 R_1^d와 R_2^d사이에서 변동한다면 콜금리는 i_c^1과 i_c^2 사이에서 변동하게 된다(혹은 기준금리를 i_c^1과 i_c^2 사이에서 변동시킬 수밖에 없다). 따라서 통화량목표를 선택하게 되면 이자율은 변동할 수밖에 없다.

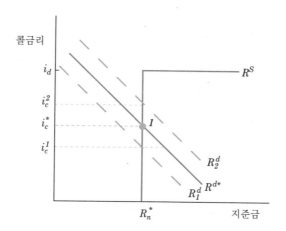

콜금리

i_d

i_c^2

i_c^*

i_c^1

R^S

1

R_2^d

R_1^d R^{d*}

R_n^*

지준금

┃그림 11-1┃ 통화량(비차입지준량)목표의 결과

■ 이자율목표를 선택할 경우

<그림 11-2>에 있는 지준수요곡선과 공급곡선은 이자율목표를 i_c^*로 설정할 때 어떤 결과가 발생하는지를 보여준다. 중앙은행은 지준수요에 대한 수요곡선이 R^{d*}에 있기를 기대하지만, 앞에서 언급한 바와 같이 지준수요곡선은 실제로는 R_1^d이 될 수도 있고, R_2^d가 될 수 있다. 만약 지준에 대한 수요곡선이 R_1^d이라면 이자율은 목표 이자율보다 낮은 i_c^1가 된다. 이자율목표를 가지고 있는 경우 중앙은행은 이자율을 처음의 수준으로 복귀시키기 위해 중앙은행은 비차입지준이 R_n^1으로 하락할 때까지 공개시장 매각을 해야 한다. 그렇게 되면 통화량은 감소한다. 이와 반대로 지준에 대한 수요곡선이 R_2^d라면 이자율은 i_c^2가 된다. 중앙은행은 이자율을 원래 수준으로 복귀시키기 위해 비차입지준 공급이 R_n^2까지 증가할 때까지 공개시장 매입을 해야 한다. 그렇게 되면 통화량은 증가한다. 그래서 중앙은행이 이자율목표선택은 비차입지준량과 화폐공급량의 변동을 야기한다.

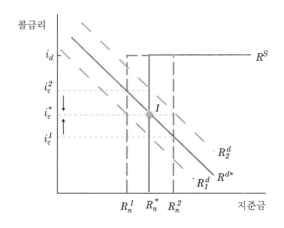

┃ 그림 11-2 ┃ 이자율목표의 결과

■ 목표변수의 변천

위의 분석으로부터 우리가 알 수 있는 것은 중앙은행은 이자율목표와 통화량 목표를 모두 선택할 수 없고, 그 중에서 어느 하나만 선택할 수 있다는 사실이다. 그렇지 않을 경우 심각한 문제가 발생할 수 있다. 실제 사례가 있다. 미국의 연준 은 1979년 이전에 공식적으로 통화량 증가를 목표로 했다. 그와 동시에 이자율 변화를 안정시키려고 시도했다. 그러다 보니 과다한 통화량 증가로 인플레이션 이 발생해 정치적으로 수용할 수 없는 수준까지 이르렀다. 그러자 1979년 10월에 폴 보커 연준 의장이 향후 이자율과 관계없이 통화량 증가에 목표를 두겠다고 발표했다. 이자율은 전대미문의 높은 수준으로 올랐지만, 통화증가가 통제되고 인플레이션이 안정되었다. 그러나 1982년 보커의 정책 방향이 바뀌었다. 연준은 차입지준목표를 추구하겠다고 발표했다. 차입지준목표는 간접적인 이자율목표 의 형태다.[1] 그리고 1980년대 후반에 연준은 연방기금금리를 목표하는 방향으로 움직였다. 1994년 앨런 그린스펀은 이것은 사실상 연방기금금리목표제라고 선언 했고 연준은 명시적으로 연방기금목표를 선언했다. 그 후 지금까지 연준은 이자

---

1) 차입지준목표가 간접적인 이자율목표인 이유는 여수신제도에서 재할인율에 따라 차입지준 규모가 결정되기 때문이다. 연준이 재할인율을 정하면 그에 따라 은행들이 연준으로부터 차입할지, 차입하 지 않을지를 결정한다. 그래서 연준이 차입지준목표를 정하면 그 목표를 달성하기 위해 재할인율 수준을 어느 정도로 해야 하는지를 결정해야 하는 것이다. 그래서 차입지준목표는 간접적인 이자율 목표가 된다.

율을 목표로 하고 있다.

우리나라 역시 통화정책의 목표 변수가 계속 변해왔다. 1997년 이전에는 중간목표를 통화량으로 설정하고 이를 달성하기 위한 운용목표로서 지준총액을 활용하였다. 중간목표로 삼는 중심통화지표도 계속 변했다. 1960년대에는 통화지표목표치를 IMF와 협의하여 결정하였다. 그 이유는 계속되는 국제수지 적자의 보전을 위하여 1965년 3월 IMF와 대기성차관협정(stand-by arrangement)을 체결하게 되었는데 그 협정의 조건에 따랐기 때문이다. 국제수지의 개선조짐이 나타나기 시작한 1976년부터 IMF와의 협정과는 별도로 M1의 증가율 목표를 독자적으로 설정하고 이를 공표하기 시작하였다. 그러나 M1의 움직임이 매우 불규칙하여 실제치와 목표치 간의 괴리가 커짐에 따라 1979년부터는 중심통화지표를 M2로 변경하여 1990년대 중반까지 통화량목표제를 유지하였다. 제도개편이나 금융혁신 등에 따라 중간목표로서 통화량의 유효성이 점차 약화되면서 외환위기 이후 물가안정목표제 도입과 함께 금리를 운용목표로 하는 금리 중심 통화정책 운영방식을 채택하고 있다.[2] 즉 정책금리를 결정하고 이를 중심으로 통화정책을 운영하고 있다. 이미 설명한 바와 같이 한국은행의 정책금리는 2008년 3월 이전에는 '콜금리 목표'가, 2008년 3월부터는 '한국은행 기준금리'가 이용되고 있다.

---

[2] 그러나 실제로는 외환위기 이후 2000년 9월 IMF와의 협상이 종료될 때까지 IMF 자금도입에 따른 조건의 일환으로 제시된 통화관리방식을 따랐다. 이것은 가장 광의의 지표인 M3의 적정 증가율에 상응하는 본원통화공급한도를 예시한도(indicative limit)로 설정하여 관리하는 통화량목표제였다. 먼저 M3의 적정 증가율을 구하고 M3의 통화승수에 근거하여 본원통화규모를 정한다. 본원통화는 순대외준비자산(NIR: Net International Reserves)과 순국내자산(NDA: Net Domestic Assets)으로 구분하고 순대외준비자산의 하한을 설정한 후 본원통화 목표치로부터 순대외준비자산을 뺀 순국내자산의 상한을 관리하는 방식이었다. 순대외준비자산의 하한을 관리한 이유는 대외준비자산을 일정 규모 이상으로 유지하도록 하기 위함이었으며, 순국내자산의 상한을 관리한 것은 국내에 공급되는 통화량을 제한함으로써 빠른 시일 내에 안정화를 달성하려는 의도 때문이었다. 1999년부터 IMF와 M3의 적정수준에 관해 협의하지 않아도 되었으나 한국은행은 당해 연도 물가안정목표와 함께 M3의 평잔 기준 증가율 목표를 13~14%로 설정하였고, 2000년에도 물가안정목표와 함께 M3 증가율 목표를 7~10%로 제시했다. 그리고 2001년부터는 M3 증가율을 중간목표가 아닌 감시지표(monitoring variable)로 전환하였으며 2003년부터는 M3 증가율의 감시범위도 설정하지 않고 이를 정책운영과정에서 정보변수의 하나로 활용해왔다. 한국은행(2017), <한국의 통화정책> 참조.

2. 테일러 룰

스탠퍼드 대학의 존 테일러(John Taylor)는 기준금리 결정의 방법으로 소위 테일러 룰(Taylor rule)을 제안했다. 테일러 룰은 인플레이션율, 균형 실질이자율, 인플레이션 갭(현재의 인플레이션율과 목표 인플레이션율의 차이), 산출 갭(실제 실질GDP와 잠재적 실질GDP의 차이)을 고려하여 기준금리를 정한다. 테일러 룰은 다음과 같이 나타낼 수 있다.

기준금리＝균형 실질이자율＋인플레이션율＋0.5(인플레이션 갭)
＋0.5(산출 갭)   (11-1)

(11-1)식에서 0.5는 테일러가 인플레이션 갭과 산출 갭에 임의로 부여한 가중치다. 테일러 준칙에 따라 기준금리를 어느 수준으로 할 것인지를 예를 들어 계산해보자. 균형 실질이자율이 2%, 목표 인플레이션율이 2%, 현재의 인플레이션율이 3%, 그리고 실질GDP가 잠재GDP보다 1% 높다고 하자. 인플레이션 갭은 1%(＝3%-2%)이고 산출 갭은 1%다. 따라서 테일러 준칙에 따라 기준금리는 6%(＝2% 실질이자율＋3% 인플레이션율＋0.5(1%)＋0.5(1%))로 설정된다.

미국의 기준금리는 연방기금금리다. 실제 연방기금금리와 테일러 준칙에 따라 산정된 연방기금금리를 비교하여 미국의 중앙은행인 연준의 성과를 평가하는 데 사용되기도 한다. 번스가 연준의 의장으로 재직했던 1970년에서 1979년까지는 인플레이션율이 높았던 기간이었다. 그런데 이 기간 동안 연방기금금리는 테일러 준칙에 따른 연방기금금리보다 낮았다. 이 사실은 그 기간에 인플레이션이 높았던 이유를 이해하는 데 도움이 된다. 그리고 볼커 의장이 인플레이션율을 낮추려고 했던 시기에 연방기금금리는 테일러 준칙에 따른 금리보다 높았다. 한편 그린스펀 시절에는 실제 연방기금금리와 테일러 준칙에 따른 금리가 매우 밀접한 관계를 가졌다.

테일러 룰은 인플레이션 갭과 산출 갭을 고려하고 있기 때문에 기준금리를 설정할 때 중앙은행은 인플레이션을 통제하는 것뿐만 아니라 경기순환에 대응하는 것을 포함하고 있다. 이것은 중앙은행이 실업과 인플레이션에 대해 싸우는 데에 있어서 재량이 필요함을 시사한다. 따라서 테일러 룰은 사실상 재량적인 통화정책으로서 밀턴 프리드먼의 통화공급준칙과는 다르다. 그리고 테일러 룰에 포함된 산출 갭은 필립스곡선이론을 반영한 것이기 때문에 필립스곡선이론에 대한 비판을 피하기 어렵다.

■ 필립스곡선이론

필립스곡선은 실업률과 인플레이션 간의 관계를 나타내는 그래프다. 필립스곡선은 원래 영국의 임금 인플레이션과 실업률 간의 관계에서 출발하였다. 1958년 필립스는 '명목임금증가율이 낮을 때는 실업률이 높고, 명목임금증가율이 높을 때는 실업률이 낮다.'는 연구결과를 발표했다. 이것이 실업률과 인플레이션 간의 관계로 확대되는 이론으로 바뀌었다. 필립스곡선이론에 따르면 '인플레이션과 실업 간에 트레이드오프(trade-off)가 존재하고, 그리하여 어느 한쪽을 올려서 다른 한쪽을 낮출 수 있다.'는 것이다. 다시 말하면 <그림 11-3>에서 정부가 5%의 자연실업률에 만족하지 않고 실업률을 2%까지 낮추겠다는 목표를 세우고 확대 통화정책을 쓰면 통화증가로 인해 인플레이션이 0%에서 4%로 증가하지만 실업률은 5%에서 2%로 떨어뜨릴 수 있다는 것이다. 이런 상충관계를 이용해 인플레이션을 올리는 비용을 통해 실업률을 낮추는 정책을 쓰거나, 실업률을 올리는 비용을 통해 인플레이션을 낮추는 정책을 쓸 수 있다는 것이다. 그러나 이 이론은 실증적으로나 인과관계 측면에서 타당하지 않다는 비판을 받았다.

실증적 결과: 밀턴 프리드먼의 장기 필립스곡선

필립스곡선이론의 문제점을 지적한 대표적인 학자가 밀턴 프리드먼이다. 1960년대 말 프리드먼은 장기에 인플레이션과 실업률 간에 트레이드오프관계가 존재하지 않는 실증분석 결과를 발표하였다. 인플레이션을 높여 잠시 실업을 치유할 수 있지만, 사람들이 사태를 파악하고 물가상승을 예상하는 순간 인플레이션이 경제 활동을 자극하는 힘은 사라지고 장기에 실업은 줄이지 못한 채 인플레이션만 가속화된다고 하였다. 이 실증분석 결과에 따르면 트레이드오프관계는 인플레이션과 실업 간에 있는 것이 아니라 현재의 실업과 미래의 실업 간에 있다고 할 수 있다.

이것을 <그림 11-3>을 이용해 설명해보자. 정부가 인플레이션을 4%로 올려 실업률을 2%로 떨어뜨릴 경우 시간이 흐르면서 근로자들은 자신들의 임금이 올랐지만 물가상승을 감안하면 실제로 소득이 늘어난 것이 없음을 인식하게 된다. 그렇게 되면 근로자들은 다시 임금 인상을 요구하게 되고 이는 고용감소로 이어져 2%였던 실업률이 다시 5%로 상승한다. 결국 실업률은 종전과 같이 5%가 되고 물가만 상승하게 된다. 이때 정부가 또 다시 실업률을 2%로 낮추려고 한다면 통화량을 늘리면 물가는 4%에서 8%로 높아지고 실업률은 2%로 낮아지겠지만 근로자들의 행태변화로 다시 5%까지 상승한다. 결국 장기적으로 정부정책은 실업률을 낮추지 못하면서 물가만 상승시키는 결과를 초래하게 된다. 그리하여 밀턴 프리드먼은 필립스곡선은 장기에 수직이 된다고 하며, 실업률과 인플레이션 간의 상충관계를 부정하였다.

필립스곡선이론의 인과관계 문제점

필립스곡선은 원인과 결과를 잘못 이해하고 적용하고 있다. 일반적으로 경제가 완전고용에 가까울 때 가격과 임금은 상승한다. 완전고용에 가까워 실업률이 낮은 시기에는 직장을 구하는 사람들이 치러야 하는 비용은 상대적으로 낮고, 기업가들이 인력을 구하는 비용은 높다. 그래서 현재의 임금에 만족하지 못하는 근로자들이 쉽게 일자리를 그만두고 새로운 일자리를 찾으려는 경향이 많고, 기업가들은 새로 사람을 구하기보다는 현재 일하고 있는 종업원들이 떠나지 않도록 하기 위해 높은 임금을 제시하게 된다.

재화와 서비스의 시장에서도 마찬가지다. 경제가 완전고용에 가까우면 기업가는 원자재 구하기가 쉽지 않다. 따라서 다른 공급원을 찾기보다는 현재 거래하고 있는 원자재 공급자에게 더 높은 가격을 지불하려고 한다. 그리하여 재화와 서비스 가격이 오른다. 반대로 실업률이 높고 유휴 생산설비가 많이 있는 시기에는 가격이 내려간다. 결론적으로 말하면 완전고용이 가격과 임금의 상승을 유발하고, 높은 실업과 많은 유휴 생산설비가 가격과 임금의 하락을 유발하는 것이다. 요컨대 고용수준이 원인이고 가격과 임금은 결과인 것이다.

필립스곡선이론이 인플레이션과 실업률 사이에 트레이드오프관계가 있다는 것은 이러한 인과관계를 전도해서 생각하는 것이나 다름없다. 왜냐하면 트레이드오프관계를 이용하여 인플레이션을 통해 실업을 치유할 수 있다고 하는 것은 인플레이션이 원인이고 고용이 결과라는 것을 시사하기 때문이다. 따라서 필립 스곡선이론은 타당하지 않을 뿐만 아니라 정책당국자가 인위적으로 인플레이션을 초래하여 실업률을 낮출 수 있다는 견해는 매우 위험하다.

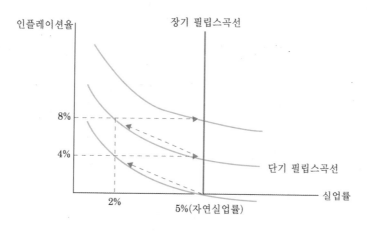

| 그림 II-3 | 필립스곡선

역사적 데이터에 의미를 부여하려면 데이터로부터 추론되는 것이 아닌 반박될 수 없는 진실로부터 나오는 이론을 바탕으로 해야 한다. 예를 들어 인간은 의식적으로 목적을 갖고 행동하는 것이라는 기초에 근거한 이론이 바로 그것이다. 인간이 의식적으로 목적을 갖고 행동한다는 명제는 반박될 수 없기 때문이다. 미제스가 말했듯이 참된 원인이 알려지지 않는 자연과학과는 달리 경제학에서는 인간이 의식적으로 목적을 가지고 행동한다는 사실로 근본적인 참된 원인이 무엇인지 확인할 수 있다. 필립스곡선은 기본적으로 특정 기간 동안 발견된 인플레이션과 실업률 간의 상관관계에서 나온 것이다. 그런 상관관계를 가지고 원인과 결과의 관계를 말하는 것은 오류다.

실업률과 관계없이 지출 증가가 생산에 의해 뒷받침되는 한 인플레이션은 발생하지 않는다. 통화공급 증가와 같은 생산이 뒷받침되지 않는 지출이 일어날 경우 인플레이션이 발생한다. 통화공급이 증가하면 생산이 뒷받침되지 않는 소비가 일어난다. 그래서 다른 모든 것이 일정하면 재화와 서비스의 가격들이 오른다. 이런 사실에 비춰볼 때 필립스곡선이론이라는 것은 원천적으로 불안정한 것이다.

3. 중간목표제

앞에서 살펴본 바와 같이 통화정책 운영방식은 시대에 따라 변천해 왔다. 뿐만 아니라 국가마다 달리 운영되고 있다. 어떤 통화정책 운영방식이 가장 좋은 것인지 알아보기 위해 다양한 통화정책 운영방식을 검토해 볼 필요가 있다. 통화정책 운영의 핵심은 물가안정이라는 궁극적인 최종목표를 달성하는 것이다. 이것에 대한 다양한 제도들이 제시되고 있다. 다음 절부터 이 다양한 제도, 즉 통화량목 표제, 인플레이션목표제, 명목GDP목표제를 살펴보기로 한다.

■ 통화량목표제

통화량목표제는 통화지표(M1, M2 등)의 증가율을 중간목표로 설정하고 이를 달성하는 방식이다. 통화량목표제는 통화량과 물가 간의 안정적인 관계가 있다는 것을 전제로 하고 있다. 이러한 전제가 현실 경제에서도 잘 성립하는 경우 중앙은행은 통화량을 적절히 관리함으로써 물가를 안정시킬 수 있다. 통화량목 표제의 경우 중앙은행이 재량적으로 운영할 수 있고 준칙에 따라 운영할 수 있다. 하나씩 살펴보기로 하자.

재량적 통화정책

재량적 통화정책은 중앙은행이 통화정책 목표와 그것을 성취하는 방법을 정하고 상황에 따라 임의로 변경할 수 있는 것을 말한다. 재량정책은 화폐수요, 즉 화폐의 유통속도와 다른 거시변수들이 변화하면 화폐공급이 그러한 것들의 변화를 상쇄하는 방향으로 조정되어야 한다는 논거에 근거한다.[3] 경기변동이나 다른 거시경제목표를 안정화하기 위해 그러한 변화를 상쇄하기 위해 중앙은행이 통화량을 조절하는 조치를 취해야 한다는 것이다. 화폐의 유통속도는 매우 불안정할 뿐만 아니라 유통속도 변화가 명목소득을 변화시켜 후생을 감소하는 쪽으로 움직이기 때문에 통화당국이 화폐공급을 의도적으로 조정해야 한다는 것이다. 이러한 재량적 통화정책은 중앙은행이 화폐수요를 정확히 추적할 수 있다는 것을

---

3) 많은 정책집행자들은 통화정책에 대한 준칙을 따르기를 꺼린다. 이 이유는 일단 어떤 특정 준칙에 고정되면 경제의 구조적 변화로 인해 그 준칙이 적절치 못한 정책이 될 것이라고 생각하기 때문이다. 이것을 잘 대변하는 의견은 알렌 그린스펀 연방준비제도이사회 의장의 연설에 잘 나와 있다. Greenspan(1997)을 참조하기 바람.

전제로 한다. 그러나 화폐수요를 추적하는 데 있어서 여러 가지 정보문제로 인해 재량적 통화정책의 성공적인 수행이 어렵다.

첫째, 필요한 정보를 수집하는 데 있어서 존재하는 시차문제다. 부분지준은행 제도에서 유동성을 유지하기 위해서는 지준보유를 세심하게 관찰할 필요가 있다. 공개시장조작, 할인율, 혹은 법정불환지폐의 발행을 통해 유동성을 제공할 수 있는 중앙은행제도에서 화폐의 과잉발행에 대한 즉각적인 피드백과정이 없다. 중앙은행이 통화가 과잉공급되었는지를 알 수 있는 유일한 방법은 물가수준이 오른 이후다. 대중이 원하는 것 이상으로 중앙은행이 통화를 발행하면 사람들은 재화와 서비스에 그것을 지출하여 물가를 상승시킨다. 또 은행에 예금하는 경우 은행의 지준보유량이 증가하여 그것으로 인하여 새로운 대출과 예금이 창출된다. 결국 이것 역시 물가수준을 끌어 올리게 된다. 어떤 과정이든 시간이 걸리고 물가수준에 관한 데이터가 수집되는 경우에 새로운 화폐발행과 물가수준의 변화를 통하여 인지하는 데는 많은 시차가 존재한다. 결국 중앙은행은 물가수준의 상승이나 실업이 발생하는 것을 발견하게 될 때 가서야 실수했다는 것을 알게 된다. 또한 물가라는 것이 비화폐적 요인에 의해 변동할 수 있기 때문에 물가변동이 화폐요인에 의한 것인지에 대한 분명한 신호를 갖기가 어렵다. 설령 화폐수요 등에 관한 데이터를 신속 정확하게 입수한다고 하더라도 시뇨리지 인센티브로 인해 중앙은행이 화폐균형을 유지하려는 정책을 고집할 유인이 있는지에 대한 의문은 여전히 존재한다. 이 인센티브 문제로 인해 데이터 문제에 직면한 중앙은행이 인플레이션 경향(inflationary bias) 통화정책을 쓸 가능성이 높다.

둘째, 중앙은행이 직면한 또 다른 문제는 정확한 통화승수값을 잘못 추측할 수 있다는 점이다. 설령 정확히 화폐의 유통속도를 예측하였다고 할지라도 그에 맞게 통화량을 공급하기 위해서는 중앙은행이 정확한 통화승수값을 가지고 있어야 한다. 그러나 통화승수는 일반 대중이 원하는 현금과 요구불예금 간의 비율, 은행들이 원하는 초과지준율의 영향을 받기 때문에 이러한 요인들이 변한다면 통화승수 역시 변할 수 있다. 이러한 요인들은 중앙은행의 통제밖에 있는 것들이기 때문에 중앙은행은 사실상 정확한 통화승수를 가질 수 없다. 그렇게 되면 결과적으로 적극적인 통화정책의 좋은 의도는 왜곡되고, 모든 외부변화의 효과를 상쇄하기 위해 방어를 해야 하는 처지에 놓이게 된다. 여기에 첫 번째에서 설명한 데이터를 얻는 데 직면하는 지식의 문제가 더해지면 중앙은행은 더욱 어려움에 처하게 된다.

중앙은행의 재량적 정책이 정보 문제로 인해 성공적으로 수행되기 어려운 것도 문제이지만 보다 더 큰 문제는 화폐분야에서 가격의 신호기능을 왜곡하는 것이다.[4] 일반 대중이 소비를 감소하고 보다 많은 화폐를 보유함으로써 저축을 선택한다면 은행제도와 투자자들은 시간선호가 하락했다는 신호를 받아 이자율과 대출이 적절한 방향으로 조정되어야 한다. 만약 중앙은행의 개입이 없으면 은행은 지준을 감소시키고 시장이자율이 상승하고 총대출 활동이 준다. 그러나 여기에서 중앙은행이 공개시장 매입을 할 경우 은행은 새롭게 창출된 지준금을 대출해 줄 인센티브를 갖는다. 이러한 대출 증가는 시장신호와는 정반대되는 것으로서 화폐불균형을 초래해 그에 따른 경제문제가 나타나게 된다.

준칙에 의한 통화증가율 고정정책

준칙제도는 통화당국이 상당기간 동안 정해진 준칙 혹은 피드백과정에 의해 결정된 어떤 목표를 성취하는 것으로써 그 목적과 수단은 통화 당국의 통제 밖에 있다.[5] 대표적인 것이 프리드만의 통화공급 k%준칙이다.[6] 이 준칙정책은 유통속도가 사실상 불안정지 않고 시간에 걸쳐 상당히 예측할 수 있는 방향으로 움직인다는 논거에 근거한다. 재량적인 정책이 아닌 유통속도의 예측 가능한 변화에 맞춘 화폐공급준칙으로 화폐균형 혹은 안정된 물가수준을 유지할 수 있다는 것이다.

통화준칙은 보통 화폐의 소득속도가 장기적으로 안정적이라는 이론적, 경험적 가정 하에 세워진 것이다. 통화공급의 고정증가율을 지지하는 사람들은 유통속도의 단기적 변동이 일반적인 장기추세만큼 중요하지 않다고 주장한다. 유통속도가

---

4) 재량적 통화정책은 동태적 비일관성 문제(time inconsistency problem) 때문에도 비판된다. 경제행위는 통화당국이 미래에 어떤 일을 할 것인지에 대한 기업과 사람들의 예상에 의해 영향을 받는다. 정책당국은 사람들이 예상한 것보다 더 확장적인 재량적 정책을 수행함으로써 산출량을 증가시키거나 실업을 감소시킨다면 이를 경험한 근로자와 기업들은 다음 기에 통화당국의 정책을 믿지 않고 인플레이션뿐만 아니라 임금과 가격에 대한 예상을 증가시킬 것이다. 그 결과 산출량은 증가하지 않고 인플레이션만 높게 상승하게 된다. 이와 같이 정부가 의도한 좋은 결과가 지속될 수 없는 것을 정책의 동태적 비일관성이라 하는데, 재량적 통화정책은 이러한 동태적 비일관성 문제를 일으킨다. 자세한 것은 Kydland and Prescott(1977)을 참조하기 바람.
5) 준칙에 대한 자세한 논의는 McCullum(2006)을 참조하기 바람.
6) 통화공급의 준칙은 Friedman(1960, 1968)을 참조하기 바람.

단기에 변동하지만 그러한 변화를 상쇄하기 위한 시도는 시차 때문에 아주 비생산적이라는 것이다. 그래서 유통속도의 장기추세를 보고 그에 따라서 통화공급준칙을 고수해야 한다고 한다. 이러한 준칙적인 중앙은행제도는 재량적인 중앙은행제도보다 우위에 있을 수 있다. 그러나 준칙적인 중앙은행제도는 앞에서 언급한 바와 같이 유통속도의 단기적인 변동에 의해 화폐의 불균형이 초래된다는 문제점을 피할 수 없다. 다시 말하면 유통속도가 장기추세 주변에서 변동한다고 해서 화폐수요가 매우 불안정하다고 믿을 필요는 없지만, 그러한 변동이 상당한 것이라면 화폐공급이 경직적인 증가율로 고정될 경우 화폐불균형이 초래될 것이다. 따라서 장기 유통속도를 목표로 하는 통화준칙은 차선의 해법일 뿐이다.

준칙이 재량에 비해 장점이 많지만 화폐공급준칙이 가격의 신호기능을 완전히 수행하지 못하게 하는 점은 마찬가지다. 사실 얼마나 많은 화폐량이 수요되는가를 결정하는 데에는 많은 기초 지식이 필요하다. 그런데 준칙적인 통화정책은 이러한 많은 지식을 무시하고 있다. 게다가 준칙의 제도에는 독점화된 통화와 중앙은행이 지준금 수준을 조절하는 능력이 여전히 존재한다. 따라서 본원통화의 공급이 시장 힘에 제약을 받지 않는다. 그에 따라 요구불예금뿐만 아니라 현금의 공급 역시 시장의 제약을 받지 않는다. 통화준칙이 재량에 의해 창출된 왜곡의 일부를 막을 수 있을지는 몰라도 여전히 작동하는 시장의 힘을 무시하고 있다.

■ 인플레이션목표제

각 중앙은행은 물가안정을 통화정책의 최우선 목표로 삼고 있다. 물가안정을 최우선으로 삼는 이유는 물가가 불안할 경우 소비, 저축, 투자, 생산 등 경제전반에 불확실성이 커져 경제 활동이 크게 위축되기 때문이다. 다시 말하면 물가불안으로 나타나는 인플레이션과 디플레이션이 경제에 많은 문제를 일으키기 때문에 이러한 문제들이 발생하지 않도록 하는 것이 물가안정의 목적이다.

인플레이션과 디플레이션이 나타나지 않는 물가안정은 제로 인플레이션을 의미한다. 그러나 실제로는 각국의 중앙은행이 제로 인플레이션을 목표로 하지 않고 양(+)의 인플레이션을 목표로 하고 있다. 그것은 제로 인플레이션이 바람직하기는 하지만 임금의 하방경직성과 같은 경제의 구조적 문제들로 인해 어느 정도 인플레이션은 불가피하고 물가상승률을 과도하게 낮추려는 것이 오히려 성장을 저해하는 등 높은 비용을 치른다는 논거에 근거한다. 또 기술진보에 따른 가격 하락으로 제로 인플레이션을 목표로 하는 것은 실제로는 디플레이션이 초래될 수 있으므로 어느 정도 인플레이션을 용인해야 한다는 논거에 근거한다.

인플레이션목표제의 첫 번째 문제점: 좋은 디플레이션과 나쁜 디플레이션을 구분하지 못함

이러한 물가안정목표는 구체적으로 특정 물가지수(소비자물가지수)를 대상으로 하며, 국가에 따라 그 목표율이 각각 다르다. 예를 들어 유럽중앙은행(ECB), 영국, 뉴질랜드는 2%, 캐나다는 1~3% 인플레이션율을 목표로 하고 있다. 한국 역시 2%를 물가안정의 기준으로 삼고 있다. 각국이 인플레이션목표제를 채택한 이후 물가가 상당히 안정된 것은 사실이다. 그러나 물가안정목표는 이론적으로나 실제에 있어서 심각한 결점을 갖고 있다. 경제 상황을 전혀 고려하지 않고 무조건적으로 물가를 안정시키는 것은 경제를 교란시키는 요인이 된다. 그러한 교란이 양의 인플레이션을 목표로 삼아서가 아니라 제로 인플레이션을 목표로 하더라도 인위적으로 물가를 안정시키는 것은 경제의 자연스러운 흐름을 방해하는 것이다.

물가안정목표제는 어떠한 경우에도 물가를 일정 수준으로 유지해야 한다는 정책이다. 그러나 이것은 경제 변화의 중요한 요소를 무시하는 정책이다. 기술진보에 따른 생산성 증가의 경우를 보자. 생산성이 증가하면 생산량이 증가하여 물가가 자연히 하락하게 된다. 물가안정목표제에 따르면 이 경우에 물가를 안정시키기 위해 통화량을 증가시켜야 한다. 그러나 이러한 정책은 경제를 안정화시키는 것이 아니라 오히려 불안정하게 만든다. 왜냐하면 통화당국이 통화량을 증가시킴으로써 균형에 있던 화폐시장을 불균형으로 만들기 때문이다. 화폐가 불균형이 되면 제7장에서 설명한 것과 같은 경제교란 효과가 나타나게 된다. 따라서 물가안정목표제는 실제로는 경제를 안정시키는 것이 아니라 경제를 불안정하게 만드는 정책이다.

일반적으로 물가안정목표제를 주장하는 사람들은 물가하락으로 인한 디플레이션이 사회적 후생을 떨어뜨린다고 생각한다. 물가하락으로 인한 디플레이션이 우려되는 것은 가동되지 않는 시설과 설비가 쌓이고 실업이 발생하는 경우다. 즉 '나쁜' 디플레이션의 경우다. 그러나 만약 물가가 하락하더라도 유휴설비가 없고 실업이 발생하지 않는다면 그것은 우려할 일이 아니다. 더구나 물가가 하락하면서 고용이 증가하고 생산이 증가한다면 오히려 사회적 후생이 증가하게 된다. 생산성 증가에 따른 물가하락이 바로 이러한 경우이다. 이것은 소위 '좋은' 디플레이션이다. 그러므로 생산성 증가에 따른 물가하락이 있을 경우 물가를 안정시킨다는 목표 하에 통화량을 증가시킨다면 그것은 오히려 사회적 후생을 감소시키는 것이 된다.[7] 따라서 경제에서의 물가안정목표제가 통화정책의 바람직한 목표가 될 수 없다.

화폐수요의 절대적 변화와 상대적 변화

물가하락에 따른 디플레이션 우려로 물가안정목표제를 고집하는 것은 화폐수요의 개념에 대한 혼동에서 비롯된다.[8] 화폐수요가 변하는 경우에는 두 가지가 있다. 하나는 소득에 대한 상대적 화폐수요, 즉 화폐의 소득유통속도가 변하는 경우이고, 다른 하나는 절대적 화폐수요가 변하는 경우다. 미래의 불확실성이 증가하여 사람들이 주어진 소득에 비해 상대적으로 화폐보유를 많이 함으로써 화폐의 소득유통속도가 하락하는 경우가 전자의 좋은 예이다. 그리고 후자는 기술진보에 따른 생산성 증가로 소득이 증가하여 화폐의 절대 보유량이 증가하는 경우다. 이것을 구별하는 것은 매우 중요하다. 어떤 화폐수요가 변하든, 즉 화폐의 소득유통속도가 변하든, 화폐의 절대수요가 변하든 변화가 있을 경우 화폐균형을 이루기 위해서는 실질화폐잔고의 변화가 필요하다. 그러나 소득유통속도의 변화가 있을 경우 화폐균형을 이루기 위해서는 명목 화폐공급량을 변화시키는 것이 바람직하고, 절대 화폐수요가 변하는 경우에는 재화들의 가격변화에 의해 화폐균형이 이루어지도록 놓아두는 것이 바람직하다.

상대적 화폐수요든 절대적 화폐수요든 화폐수요가 증가하면 물가하락의 압력이 나타난다. 상대적 화폐수요가 증가하여 소득유통속도가 하락할 때 물가가 하락하게 된다. 이것은 화폐의 교환방정식으로 설명된다. $MV = Py$에서 좌변의 유통속도 V가 하락하면 주어진 통화량 M과 생산량 y에서 우변의 물가 P가 하락함을 쉽게 알 수 있다. 여기에서 만약 재화의 가격들이 하방 경직적이라면 수량조절이 일어난다. 즉 재고가 쌓이고 유휴설비가 늘어나며 실업이 증가한다.

---

7) 생산성 기준에 의한 통화정책과 제로 인플레이션 통화정책 간의 경제학설적 논쟁에 대해서는 Selgin (1996, 163–189쪽)을 참조하기 바람.

8) 이에 대한 자세한 논의는 Horwitz(2000, 157–158쪽)을 참조하기 바람.

이러한 경우 통화공급량을 증가시키면 물가를 안정시킬 수 있고, 디플레이션의 문제를 피할 수 있다. 이러한 경우에는 물가안정목표가 의미가 있다.

그러나 생산성 변화로 인한 소득변화로부터 결과하는 절대화폐수요가 변하는 경우는 이와는 다르다. 예를 들면 한 기업가가 제품을 생산하는 데 보다 효율적인 기계를 개발하였다고 하자. 그 기업은 단위당 생산비용이 줄기 때문에 제품 가격을 인하한다. 가격을 인하하더라도 생산비용이 하락하였으므로 기업의 이윤은 증가하고, 가격 인하로 기업의 판매량이 증가한다. 뿐만 아니라 이 가격 하락은 그 제품을 사는 사람의 소득 증가를 의미한다. 이러한 소득 증가는 화폐의 실질잔고에 대한 수요를 증가시키지만, 이 수요 증가는 실질화폐잔고의 증가로 곧 충족된다. 모든 다른 가격이 변하지 않는다면 문제의 재화의 가격 하락은 물가수준을 하락시키고, 하락한 물가는 주어진 명목화폐량에서 실질화폐잔고를 늘린다. 그러한 생산성 이익이 확산될수록 소득과 화폐수요는 더욱 오를 것이다. 그러나 물가가 역시 더욱 하락할 것이고, 물가하락으로 실질화폐잔고가 증가함에 따라 실질화폐잔고에 대한 수요 증가를 충족시켜 화폐시장이 균형을 이루게 된다.

이것 역시 교환방정식을 이용하여 설명할 수 있다. $MV = Py$에서 생산성 증가로 생산량 y가 증가하면 물가 P가 하락한다. 좌변인 화폐시장에는 아무런 변화가 없다. 즉 명목화폐량 M에 전혀 변화가 없고, 다른 충격이 없는 상태이기 때문에 유통속도 V도 변하지 않는다. 이 상태에서 소득이 증가하여 화폐수요가 증가하더라도 물가하락으로 실질화폐잔고가 증가하여 화폐시장이 균형을 이루게 된다. 따라서 생산성 증가에 따른 물가하락이 있다 하더라도 물가를 안정시키기 위해 통화량을 늘릴 이유가 하나도 없는 것이다. 만약 여기에서 물가를 안정시킨다는 목적 하에 통화량을 증가시키면 화폐시장에 불균형이 생긴다. 화폐의 초과공급이 발생하여 그로 인해 상대가격이 왜곡된다. 제7장에서 설명한 상대가격 왜곡으로 인한 폐해가 나타난다. 생산성 증가와 같은 요인으로 물가가 하락한다면 그것은 자연스러운 것이므로 물가를 안정시키기 위하여 통화량을 늘리기보다는 물가가 하락하도록 놔두는 것이 바람직하다.9) 그러므로 물가안정목표제는 통화정책의 바람직한 목표가 될 수 없다.10)

---

9) Selgin(1997)과 Horwitz(2000, 157−159쪽)을 참조하기 바람.

10) Leijonhufvud(2007)은 "현재 상황에서 인플레이션목표제의 문제는 일정한 인플레이션율이 통화정책이 옳은지의 여부에 대한 정보를 결코 주지 않는다는 점"이라고 주장함.

화폐수요에 따른 물가하락의 결과는 상대적 화폐수요의 경우나 절대적 화폐수요의 경우나 마찬가지다. 비록 결과는 같을지 모르지만 물가가 하락하는 과정이 전혀 다를 뿐만 아니라 그 의미 또한 다르다. 전자의 경우는 화폐 측면의 변화로 물가가 변하는 것이다. 다시 말하면 화폐의 유통속도가 하락하면 화폐시장에 화폐의 초과수요가 발생하게 된다. 이것은 곧 사람들이 지출을 줄인다는 의미로 재화시장에서 수요 감소로 나타난다. 그래서 팔리지 않는 물건이 생기게 되고, 생산자들이 이를 처리하기 위해서는 어쩔 수 없이 가격을 낮추어야 하는 것이다. 다시 말하면 가격 하락이 생산자들의 자발적 행위의 결과가 아니라는 점이다. 그러나 후자의 경우는 다르다. 이는 재화생산 측면의 변화로 인해 물가가 변하는 것으로 기업 스스로의 결정에 의하여 물가가 하락하는 것이다. 생산성이 증가하면 단위당 생산비용이 하락하기 때문에 가격을 낮추어도 이윤이 생기므로 기업은 가격을 낮출 유인을 갖고 있다. 거기에다 판매량을 늘리려는 욕망 때문에 기업은 기꺼이 가격을 인하한다. 이처럼 후자의 경우는 전자의 경우와는 달리 물가하락이 기업의 자발적인 행위의 결과라는 점이다.

무조건적인 물가안정목표는 이러한 점들을 무시한다. 무조건적으로 물가를 안정시키는 것은 시장참가자들의 자발적 행위를 방해하는 것이다. 시장참가자들의 자발적 행위를 방해할 때 나타나는 문제들은 제2장에서 설명한 것처럼 가격의 정보전달 기능을 떨어뜨려 시장참가자들의 경제적 계산을 왜곡시켜 교환을 방해하고 시장경제를 교란시키는 것이다. 따라서 기술진보에 따른 가격 하락으로 제로 인플레이션을 목표로 하는 것은 실제로는 디플레이션이 초래될 수 있으므로 어느 정도 인플레이션을 용인해야 한다는 논거는 잘못된 것으로 물가안정정책은 적정치 못한 통화목표이다.

인플레이션목표제의 두 번째 문제점: 소비자물가지수만을 대상으로 함

물가안정목표제의 또 다른 문제점은 특정 물가지수, 즉 소비자물가지수(CPI)를 대상으로 한다는 점이다.[11] 제4장에서 본 것처럼 CPI를 산정할 때 포함되는 재화

---

11) 물가안정의 이론적 개념에 상응하는 딱 맞는 물가지수는 없다. 재화의 가격을 안정시키는 것이 결코 경제 활동을 안정시키는 것이 아니다. 성장하는 경제에서 소비자물가지수를 안정시키는 통화정책은 시간이 흐르면서 자원 배분을 방해한다. 예를 들어 소비자물가지수를 바탕으로 물가안정목표에 따라 이자율을 낮추면 자본재 혹은 주택과 같은 장기 자산의 가격들이 올라가게 된다. 다시 말하면 소비재와 서비스의 가격을 안정시키는 것은 자산 버블을 야기할 수 있다. 이에 대한 자세

의 범위가 한정되어 있다. 화폐량변동에 따른 재화의 가격변동은 CPI에 포함되어 있는 재화에만 국한되는 것이 아니다. 그 범위가 매우 넓다. 만약 통화량변동에 따라 CPI에 포함되어 있지 않은 재화의 가격을 심각하게 변동시켜 사람들의 생활에 크게 영향을 미친다면 CPI를 대상으로 한 물가안정정책은 잘못일 수 있다.

예를 들어 CPI를 대상으로 한 물가안정목표를 달성하였다고 할지라도 주식, 부동산 등의 자산가격이 폭등하였다면 그것은 제대로 된 물가안정목표를 성취했다고 볼 수 없다. CPI를 기준으로 하는 물가안정목표제는 버블성향의 중앙은행의 행태를 악화시킬 수 있다. 실제로 1929년 터진 자산가격의 버블과 최근 미국의 서브프라임 모기지 사태 등은 CPI의 안정성을 추구한 신용확장에 그 원인이 있다. 따라서 CPI와 같은 특정 물가지수에 국한되어 목표를 정하는 것은 통화정책 전달과정에 비추어 볼 때 위험성이 있다.

■ 명목GDP목표제(nominal GDP target)

중앙은행의 통화정책이 물가안정만을 유일한 목표로 해서는 안 된다는 주장이 제기되면서 인플레이션목표제보다는 명목GDP(실질GDP×물가수준) 성장률을 목표로 설정하는 것이 바람직하다고 주장하는 경제학자들이 있다. 이들은 명목GDP 성장률을 목표로 하는 경우 인플레이션목표제보다 상대적으로 물가뿐만 아니라 산출량을 안정시킬 수 있는 장점이 있다고 주장한다. 명목GDP 성장률 목표제 하에서는 실질성장률의 둔화가 예상될 경우 자연스럽게 인플레이션 목표가 증가한다. 인플레이션 목표가 증가함에 따라 자동적으로 확장적인 통화정책을 수행할 것이므로 산출량을 안정시킬 수 있다는 것이다.

명목GDP 성장률 목표제를 주장하는 사람들이 통화정책이 긴축인지 확장인지에 대한 기준으로 삼는 것은 특정통화지표가 아니라 명목GDP 성장률이다. 중앙은행이 확장통화정책을 통해 통화량을 늘렸다 하더라도 명목GDP 성장률이 하락했으면 그것은 확장통화정책이 아니라 긴축통화정책이라고 주장한다. 그러나 이것은 매우 위험한 발상이다. 만일 중앙은행이 명목GDP가 하락에 따른 침체를 확장적 통화정책으로 대응하면 우리가 제7장에서 배운 것처럼 상대가격을 왜곡시킨다. 특히 이자율을 자연이자율 이하로 끌어내려 기업가들에게 잘못된 신호

한 논의는 Mises(1980[1912])와 Hayek(1935)를 참조하기 바람.

를 유발하여 붐과 버스트를 야기한다.

■ 실제 통화정책: 인플레이션−이자율목표제

한국은행을 비롯한 대부분의 중앙은행은 인플레이션목표제를 선택하면서 그것을 달성하기 위해 현재 기준금리를 정하는 이자율목표제를 선택하고 있다. 목표 기준금리를 결정할 인플레이션만을 고려하는 것이 아니라 고용이나 경제성장 등을 고려한다. 따라서 기준금리를 설정하는 데에 있어서 중앙은행의 재량이 요구된다. 이러한 점 때문에 현재의 인플레이션−이자율목표제는 준칙이 아닌 재량적 통화정책이다.[12] 인플레이션−이자율목표제는 앞에서 언급한 재량적 통화정책의 문제점을 가지고 있다. 재량적으로 결정되는 이자율은 제4장에서 설명한 자연이자율과 괴리가 있을 수밖에 없다. 중앙은행이 결정한 이자율이 자연이자율과 괴리가 발생하면 제7장과 8장에서 설명한 화폐불균형에 따른 문제들이 발생한다. 2008년 글로벌 금융위기가 발생한 것, 그리고 금융위기 이후 소득불평등이 악화된 것 등이 단적인 예다. 그리고 중앙은행이 기준금리의 조정을 통해 중장기적인 물가안정목표와 단기적인 고용이나 경제성장 목표의 달성을 추구한다면 앞에서 언급한 테일러 룰에 대한 비판을 피할 수 없다.

---

12) 인플레이션−이자율목표제가 통화정책에 규율과 책임성을 부여하여 동태적 비일관성 문제를 해결하면서 예상치 못한 경제상황의 변화에 신축적으로 대응할 수 있는 재량이 있다는 점에서 '절제된 재량'이라고 표현하는 경우가 있다.

4. 비전통적(unconventional) 통화정책: 양적완화

2007~2009년의 글로벌 금융 위기와 심각한 불황에 대응하여, 많은 선진국 중앙은행들은 정책금리를 0에 가까운 수준으로 낮췄다. 그러나 경제성장률이 저조하자 일부 중앙은행들이 경기부양을 위해 정책금리조정과 같은 기존의 전통적인 방법이 아닌, 소위 '비전통적' 통화정책을 사용했다. 비전통적 통화정책에는 국채매입 등을 통한 양적완화(quantitative easing), 마이너스 금리정책 등이 있다.

■ 양적완화

양적완화는 정책금리가 제로 하한(zero lower bound)에 도달하여 중앙은행이 추가적으로 금리를 인하하기 어려운 상황에서 국채매입 등을 통해 유동성을 확대하고 장기시장금리의 하락을 유도하는 정책이다. 중앙은행의 대차대조표 규모나 구성을 변화시키기 때문에 대차대조표정책(balance sheet policy)이라고도 한다. 양적완화는 금융위기 동안 경제 활동을 촉진하고 신용경색을 완화하는 데 그 목적이 있었다.

양적완화의 실례들

양적완화정책을 가장 적극적으로 실행한 중앙은행 중의 하나가 일본은행이다. 일본은행은 2001년부터 15년 이상 시행했다. 잉글랜드은행은 2007년 시작된 글로벌 금융위기의 여파로 양적완화를 활용했다. 그 규모가 2020년 말까지 8,950억 파운드에 달한다. 유럽중앙은행(ECB)은 2015년부터 600억 유로 규모의 전면적인 양적완화정책을 시행했다. 미국의 연준은 2008년 금융위기에 대처하기 위해 양적완화를 시작했고, 2009년과 2014년 사이에 3차례에 걸쳐 4조 달러 이상의 자산을 매입했다. 코로나 바이러스 대유행의 대응으로 연준은 양적완화를 2020년 3월부터 다시 재개하며, 2021년 6월까지 3조 달러 이상의 장기 국채와 회사채를 매입했다.

양적완화의 효과

중앙은행들이 자산들을 매입하면 시중에 유동성이 증가하고, 채권가격이 상승하면서 이자율이 하락한다. 증가한 유동성이 주식시장으로 유입되어 주가 상승을 유도한다. 중앙은행은 낮은 금리로 기업과 소비자들이 돈을 빌리고, 주식시장에 투자하고, 고용을 늘리고, 소비지출을 늘려 경기부양에 도움이 될 것으로 기대한다. 그러나 이러한 긍정적인 효과보다는 부정적인 효과가 훨씬 크다.

양적완화의 가장 큰 위험은 인플레이션이다. 우리가 배운 바대로 화폐공급이 많아지면 결국 재화와 서비스의 가격이 오르게 된다. 양적완화는 주식과 부동산 등 자산가격을 폭등시켜 자산 버블을 일으킨다. 그리하여 이미 주식과 부동산을 보유한 사람의 부를 증가시켜 부의 불평등을 야기한다. 이것은 우리가 앞에서 배운 것처럼 화폐불균형이 발생할 경우 나타나는 결과들이다.

■ 마이너스 금리정책

마이너스 금리 실행 국가

마이너스 금리정책은 중앙은행이 금융기관 등과의 거래에 적용하는 금리를 음(−)의 영역까지 인하하는 것을 말한다. 구체적으로 은행들이 중앙은행에 맡기는 초과지준금 등에 중앙은행이 수수료를 받는 것을 말한다. 이렇게 하는 이유는 은행들이 지준금을 많이 보유하지 말고 기업과 가계에 대출하게 하여 소비와 투자를 촉진하려는 의도에서다. 글로벌 금융위기 이후 ECB와 일본, 스웨덴, 덴마크, 스위스 등의 중앙은행들이 정책금리를 제로 수준으로 인하한 이후에도 경기회복이 지연되고 디플레이션 우려가 심화되자 정책금리를 마이너스 수준으로 인하했다. 그러나 ECB, 일본은행 등 기축통화국 중앙은행과 스웨덴, 덴마크, 스위스 등 소규모 개방경제의 중앙은행의 정책적 목적은 달랐다. ECB와 일본은행은 글로벌 금융위기 이후 정책금리를 통상적인 제로 하한보다 더 낮은 수준으로 인하함으로써 실질금리의 하락을 도모할 목적으로 마이너스 금리를 도입하였다. 반면 스웨덴, 덴마크, 스위스 등 소규모 개방경제의 중앙은행은 ECB의 통화정책 완화 확대에 따른 과도한 자본유입과 그로 인한 자국 통화가치 상승을 막기 위해 마이너스 금리를 도입하였다. 다시 말하면 자국 통화가치 상승은 수출 부진, 수입 물가하락 등을 초래하고, 그 결과 의도하지 않은 금융 긴축상황이 조성될 수 있기 때문에 이러한 부정적 영향에 대응하고자 마이너스 금리를 도입하였다.

마이너스 금리 효과

마이너스 금리정책의 목적은 궁극적으로 투자와 소비를 늘리기 위함이다. 마이너스 금리가 그러한 목적을 달성할 수 있을지 보기로 하자.

사람들의 시간선호에 따른 이자율은 양(+)이다. 시중에서 적용되는 금리가 시간선호에 따른 이자율보다 낮으면, 자본가들은 자본투자로 본래의 이자를 얻을 수 없다. 그러므로 자본가는 자본을 제공하지 않는다. 투자가 이뤄지지 않는다. 자본 수요자는 통화공급 증가에 따른 가용투자자금이 실제로 사람들의 저축에 의해 뒷받침되는 것이 아니라는 사실과 낮은 금리가 항구적으로 지속되지 않고 오르리라는 사실을 경험적으로 체득함에 따라 그런 투자는 결국 과오투자로 밝혀질 것이라는 점을 안다. 그래서 자본을 수요하지 않는다. 경제전반적으로 생산을 위한 자본을 축적하지 않아서 오히려 자본이 잠식된다. 자본재에 대한 순투자가 음이 되어 생산구조가 유지되지 못하고 소비구조와 생산구조의 괴리가 발생하는 문제가 발생한다.

기업들이 현금성 자산을 많이 보유하고 있는 이유는 두 가지다. 하나는 불확실한 미래에 대비하거나 새로운 투자처를 찾지 못하기 때문이고, 다른 하나는 낮은 금리 때문에 자본을 제공할 유인과 수요할 유인이 없기 때문이다. 아주 낮은 금리 수준에서 자신의 시간선호에 따른 이자를 얻을 수 있는 기회를 박탈당한 자본가들은 투자하지 않는다.[13] 오히려 기존의 자본을 소비할 수도 있다. 그래서 경제 전체의 자본스톡은 감소하고 경제는 퇴보할 것이다.

한편 일반소비자는 자신의 시간선호에 미치지 못하는 금리를 제공하는 금융기관에 예금하기보다는 시간선호에 따른 이자수익을 얻을 수 있는 다른 대안을 모색하면서 다른 형태의 저축을 늘리려고 할 것이다. 소비자들의 소비/저축 비율은 시장금리가 아니라 자신들의 주관적인 시간선호에 의존하기 때문에 은행이 아닌 자산시장으로 몰릴 것이다. 지금 저금리시기에 자금이 자산시장으로 쏠리는 것은 이런 사정을 반영하는 것이다. 중앙은행의 마이너스 금리정책으로 얻으려고 하는 소비와 투자 증가 목적은 달성할 수 없고 오히려 생산구조를 망가뜨리는 결과를 초래하게 된다.

---

13) 일본의 저금리 환경 때문에 지난 30여 년 동안 일본의 해외순투자가 GDP의 60%(3조달러)를 차지할 정도로 증가했다. 이것이 일본 국내에 투자되었다면 일본의 경제상황은 크게 달라져 '잃어버린 30년'을 경험하지 않았을 것이다.

■ CBDC(중앙은행디지털화폐)와 마이너스 금리정책

제2장에서 설명한 바와 같이 CBDC는 중앙은행이 발행하는 디지털화폐다. CBDC 하에서는 마이너스 금리정책이 가능하다고 주장하는 사람들이 있다. 현 시스템에서는 실행하기 어려운 마이너스 금리 통화정책도 가능하다는 것이다. 종이현금이 존재하는 시스템 하에서는 중앙은행이 디지털 현금에 마이너스 금리를 부과하면 사람들은 디지털 현금을 현금으로 전환해서 보유하게 돼 소비 증가를 통한 경기 부양 효과가 나타나지 않을 수 있지만, CBDC가 보편화 된 사회에서는 가능할 수 있다는 것이다. 중앙은행이 디지털현금에 마이너스 금리를 부과하면 사람들이 디지털현금을 보유하지 않고 소비하는 데 사용할 것이기 때문이다. 이런 점 때문에 통화정책을 통해 경기를 부양할 수 있는 중앙은행의 힘이 강화된다고 주장한다. 그러나 통화를 과다하게 발행한 결과는 재앙이었음을 상기한다면 CBDC는 결코 좋은 화폐제도가 아니다. CBDC를 과다하게 발행하면 사람들은 CBDC 대신 금이나 다른 안정적인 디지털화폐로 옮겨가 사용할 수 있다. CBDC는 교환의 매개체 지위를 잃을 수도 있다.

CBDC는 통화정책뿐만 아니라 금융제도에 커다란 영향을 미칠 것이다. CBDC는 전 국민이 은행이 아닌 중앙은행에 계좌를 갖고 있는 것이나 마찬가지다. 그래서 CBDC가 상용화되면 사람들의 은행예금이 크게 줄어들 것이다. 사람들이 은행에 예금을 잘 하지 않는 '은행회피현상'이 발생할 것이다. 이것은 은행이 전통적으로 해왔던 예금을 통한 자금조달이 어렵게 된다는 것을 의미한다. 은행시스템에 커다란 변화가 있을 것이다. 뿐만 아니라 은행이 예금을 통한 자금조달이 어렵게 되기 때문에 은행은 직접 채권을 발행하던가, CD발행을 늘리던가, 아니면 또 다른 방법을 이용해서 자금을 조달할 것이다. 이렇게 되면 일반은행과 다른 금융회사 간의 경쟁이 격화될 것이고, 은행과 다른 금융회사들 간의 차이도 점점 사라지게 될 것이다.

CBDC의 가장 큰 문제는 '빅 브라더'의 출현 가능성이다. CBDC가 세금 회피를 방지하고 불법적인 활동을 줄이는 데 기여할 수 있다고 하지만, 다른 측면에서 보면 정부가 국민의 사생활을 다 들여다볼 수 있음을 시사한다. 지폐는 흔적을 남기지 않지만, 디지털화폐는 거래 흔적을 남긴다. 정부가 국민을 감시하고 통제하기가 쉬워진다.

중앙은행제도의 한계와 대안

　제7장과 8장에서 우리는 화폐의 불균형이 있을 경우 경제의 모든 시장에 영향을 미쳐 가격기능 능력을 떨어뜨린다는 것과 인플레이션, 소득 및 부의 불평등, 붐—버스트 등 여러 가지 문제를 야기함을 알았다. 그리고 국가의 화폐제도의 공식적인 규제자로서 중앙은행의 가장 이상적인 목표는 화폐공급량을 화폐수요량에 일치시키는 것이지만, 앞장에서 본 것처럼 그 목표를 효과적으로 달성하지 못하고 있음도 알았다. 그래서 이장에서는 중앙은행의 한계를 좀 더 살펴보고 중앙은행제도에 대한 대안을 모색하려고 한다.

1. 중앙은행제도의 성과와 한계

　오늘날 중앙은행이 보편적이지만, 중앙은행제도가 도입된 것은 20세기에 들어와서다.[1] 특히 개발도상국가에서는 20세기 후반의 일들이다. 중앙은행제도가 도입되고 1970년대까지는 중앙은행의 성과는 나쁘지 않았다.[2] 중앙은행의 성과가 그리 나쁘지 않았던 것은 여러 가지 형태의 금본위나 은본위가 인플레이션을 억제하는 역할을 했기 때문이다. 1958년에서 1971까지 유지되었던 금본위제도의 가장 약한 형태인 브레튼우즈 체제 하에서도 마찬가지였다. 그러나 브레튼우즈 체제의 붕괴로 인플레이션에 대한 외부통제가 사라지자 중앙은행의 성과는 매우 나빠졌다.

　우선 브레튼우즈 체제의 붕괴로 불환화폐체제로 전환된 이후 전 세계적으로 화폐가치가 급격히 감소하였다. 1972~99년 기간 동안 102개의 국가들 중 화폐의

---

[1] 1900년에 18개의 중앙은행이 있었고, 2010년에 180개로 늘어났다. 2019년 UN의 회원 수가 193이므로 90% 이상의 국가가 중앙은행을 가지고 있다.

[2] Schuler(1996, 13쪽) 참조.

구매력이 90% 이상 감소한 국가가 60개국이나 된다. 그리고 75~90% 감소한 국가가 27개국, 50~75% 감소한 국가가 15개국이다. 절반 이상의 구매력을 유지한 국가는 102개 국가 중 하나도 없다.3) 한국의 원화 역시 91%나 하락했다.4)

또 1971~98년 기간 동안 중앙은행이 있는 선진국의 1인당 국민소득증가율이 연평균 2.1%이었고 인플레이션율이 연평균 8.9%였다. 중앙은행이 있는 개발도상국가의 경우 1인당 국민소득증가율이 연평균 1.1%였고, 인플레이션율이 79.7%였다. 반면 중앙은행이 없는 개발도상국의 경우 1인당 국민소득증가율이 연평균 1.8%, 인플레이션율이 연평균 11.8%였다. 게다가 중앙은행을 가지고 있는 개발도상국가의 약 1/3이 하이퍼인플레이션을 경험했던 반면, 에콰도르, 엘살바도르, 괌, 과테말라, 파나마, 푸에르토리코, 사모아, 그리고 버진아일랜드와 같은 중앙은행 없는 개발도상국가들은 하이퍼인플레이션을 전혀 경험하지 않았다.5)

2000년대 들어와서도 통화팽창의 추세는 지속되었으며, 특히 2008년 글로벌 금융위기 이후 각국은 전례 없이 많은 통화량을 공급하였다. <표 12-1>을 보면 2002~2008년 기간 동안 통화량이 미국 57.2%, 중국 168.5%, 러시아 470.1%, 한국 63.5%, 일본 2.4%였고, 전 세계적으로 GDP 대비 광의의 통화량이 3.8% 증가했다. 그리고 글로벌 금융위기 이후 2009~2019년 기간 동안 미국 51.4%, 중국 219.9%, 러시아 237.3%, 한국 86.0%, 일본 31.0%였으며, 전 세계적으로 GDP 대비 광의의 통화량이 14.3% 증가했다. 이와 같이 통화량을 팽창시키는 것은 제2장에서 설명한 주화단계에서 국가가 화폐변조를 하는 것과 동일한 것이다.

제8장에서 본 것처럼 1930년대 대공황, 2008년 글로벌 금융위기, 일본의 잃어버린 30년 등이 중앙은행의 잘못된 통화정책에 따른 시장조정과정의 왜곡 때문에 발생했다. 그리고 2008년 글로벌 금융위기 이후 각국이 막대한 통화량을 공급하였음에도 불구하고 경제는 회복되지 않고 소득 및 부의 불평등을 악화시키는 문제를 낳았다. 화폐가치가 안정되고 재화와 서비스의 상대가격 변화를 왜곡시키지 않으려면 화폐공급이 화폐의 수요에 따라 이루어져야 한다. 그러나 현재의

3) Krozner(2003, 278쪽).

4) 1972년 100원은 1999년 1,132.38원 가치가 있다. 이것을 기준으로 계산하면 화폐가치는 1972~1999년 기간 동안 91% 하락한 것으로 나온다. 각국의 화폐가치 하락은 웹사이트 INFLTIONTOOL (https://www.inflationtool.com/)을 이용하여 계산할 수 있다.

5) Gwarteny, et. al (2001, 196쪽).

중앙은행제도 하에서는 정부에 의해 임의로 화폐공급이 이루어질 뿐만 아니라 지식의 문제로 인해 중앙은행은 화폐수요의 변화에 맞게 화폐를 공급할 수 없는 근본적인 문제점을 안고 있다. 그로 인해 화폐불균형이 발생하고, 그에 따라 금융위기, 소득 및 부의 불평등 등 각종 문제들이 발생하고 있다. 따라서 향후 금융위기가 재발되지 않고, 경제적 혼란을 겪지 않으며, 소득 및 부의 불평등의 악화를 막기 위해서는 지금과 같이 정부에 의해 화폐가 무분별하게 팽창되는 화폐금융제도를 개혁해 화폐가치 안정과 경제의 불안정성을 최소화 할 수 있는 방법을 찾아야 한다.

〈표 12-1〉 전 세계적인 통화팽창(2002~2019)

구분	2002~2008(증가율%)	2009~2019(증가율%)
중국	168.5	219.9
일본	2.4	31.9
러시아	470.1	237.3
한국	63.5	86.0
미국	57.2	51.4
전 세계	3.8	14.3

*전 세계는 GDP 대비 광의의 통화(%)
자료: World Bank. https://data.worldbank.org/indicator/FM.LBL.BMNY.CN?end=2019&start=2015& view=chart

2. 화폐가치를 안정시킬 수 있는 대안

■ 금본위제도

금본위제도는 화폐가치를 금 무게기준으로 고정시켜 놓은 화폐제도를 말한다. 다시 말하면 화폐가 금으로 직접 전환되는 시스템이다. 예를 들어 천 원짜리 지폐는 1g의 금으로 교환되는 화폐제도인 것이다. 누구든 은행에 금을 가져가 정해진 비율에 따라 화폐로 교환하거나, 아니면 화폐를 금으로 바꿀 수 있다.

금본위제에서는 정부나 은행이 인플레이션을 야기할 수 있는 과다한 화폐발행을 제한한다. 정부나 은행이 화폐를 마구 발행할 경우 화폐를 금으로 바꿔달라는 사람들의 요구가 쇄도한다면 곤란한 상황에 처할 수 있기 때문이다. 금본위제에서는 정부가 원하는 만큼 화폐를 발행할 수 없기 때문에 정부가 지출을 늘리려면 세금을 걷거나 채권을 발행하여 돈을 빌리는 방법에 의존해야 한다. 이 방법들은 쉽게 눈에 띄어 국민들의 강한 반발에 직면할 수 있다. 그리하여 금본위제에서 정부는 불환화폐제도에서처럼 화폐를 마구 발행할 수 없다. 화폐가 무분별하게 공급되지 않기 때문에 화폐불균형으로 인한 문제들이 잘 발생하지 않는다. 금본위제는 환율변동에 따른 불확실성이 없어 국제거래를 촉진하고 국제시장을 확대하는 데 도움이 된다.[6]

<표 12-2>는 7개국(덴마크, 독일, 이탈리아, 일본, 스웨덴, 영국, 미국)의 순수금본위제 시기의 인플레이션율과 성장률을 1950~72년 기간과 1973~85년 기간 비교한 것이다. 1950~72년 기간은 브레튼우즈 체제이고, 1973~85년 기간은 불환화폐제도이다. 여기서 우리는 다른 체제들보다 순수금본위시기에 인플레이션율이 훨씬 낮다는 것을 알 수 있다. 모든 국가에서 순수금본위시기에 인플레이션이 가장 낮았다. 순수금본위시기에 7개국 평균 인플레이션율은 1.43%였고, 브레튼우즈 체제에서는 4.87%, 불환화폐제도에서는 7.7%였다. 인플레이션율이 순수금본위제에서 가장 낮고 불환화폐제도에서 가장 높았다.[7]

---

[6] 금본위제도가 전 세계에 걸쳐 보편적으로 도입되지 않을 경우 금본위제도를 채택한 나라는 안정된 화폐로 인해 투자자들의 안전처가 되어 과대평가될 가능성이 많다. 화폐가치가 과대평가될 경우 수출 감소와 같은 실물부문의 충격으로 어려움에 직면할 수도 있다.

[7] 금본위제시장부터 1896년까지의 기간에 7개국 모두에서 디플레이션을 경험했다. 그러나 경제성장률은 브레튼우즈 체제보다는 낮았지만 불환화폐의 경우보다는 높았다. 7개국 평균경제성장률은 이 시기에 2.53%, 브레튼우즈 체제에서 4.57%, 불환화폐제에서 1.77%였다. Allan H. Meltzer and Saranna Robinson(1989, 172쪽) 표 4-3 참조.

〈표 12-2〉 순수금본위제, 브레튼우즈 체제, 불환화폐제도 하에서의 인플레이션율(%)

국가	금본위제 시작부터 1896년까지[1]	1897~1913	1950~1972	1973~1985
덴마크	−1.2	0.8	4.9	7.7
독일	−0.3	1.1	3.5	3.4
이탈리아	−0.4	1.6	4.1	13.5
일본	1.9	2.3	5.1	3.3
스웨덴	−0.9	1.3	10.5	8.7
영국	−0.4	0.9	3.1	10.5
미국	−2.0	2.0	2.9	6.8
평균	−0.47	1.43	4.87	7.7

1) 금본위제 시작부터 1896년까지로 한 이유는 국가마다 금본위제를 실시한 시점이 다르기 때문이다. 금본위제도를 실시한 시점은 덴마크와 독일이 1875년, 이탈리아 1881년, 일본 1898년, 스웨덴 1873년, 영국 1870년, 미국 1889년이다. 이탈리아는 모든 기간에서 금본위를 실시한 것은 아니었다. 1884~1894년에는 금본위였고, 1894~1913년까지는 그렇지 않았다. 그리고 일본은 1879년부터 1897년까지 복본위제도였다.

출처: Allan H. Meltzer and Saranna Robinson(1989) "4. Stability Under the Gold Standard in Practice," *Money, History, and International Finance: Essays in Honor of Anna J. Schwartz*, University of Chicago Press, 172쪽.

금본위제도에 대한 비판과 오해

금본위제를 반대하며 비판하는 사람들이 대체로 다음과 같은 비판을 한다.

첫째, 금본위제는 디플레이션을 유발한다. 이와 같이 생각하는 것은 화폐가 100% 금의 뒷받침이 되어야 하고 통화량이 고정되어 있다고 생각하기 때문이다. 그러나 금본위제도는 화폐가 100% 금으로 뒷받침될 필요가 없다. 화폐량의 일정 비율만 뒷받침하면 된다. 실제로 순수금본위제도에서도 역시 그러했다. 일반적으로 모두가 동시에 지폐를 금으로 바꾸려 들지 않기 때문이다. 이것은 현재의 부분지급준비금제도와 유사한 것이다. 그래서 금본위제에서는 통화량이 고정되어 있는 것이 아니다. 현존하는 금과 은, 미래에 추가적으로 채굴될 양을 합한 양을 바탕으로 화폐수요에 따라 화폐공급량이 늘어나거나 줄어든다. 금본위제도에서 금의 힘은 그것이 지닌 척도에 있다. 미터법을 사용한다고 해서 자의 수가 고정돼야 하는 것이 아닌 것처럼 금본위제를 한다고 해서 통화량이 고정되어 있는 것이 아니다.

또 이러한 주장에는 디플레이션은 무조건 나쁘다는 전제가 깔려 있다. 그러나 앞장에서 설명한 바와 같이 디플레이션에는 '좋은' 디플레이션이 있고 '나쁜' 디플레이션이 있다는 사실을 인지할 필요가 있다. 디플레이션과 불황 사이에 연관성이 있는 사건은 1930년대 대공황(1929~1934)뿐이고 대부분은 디플레이션과 불황 사이에 아무런 연관성이 없다는 연구결과가 있다.[8]

둘째, 금본위제가 1930년대 대공황의 원인이다. 그러나 1930년대 대공황 이전에 실시되었던 것은 제2장에서 설명한 바와 같이 순수금본위제가 아니라 금환본위제도로서 유사금본위제도(pseudo gold standard)이다. 당시에 제대로 된 금본위제를 실시하려고 했다면 영국의 파운드 가치를 평가절하 했어야 했다. 그런데 제8장에서 설명한 바와 같이 전전의 환율을 유지하려고 하락한 영국의 파운드 가치에 맞추려고 미국이 통화량을 늘려서 사달이 난 것이다. 비난받아야 할 금본위제는 순수금본위제가 아니라 유사금본위제도다. 유사금본위제도 하에서 정부 관리들의 정치적 판단에 따라 통화량을 과다하게 발행한 결과였다.[9] 그리고 대공황이 장기화 되었던 이유는 제8장에서 설명한 것처럼 스무트－홀리 관세법 등 정부의 잘못된 반시장정책 때문이었다.

셋째, 금본위제도를 유지하는 데 비용이 많이 든다. 이러한 비판은 대부분 밀턴 프리드먼의 주장에 그 근거를 두고 있다. 밀턴 프리드먼은 1959년 미국이 금본위제를 유지하는 데 드는 비용이 GNP의 2.5% 이상이 될 것이라고 추정했다.[10] 비록 프리드먼은 나중에 자신의 주장을 철회하긴 했지만 여전히 많은 사람들이 불환지폐에 비해 금본위제는 많은 실질자원비용이 드는 것으로 생각한다.[11] 이러한 비판은 '비용'을 너무 좁은 의미로 생각한다는 점에서 근거가 미약하다. 물론 지폐를 인쇄하는 것보다 금을 채굴하는 비용이 더 많이 드는 것은 사실이다. 그러나 무한정 발행할 수 있는 불환화폐제도는 그 자체로 엄청난 비용을 유발한다. 불환화폐제도가 유발한 인플레이션, 소득 및 부의 불평등, 경기순환에 따르는

---

8) Atkenson and Kehoe(2004)의 연구결과에 따르면 과거 100년간 17개국에서 발생한 디플레이션을 실증 분석한 결과 대공황을 제외했을 경우 디플레이션 중 90%의 사례에서 불황은 뒤따르지 않았다.

9) Friedman(1961)은 순수금본위제와 유사금본위제를 비교하면서 "유사금본위제는 그것을 관리해야 하는 중앙은행이나 재무부 관리들에게 재량권을 부여하는 것이므로 기본적인 자유주의 원칙을 위반한다."고 강조했다.

10) Friedman(1959)을 참고할 것.

11) 프리드먼이 자신의 주장을 철회한 것은 Friedman(1986)을 참고할 것.

문제들을 고려하면 그 비용은 금을 채굴하는 비용보다 훨씬 크다.

금본위제도의 실현 가능성

순수금본위제도는 화폐수요에 따라 화폐공급이 반응하고 화폐가 금으로 전환되는 시장주도의 화폐제도다. 이것은 시장의 힘과 금의 자유로운 흐름을 통해 장기적인 가격 안정을 가져오는 시스템이다. 2011년 미국의 유타주는 미국 조폐국이 발행한 금·은화를 지불형태로 인정하는 법안을 제정해 자체 대체통화를 도입한 첫 번째 주가 됐다. 그리고 조지아 주와 사우스캐롤라이나 주 등 몇 개 중에서 경제의 특정 부분에서 금을 지불수단으로 사용하는 계획을 구상했다.[12] 이런 사례들을 볼 때, 금본위제가 반드시 실현 불가능한 것은 아니다.

다만 순수금본위제에서는 중앙은행이 사실상 할 일이 별로 없다. 그래서 실행된다 하더라도 정부와 중앙은행이 자신들의 권한을 잃지 않기 위해 순수금본위제도보다는 정부와 중앙은행이 개입하는 유사금본위제도가 시행될 가능성이 많다. 그런 점에서 순수금본위제가 자생적으로 부활하기는 어려워 보인다. 뿐만 아니라 제2장에서 살펴본 순수금본위제 - 금환본위제 - 브레튼우즈 체제로 변천한 역사적 과정을 볼 때 순수금본위제도로의 회귀는 어려워 보인다.

■ 민간화폐제도[13]

민간화폐제도 작동원리

민간화폐제도는 민간은행에 의해 화폐가 공급되는 제도를 말한다. 즉 정부가 독점적으로 발행하는 정부화폐가 아닌 민간화폐가 사용되는 제도로서 화폐의 민영화(denationalization of money)이다. 이 제도에서는 민간은행이 예금화폐뿐만 아니라 현금으로 쓸 수 있는 지폐(은행권)를 직접 발행한다. 식당 혹은 백화점이 지리적 위치에 아무런 제한도 없고 판매할 수 있는 제품의 종류에 대한 제한이 없는 것과 마찬가지로 은행들이 고객들에게 시장 수요에 따라 현금과 예금을 자유롭게 제공한다. 오늘날 일반은행과 기업들이 발행하는 현금카드, 스마트카드, 선불카드 등의 전자화폐가 민간화폐의 일종으로 재화와 서비스를 구매하는 데

---

12) CNN(2012), "States seek currencies made of silver and gold."
   https://money.cnn.com/2012/02/03/pf/states_currencies/index.htm
13) 민간화폐제도에 대한 더 자세한 내용은 안재욱(2008)을 참고하기 바람.

많이 통용되고 있으며, 비트코인과 같은 암호화폐 역시 민간화폐의 일종이다. 그렇지만 민간화폐제도가 목표로 하는 것은 모든 통용되는 화폐의 민간 발행이다.

먼저 민간화폐제도에서 필요한 것은 은행들이 발행한 현금을 상환할 수 있는 지준매개체이다. 역사적으로 정화(正貨), 즉 금화나 은화가 은행이 발행한 현금을 상환하는 데 사용되었다. 그러나 지준매개체가 반드시 금과 은처럼 금속일 필요는 없다. 여러 재화로 구성된 바스켓이나 일정량으로 동결된 중앙은행권도 지준매개체로 사용될 수 있다. 민간의 은행권 발행에 특정 정화본위가 필요한 것은 아니며, 계산의 단위와 상환수단의 기능을 하는 불환화폐(fiat money) 하에서도 가능하다. 따라서 현재 사용되고 있는 중앙은행권을 일정량으로 고정시키고 그것을 단지 지준매개체로 사용하는 것도 한 가지 방법이다. 그러므로 어떤 것이 지준매개체로 사용되느냐는 것은 별개의 문제이고 중요한 것은 민간화폐제도 하의 은행권은 예금과 마찬가지로 은행의 부채가 되며, 예금에 대해 보유하는 것처럼 은행은 은행권에 대해 지준금을 보유한다.

각 은행은 자유롭게 자신이 가장 적당하다고 생각하는 지준보유량을 결정한다. 은행의 지준금은 결제소(clearing house)에 예치한 상환매개체(redeemable medium), 즉 지준화폐뿐만 아니라 은행 내의 금고에 보관하고 있는 상환매개체를 포함한다.[14] 결제소에 예치된 상환매개체는 은행 간 채무를 청산하는 데 사용된다. 예를 들면 A은행권을 사용하는 사람들이 그 은행권을 다른 은행, 즉 B은행에 예금하면 B은행은 결제소에서 A은행권을 발행은행인 A은행에게 청구한다. 이때 A은행은 결제소에 예치된 지준금을 사용하여 B은행에 지급한다. 이러한 방식의 예치금 잔고의 조정으로 은행 간 채무가 청산된다. 각 은행의 지준보유 결정의 기본 원리는 지준금을 적게 보유할 때 발생할 위험과 지준으로 묶어 놓을 경우 포기해야 하는 이자 간에 존재하는 상충관계로부터 나온다. 지준금을 적게 보유하면 유동성 위험에 직면할 수 있다. 만약 B은행이 고객이 예치한 A은행권을 A은행에게 제시하며 상환을 요구할 때 A은행이 충분한 지준금을 가지고 있지 않으면 상환의무를 지키지 못해 파산할 수도 있다. 한편 너무 많은 지준금을 보유하면 그만큼 대출규모가 적어져 이자수입이 적어진다. 따라서 각 은행은 이러한 상충관계를 고려하여 유동성 비용과 포기되는 이자 비용을 최소화하는 수준의 지준

---

14) 이것은 곧 시재금이다.

금을 결정한다.

개별은행이 과잉 발행하는 경우

<그림 12-1>에서 보는 바와 같이 어떤 은행이 현금공급을 사람들이 보유하고자 하는 양보다 더 많이 하면 사람들이 보유하기를 원하지 않는 화폐는 상환과정을 통해 발행은행으로 보내진다. 왜냐하면 사람들이 보유하기를 원하지 않는 양이므로 지출하게 되고 사람들이 지출한 현금은 결제소를 통해 발행은행으로 되돌아가기 때문이다. 예를 들어 사람들이 보유하고자 하는 화폐량과 실제로 보유하고 있는 화폐량이 일치하는 균형 상태에서 A은행이 현금을 더 발행하여 P라는 사람에게 대출해주었다고 하자. 차입자 P는 A은행으로부터 받은 은행권(현금)을 어딘가에 지출할 것이다. 차입자 P에게 물건을 팔고 A은행권을 받게 된 사람들은 자신들이 원하는 수준보다 더 많은 화폐를 보유하게 됨을 인식하게 된다. 그래서 원하는 양 이상으로 보유하게 된 현금을 처분하려고 한다.

원하는 이상으로 보유하게 된 현금은 보통 세 가지 경로를 통해서 처분된다. 첫째, 발행은행인 A은행에 직접 가서 기초화폐로 상환하는 것이다. 이 경우에 A은행의 지준금이 감소하고 A은행의 현금발행량이 감소한다. 두 번째 경우는 발행은행이 아닌 다른 은행에 그 현금을 예금하는 것이다. 이것이 보다 일반적인 경우일 것이다. 예금을 받은 은행은 결제소를 통해 발행은행인 A은행에게 청구함에 따라 A은행의 예치금(지준금)이 하락하고 A은행권의 유통량이 감소하게 된다. 끝으로 원하는 양 이상으로 A은행권을 보유하게 된 사람들이 그것을 지출하는 경우다. 지출자에게 물건을 팔고 그 A은행권을 받은 사람들이 선택할 수 있는 방법은 처음에 A은행권을 초과로 보유한 사람들이 직면한 것과 같은 세 가지 방법이다. 발행은행에 가서 직접 기초화폐로 상환하든가, 발행은행이 아닌 자신의 거래은행에 예금하든가, 다른 사람으로부터 재화와 서비스를 구입하는 데 지출하는 것이다. 대부분의 기업들이 은행제도를 통해 운영하기 때문에 이러한 지출은 판매자의 은행계좌로 들어가게 될 것이고, 직접 예치되는 경우와 동일한 은행 간 청산과정이 일어나게 된다. 지준금이 감소함에 따라 A은행은 지준금이 원하는 수준 이하로 하락함을 알게 된다. 원하는 수준의 지준금을 유지하기 위해 A은행은 보유하고 있는 증권을 팔거나 만기가 된 대출에 대해 만기연장(rollover)을 하지 않음으로써 지준금을 늘린다.

　한편 어떤 은행이 충분히 화폐를 공급하지 않았을 때는 앞의 경우와의 반대과정이 일어난다. 고객이 자신의 은행권을 보다 더 많이 얻으려고 하기 때문에 다른 은행의 은행권에 비하여 상대적으로 자신의 은행권의 상환이 적다는 것을 발견할 것이다. 그에 따라 지준금이 증가하게 됨을 알게 될 것이다. 지준금이 원하는 수준 이상으로 증가할 것이다. 그러면 은행은 이전에 생각했던 것보다 더 많이 대출하면서 현금발행액을 늘린다. 은행이 대중이 보유하고자 하는 것과 동일한 예금과 화폐를 생산할 때만 은행의 지준금의 변화가 없을 것이다.

　이와 같이 민간화폐제도 하에서 화폐공급과 화폐수요가 균형을 이루는 것은 과잉 발행한 은행이 직면하는 역청산(reverse clearing) 때문이다. 역청산은 경쟁자와 비교하여 과잉 공급한 은행이 다른 은행 것들을 되돌려 보낸 것보다 자신의 부채가 더 많이 되돌아와 자신이 지급해야 할 금액이 더 많아 지준금이 줄어드는 것을 말한다. 이러한 역청산에 직면하는 은행은 사람들이 원하는 화폐량보다 더 많이 화폐를 발행했다는 것을 알아차리고 화폐공급량을 줄이게 된다. 그렇게 하여 화폐수요와 화폐공급이 균형을 이루게 된다.

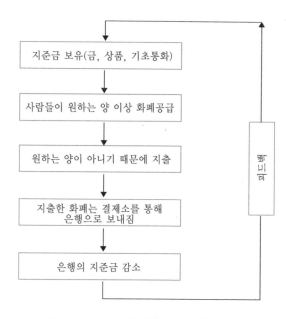

▌그림 12-1 ▌민간화폐제도에서의 화폐공급과정

민간화폐제도의 화폐균형

　민간화폐제도에서는 화폐공급이 정부에 의해 이루어지지는 것이 아니라 시장에 의해 이루어지기 때문에 중앙은행제도에서보다 훨씬 화폐균형을 잘 이룬다. 우선 민간화폐제도는 중앙은행제도와는 달리 통화정책에 정치적 개입의 가능성을 제거할 수 있다. 은행제도가 정부개입과 완전히 분리되고 화폐공급이 시장에서 결정되기 때문에 화폐공급의 정치적 결정이 완전히 배제된다. 그렇게 함으로써 정부가 은행제도를 재정수입의 원천으로서 사용할 능력을 무력화할 수 있다. 정부부채를 늘리고 정부채를 화폐화할 능력이 없다면 적자를 운영하고 부채를 늘리는 정부의 능력은 제한받게 될 것이다. 결과적으로 민간화폐제도는 정부의 지출지향 성향을 제어할 수 있는 효과적인 제도일 수 있다. 화폐공급과정에서 정치적 영향을 제거할 수 있는 점에서 민간화폐제도가 재량적인 중앙은행보다 훨씬 우위에 있다.15)

　둘째, 중앙은행의 재량적 통화정책 수행에서 존재하는 시차문제가 민간화폐제도에서는 존재하지 않는다. 중앙은행이 통화가 과잉 공급되었는지를 알 수 있는 방법은 물가가 오른 후인 반면, 민간화폐제도에서는 지준금의 변화만을 관찰하면 화폐가 과잉 공급되었는지 과소 공급되었는지를 판단할 수 있다. 예를 들어, 한 은행이 3%의 지준율을 원한다고 하자. 어떤 날에 은행의 지준율이 3% 이하로 떨어진다면 그 은행은 다른 은행의 화폐를 되돌려 보낸 것보다 자신의 화폐가 더 많이 되돌아 온 것을 발견하게 된다. 그리하여 은행이 사람들이 원하는 것보다 더 많은 화폐를 발행한 것임을 깨닫게 된다. 그런데 그 신호가 거의 즉각적이다. 은행은 자신의 지준화폐보유를 아주 쉽게 모니터할 수 있고 결제소 계좌의 현재 잔고를 컴퓨터를 통해 쉽게 접근할 수 있다. 민간화폐제도 하에서 은행은 경쟁적 청산과정을 통해 지준금의 유입과 유출에 의해 생성된 지식 신호를 이용하고, 그러한 정보를 정확하게 이용할 인센티브를 갖고 있다. 은행의 경영자들은 중앙은행이 필요로 하는 데이터를 수집할 필요가 없고, 중앙은행의 어려움인 인식시차(recognizing lag)에 직면하지 않는다. 게다가 은행경영자가 지준에 즉각적으로

15) Dwyer(1996)는 미국의 자유금융시기를 다시 연구한 결과 그 당시의 금융제도가 불안정하다는 증거가 없다는 결론을 내리며 민간화폐제도의 우위성을 주장하고 있다. 18세기에서 19세기 초까지의 스코틀랜드 금융제도는 통화정책과 중앙은행이 없었고 은행산업에 거의 법적인 규제를 받지 않았지만 매우 안정적이었음을 역사는 보여주고 있다(White, 1995).

접근할 수 있는 데이터에 기초하여 매일 매일 혹은 매시간 대출에 대한 결정을 할 수 있기 때문에 중앙은행이 직면하는 이행시차(implementation lag)도 없다. 은행들이 공개시장과 같은 우회적 경로를 통하지 않고 화폐를 수요하는 사람들의 손에 직접 화폐공급을 하기 때문에 효과시차(effectiveness lag)도 중앙은행제도 하에서보다 민간화폐제도 하에서 훨씬 더 짧다.

셋째, 민간화폐제도 하에서 은행들이 유동성과 이자 비용을 최소화하려고 하는 이윤극대화 결정 때문에 사람들이 보유하고 싶어 하는 은행부채(화폐)의 양이 창출된다. 즉 화폐균형이 유지된다.

민간화폐제도에서 화폐의 정확한 양이 공급되기 때문에 준칙에 의한 통화정책이 갖는 유통속도의 단기적 변화에 따른 화폐불균형의 문제가 존재하지 않는다. 뿐만 아니라 생산성이 변화할 때 물가를 안정시키기 위해 화폐공급량을 변화시키는 물가안정제가 야기하는 상대적 가격의 왜곡과 경제적 계산의 왜곡 문제가 발생하지 않는다. 민간화폐제도에서 화폐의 정확한 양이 공급되는 것은 앞에서 언급한 바와 같이 개별은행에 의한 의도적인 정책으로서가 아니라 오히려 적절한 제도적 틀 안에서 이윤을 극대화하고자 하는 은행들의 행위에 따른 의도하지 않은 결과인 것이다. 민간화폐제도는 화폐공급을 '보이지 않는 손'에 의존하는 것이다. 이러한 점에서 민간화폐제도 하의 화폐공급은 자생적 질서의 연장이다.

민간화폐제도의 실현 가능성

은행권을 자유롭게 발행하는 민간화폐제도가 은행권 발행을 독점하는 중앙은행제도보다 효율적이고 매우 안정적이며 훨씬 우월하다. 통화발행의 독점권을 갖고 통화정책을 통하여 통화공급을 조절하는 중앙은행제도는 사람들이 원하는 화폐수요에 맞춰 정확히 공급할 수 없을 뿐만 아니라 상대가격을 변화시켜 교환활동을 왜곡시키는 근본적인 문제를 가지고 있다. 이에 비해 민간화폐제도는 사람들이 원한 화폐수요에 맞추어 화폐를 공급하며 상대가격을 변화시키는 문제를 야기하지 않는다. 따라서 은행권 발행을 정부가 독점하고 중앙에서 통제하는 현 제도를 민간은행의 자유경쟁에 의해 은행권이 발행되는 민간화폐제도로 개혁하는 것이 바람직하다.

민간화폐제도는 기술적으로 실현불가능한 제도가 아니며 캐나다, 스웨덴, 스코틀랜드 등에서 성공적으로 실시되었던 역사적 경험도 있다. 뿐만 아니라 순수 민간화폐제도는 아니지만 현재 중앙은행이 아닌 일반은행이 발행한 은행권이 현금으로 통용되는 국가들이 있다. 홍콩이 대표적이다. 홍콩은 HSBC와 Standard Chartered은행, 중국은행이 발행한 은행권을 사용한다. 그리고 스코틀랜드에서는 스코틀랜드은행, 스코틀랜드왕립은행, 클라이드즈데일은행이 발행한 은행권과 북아일랜드에서는 아일랜드은행, 퍼스트트러스트은행, 단스케은행(노던은행),[16] 얼스터은행 발행한 은행권이 사용되고 있다. 이러한 사실에 비춰 볼 때 일반은행이 발행한 은행권이 통용되는 민간화폐제도가 실현불가능하지는 않다.

그러나 현실적으로 민간화폐제도가 실제로 실현되기는 매우 어려울 것이다. 우선 현금발행을 정부가 독점하고 중앙에서 통제하는 현 제도를 민간은행들의 자유경쟁에 의해 은행권이 발행되는 민간화폐제도로 개혁하기 위해서는 먼저 현재 중앙은행권을 기초화폐로 정하고 중앙은행권을 일정량으로 동결시킬 필요가 있다. 그리고 은행에 가해지고 있는 법정지준금, 진입규제 등의 불필요한 각종 규제를 완화하거나 제거해야 한다. 다음으로 모든 일반은행이 자신의 은행권을 발행할 수 있는 권리를 갖는 법을 제정해야 한다. 결제 기능도 민영화해야 한다. 그러한 계획은 광범위한 제도적 변화를 요구하므로 성공하기가 쉽지 않을 것이다.

게다가 그것을 시행하고자 할 때 현상유지를 원하는 기존이익집단들이 크게 반대할 것이다. 아마 가장 큰 반대는 정부로부터 나올 것이다. 민간화폐제도가 실시되면 시뇨리지를 잃고 통화정책에 대한 정부의 영향력이 사라지기 때문이다. 이것은 지금까지의 역사적 사실에서도 추론할 수 있다. 제2장에서 본 것처럼 시장에서 주화가 출현했을 때 정부가 그것의 주조권을 몰수했고, 은행권이 나타나 정부의 주화에 대한 수요가 감소하자 은행을 규제하고 은행권을 정부독점으로 만들었다. 그리고 지금 암호화폐와 같은 민간화폐가 나타나자 이를 제한하고 규제하면서 직접 중앙은행디지털화폐(CBDC)를 만들려고 한다. 이러한 사실들은 민간화폐제도로의 개혁이 가능하지 않음을 시사한다.

---

16) 노던은행이 2012년에 모회사의 이름을 따라 단스케(Dankske bank)은행으로 개명하여 2013년부터 단스케은행이 발행하는 은행권이 유통됨.

3. 현실적인 대안

금본위제도와 민간화폐제도가 사실상 실행되기 어렵다면 우리는 현 중앙은행 체제에서 화폐가치 안정과 경제의 불안정성을 최소화 할 수 있는 방법을 찾는 수밖에 없다. 그 방법은 중앙은행의 독립성과 준칙에 의한 통화정책이다.

■ 중앙은행 독립성

화폐 발행에 대한 독점력을 갖는 정부는 통화팽창의 유혹과 유인을 갖는다. 정부는 채권자와 채무자 간의 소득을 재분배하는 방법으로서, 또는 실업과 다른 정치적 중요변수들에 영향을 미치는 방법으로서 확장적 통화정책에 관심을 갖는다. 통화 증가로 인한 화폐의 가치 하락은 정부에 이익을 준다. 정부는 채무자가 가치 저하된 화폐로 부채를 갚게 함으로써 채권자를 희생하여 채무자에게 이익을 주는 행위를 할 수 있다. 채무자가 정치적으로 힘이 있는 정부 자체일 경우 더욱 그러한 인센티브를 갖는다. 또한 정부의 화폐발행에 대한 지배력은 정부의 서비스와 기능을 끊임없이 키우려고 하는 것의 원천이 된다. 정부의 서비스와 기능을 키우는 일을 하고 싶을 때 정부는 인기 없는 조세를 통해 재정수입을 증가시키는 방법에 의하지 않고 화폐발행을 이용하고자 하는 유혹을 받는다. 정부의 이러한 행위로 화폐가치가 불안정해지고, 경제가 불안정해졌다. 이러한 정치적 압력을 받지 않도록 중앙은행의 독립성을 유지할 수 있는 제도를 마련할 필요가 있다. <그림 12-2>는 2010년대에 측정한 20개 선진국에서의 중앙은행 독립성과 인플레이션의 관계를 보여준다. 이로부터 우리는 중앙은행의 독립성이 강한 국가일수록 인플레이션율이 낮다는 사실을 알 수 있다.[17]

---

17) Alesina, A. and Lawrence H. Summers(1993)는 중앙은행의 독립성이 물가안정을 촉진시킨다는 것을 보여주고 있다.

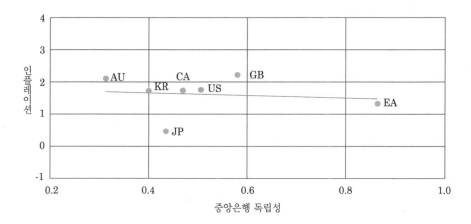

주) AU=오스트레일리아, KR=한국, CA=캐나다, US=미국, GB=영국, JP=일본, EA=유로지역

┃ 그림 12-2 ┃ 인플레이션과 중앙은행 독립성(20개 선진국, 2010년대)

출처: Dall'Orto Mas et al.(2020). "The Case for Central Bank Independence," European Central Bank, Occasional Paper Series No. 247. October, p.30.

■ 준칙에 의한 통화정책

중앙은행의 독립성은 화폐가치 안정의 필요조건은 될 수 있지만 충분조건은 되지 못한다. 중앙은행 자체가 자신의 이익을 위해 인플레이션적인 통화발행의 유인을 가질 수 있기 때문이다. 화폐가치 안정을 위해서는 중앙은행의 독립성만으로는 충분하지 않으므로 중앙은행이 재량적으로 화폐를 발행할 수 없도록 중앙은행의 행위를 제한하는 것이 필요하다.

구체적으로 보면 첫째, 중앙은행의 통화정책 목표를 화폐가치 안정에 두고, 둘째, 준칙에 따라 통화정책을 수행하도록 하여 중앙은행의 재량권을 제한하며, 셋째, 최후 대부자로서의 신용확대 범위를 제한하고 체계적인 방식으로 수행하도록 하는 것이다. 이러한 준칙에 따른 통화정책은 완전하지는 않지만 지금과 같이 재량적으로 화폐를 발행하는 제도보다는 화폐가치와 경제를 훨씬 더 안정시킬 것이다.[18]

---

18) 테일러 룰은 인플레이션 갭과 산출 갭을 고려하고 있기 때문에 기준금리를 설정할 때 중앙은행은 인플레이션을 통제하는 것뿐만 아니라 경기순환에 대응하는 것을 포함하고 있다. 이것은 중앙은행이 실업과 인플레이션에 대해 싸우는 데에 있어서 재량이 필요함을 시사한다. 따라서 테일러 룰은 사실상 재량적인 통화정책으로서 밀턴 프리드먼의 통화공급준칙과는 다르다. 그리고 테일러

만약 중앙은행이 준칙에 따르지 않고 지금과 같이 통화량을 무분별하게 발행한다면 오히려 중앙은행은 화폐발행권의 지위를 잃을 수도 있다. 비트코인과 같은 암호화폐가 출현하게 된 배경도 중앙은행의 과도한 화폐발행이다. 중앙은행이 화폐를 과다하게 발행하면 사람들은 중앙은행권 대신 금이나 민간에서 발행하는 다른 안정적인 디지털화폐로 옮겨가 사용할 수 있고, 또 다른 안정적인 화폐 대용품이 출현할 수 있다. 이것은 제2장의 화폐의 변천과정을 보면 예상할 수 있는 일이다.

4. 화폐와 통화정책에 대한 핵심

제1장부터 12장의 지금까지 배운 내용을 바탕으로 화폐와 통화정책에 대한 몇 가지 핵심을 정리해보자.

■ 통화정책의 가장 중요한 목표는 화폐가치를 안정적으로 유지하는 것이 되어야 한다.

제1장에서 설명한 것처럼 모든 재화와 서비스의 가격은 화폐로 표시되고(가치척도 기능), 모든 거래는 화폐를 통해 이뤄진다(교환의 매개 기능). 화폐가치가 안정되지 않는다는 것은 가치척도가 흔들린다는 것을 말한다. 다시 말하면 1미터의 잣대가 어떤 경우는 30센티미터가 되고 어떤 경우는 2미터가 되는 꼴이다. 이러한 잣대는 거리를 측정하는 데 있어서 아무런 의미가 없다. 마찬가지로 화폐가치가 안정이 안 된다는 것은 바로 재화와 서비스의 가치를 측정하는 데에 있어서 이와 같은 일이 벌어지는 것이고, 그것은 혼란 그 자체다. 사람들은 경제계산하기가 어려워지고 시장이 교란되면서 경제가 혼란에 빠진다. 지금 통화정책에 의해서 화폐가치가 불안정해지는 이유는 통화정책의 목표를 화폐가치 안정 이외에 경기부양을 목표로 하기 때문이다. 경기부양을 위해 돈을 계속 풀면 화폐가치가 하락하며 불안정하게 되는 것이다. 따라서 통화정책의 목표는 화폐가치 안정에 둬야 한다.

룰에 포함된 산출 갭은 필립스곡선이론을 반영한 것이기 때문에 필립스곡선이론에 대한 비판을 피하기 어렵다. 테일러 룰에서 산출 갭을 제외하면 그것은 준칙으로 활용될 수 있을 것이다.

■ 화폐를 찍어내는 것은 부(富)를 창조하는 일이 아니다.

부는 더 많은 재화와 서비스가 생산됨으로써 창출된다. 화폐는 사람들이 생산한 재화와 서비스의 교환을 용이하게 하는 역할을 할 뿐 그 자체가 부를 창출하지 않는다. 우리는 화폐를 받고 누군가에게 자신의 노동을 제공하고, 그 화폐로 다른 사람의 노동, 즉 재화와 서비스를 구매한다. 교환할 때 화폐가 오고 가지만 실질적으로 교환되는 것은 나의 노동과 다른 사람의 노동이다. 화폐는 교환의 매개체일 뿐이다.

제4장에서 들었던 예를 다시 들어보자. A가 빵을 생산한다고 할 때 그는 단지 자신이 소비하기 위해서만 생산하지 않는다. A가 생산한 대부분의 빵은 다른 생산자들이 생산한 재화와 서비스를 구매하는 데 사용된다. 빵의 생산을 통해 다른 재화와 서비스에 대한 수요를 만들어 내는 것이다. 예를 들어 A가 생산한 빵 10개 중 2개는 자신이 소비하고 나머지 8개를 다른 사람에게 10만 원을 받고 팔았다면 A가 받은 10만 원은 전적으로 그의 빵 생산에서 나온 것이다. 다시 말하면 빵은 A의 실질적인 구매수단인 것이다. 그리고 A는 그 10만 원을 또 다른 사람이 생산한 재화와 서비스를 구매하는 데 사용한다. 이것은 사람들이 실제로 교환하는 것은 자신들이 생산한 재화와 서비스라는 것을 의미하며, 생산이 먼저 있어야 수요가 있다는 것을 의미한다.

재화와 서비스의 생산이 증가하려면 도구와 기계와 같은 자본재가 있어야 가능하다. 그러한 자본재가 노동의 생산성을 증가시키기 때문이다. 그런데 자본재를 늘리기 위해서는 자본축적이 필요하다. 그리고 자본축적은 생산한 재화와 서비스를 모두 소비하지 않고 그 일부를 저축했을 경우에만 일어난다. 따라서 저축이 재화와 서비스의 생산을 증가시키는, 즉 경제를 성장케 하는 원천이다. 반대로 저축이 감소하면 경제가 쇠퇴한다.

저축은 생산한 재화 중 소비하지 않은 것이기 때문에 앞의 예에서 A가 생산한 10개 중 소비하지 않은 빵 8개는 저축이다. 빵 8개의 가치는 10만 원이므로 화폐로 계산한 A의 저축은 10만 원이다. 그 10만 원은 A가 필요로 하는 재화와 서비스를 구입하는 데 사용된다. A는 현재 소비할 수 있는 다른 재화(예를 들어 신발)를 살 수도 있고, B로부터 빵 굽는 새로운 오븐(자본재)을 살 수도 있다. A가 새 오븐을 구매한다면 10만 원이 오븐을 생산해 판매한 B에게 이전된다. 그것을 받은

B는 그 돈을 이용하여 자신에게 필요한 재화를 구입할 뿐만 아니라 생산 활동을 지속할 수 있다. A의 저축이 A와 B의 소비를 뒷받침하는 것이다. 그리고 새로운 오븐을 가진 A는 더 많은 빵을 생산할 것이다. 저축이 많을수록 최종소비재가 더 많이 생산될 것이고, 그에 따라 생활수준도 향상됨을 알 수 있다. 저축이 부를 창출하는 핵심 요소이고 경제성장의 열쇠인 것이다.

이제 통화량이 증가할 경우 생산이 증가할 수 있는지 보도록 하자. 모든 사람들의 생산이 그대로인 상태에서 중앙은행이 난데없이 화폐량을 늘리면 생산이 뒷받침되지 않은 소비가 발생한다. 동일한 양의 재화와 서비스에 대해 구매하려는 화폐량이 많아진다. 재화와 서비스의 가격이 올라 A가 보유하고 있는 10만 원으로 이전에 살 수 있었던 신발이나 오븐을 살 수 없게 된다. 요컨대 그가 가지고 있는 화폐의 구매력이 떨어지는 것이다. A의 부가 훼손되고 그의 저축의 가치가 떨어지게 된다. 이처럼 화폐량의 증가는 생산이 뒷받침되지 않는 소비를 증가시켜 부를 창출하는 자원(저축)을 감소시킨다. 앞에서 언급한 것처럼 저축이 감소하면 자본축적이 감소하므로 화폐량 증가로 실질저축이 감소한다는 것은 우리가 제7장에서 배운 인플레이션이 자본침체를 유발한다는 것과 동일한 내용이다.

한편 생산이 뒷받침되는 소비에 따른 교환이 '유(有)와 유(有)의 교환'이라면, 통화량 증가로 인해 생산이 뒷받침되지 않는 소비에 따른 교환은 '유(有)와 무(無)의 교환'이라고 할 수 있다. 이것은 늘어난 통화량을 더 많이 가진 사람에게로 부가 이동함을 의미한다. 그래서 통화량 증가는 부를 창출하지 않고 부를 재분배할 뿐이다. 이로부터 우리는 화폐가 경제성장의 요인이 아님을 알 수 있다. 화폐가 경제를 성장시키는 요인이라면 이 지구상에 가난할 나라는 존재하지 않을 것이다. 그리스, 아르헨티나, 베네수엘라 등 돈을 풀어서 경제를 살리려고 했던 많은 국가가 쇠퇴하고 경제적 어려움을 겪고 있는 이유가 바로 여기에 있다.

투자와 자본축적의 주체는 기업과 기업가다. 그러므로 투자와 자본축적의 주체인 기업에 대한 규제는 경제성장의 저해 요인이 된다. 기업에 대한 규제는 경쟁을 제한하여 가장 가치가 있는 곳에 자원을 사용하지 못하게 만들 뿐만 아니라 투자에 영향을 미쳐 자본축적을 줄여 경제성장을 막는다. 뿐만 아니라 기업규제는 기업가의 혁신 활동을 방해하여 경제성장을 둔화시킨다. 그러므로 경제 활성화와 경제성장을 위해서는 기업에 대한 규제들을 완화해 기업들이 부를 많이 창출할 수 있는 환경을 마련해주는 것이 중요하다.

■ 화폐를 통한 경기부양은 진정한 성장이 아니다.

금리를 인하하거나 통화공급을 늘리면 일시적으로 재화와 서비스가 증가하면서 붐을 이룬다. 그러나 이것은 존재하는 생산적인 자원, 즉 자본재를 잘못 사용한 (투자한) 결과로서 나온 것이다. 시간이 흐르면서 잘못 착수한 투자 프로젝트를 청산해야 하는 상황에 직면하게 되고, 경제는 버스트 국면에 이른다. 또한 이것은 앞에서 설명한 것처럼 생산이 뒷받침되지 않은 소비에 따른 결과이기도 하다. 생산이 뒷받침되지 않는 소비 증가는 부를 창출하는 자원, 즉 자본축적을 감소시켜 시간이 흐르면서 실질 경제성장을 저해한다. 시간이 흐르면서 실질 경제성장은 약화되고 경제가 불안정해지는 것이다. 화폐를 통한 경기부양이 진정한 성장이 아닌 것은 1970년대 스태그플레이션과 2008년 글로벌 금융위기가 잘 보여준다.

■ 통화량을 늘리면 소비자물가가 크게 상승하지 않아도 경제에 피해를 줄 수 있다.

대부분의 경제학자와 일반인은 인플레이션을 소비자물가지수 상승으로 측정한다. 그래서 통화량을 늘려도 소비자물가지수가 상승하지 않으면 인플레이션이 없거나 심각하지 않다고 생각한다. 그러나 소비자물가지수를 산정하는 데 사용하는 품목은 우리가 사용하는 재화와 서비스의 일부에 불과하다. 늘어난 통화량이 소비자물가지수 품목에 지출되지 않으면 소비자물가지수가 오르지 않고 인플레이션이 없는 것으로 나타난다. 그러나 늘어난 통화량은 미국의 서브프라임 모기지 사태와 최근의 자산가격 급등에서 볼 수 있듯이 파괴적인 자산 거품을 만들어 낼 수 있다. 게다가 새로운 통화를 일찍 입수한 사람과 늦게 입수한 사람들 간에 소득 및 부의 불평등을 야기한다.

■ 재화와 서비스의 가격 안정이라는 것은 없다.

화폐가치가 안정적이어도 재화와 서비스의 가격은 수요와 공급의 변동 때문에 항상 변하기 마련이다. 가격이 하락하면 소비자에게 이익이다. 지금 컴퓨터의 가격은 30년 전보다 90% 이상 하락했다. 이 과정에서 소비자들이 많은 이익을 보았다. 이러한 일들이 경제 전반에 걸쳐 발생한다면 물가가 하락하면서 고용이 증가하고 생산이 증가해 사회적 후생이 증가하게 된다. 사실 화폐가 안정적이라면 이런 생산성 증가는 생활비 감소로 이어질 것이다. 그러나 대부분의 경제학자와 통화당국자는 이러한 물가하락도 '디플레이션'이라고 생각하며 물가안정을 위해 통화를 늘려야 한다고 주장할 뿐만 아니라 실제로 그렇게 해왔다. 다시 한 번 강조하지만 디플레이션에는 좋은 디플레이션과 나쁜 디플레이션이 있다. 물가가 하락한다고 해서 물가안정을 목표로 무조건 돈을 푸는 것은 잘못이다.

■ 중앙은행은 금리를 조작해서는 안 된다.

지금 통화정책은 단기금리를 설정하는 쪽으로 맞춰져 있다. 경기가 과열되면 금리를 올리고 경기가 냉각되면 금리를 내린다. 금리는 현재재화와 미래재화가 교환되는 가격이다. 금리 역시 가격이기 때문에 그것을 제한하거나 간섭하면 일반재화와 서비스의 가격을 통제했을 때와 마찬가지로 사람들 간의 경제 활동을 조정하는 신호를 왜곡하여 많은 문제를 야기한다. 붐-버스트가 일어나게 하고, 소득 및 부의 불평등을 악화시킨다.

중앙은행은 금리를 조작하지 말고 금리가 시장에서 자연스럽게 결정되도록 해야 한다. 중앙은행은 통화정책을 통해 화폐가치를 안정시키는 방법으로 경제를 자극해야 한다. 화폐가치가 안정적이면 시장경제가 원활하게 작동해 경제가 성장한다. 물론 번영을 통한 더 나은 미래로 나가려면 자유로운 기업환경이 필요하다. 이를 위해서는 합리적인 규제와 조세, 그리고 법의 지배에 기초한 정치 환경에 토대를 둔 정부간섭의 최소화를 갖추는 것이다. 정부는 기업과 기업가의 활동을 위축시키기보다 촉진하는 데 힘써야 한다. 이런 환경과 함께 화폐가치가 안정되면 경제가 안정적으로 성장하며, 국가가 부강해지고 국민들의 삶이 안정적이고 풍요롭게 될 것이다.

참고문헌

안재욱(2006). 『얽힌 실타래는 당기지 않는다 ― 시장경제와 정부의 역할』, 삼성경제연구소.

_____(2008). 『시장경제와 화폐금융제도』, 자유기업원.

_____(2017). "2008년 금융위기와 화폐금융제도 개혁 방안", 『제도와 경제』, 49―79.

이상호(2013), "한국은행 공개시장조작의 이해", 한국은행.

이석륜(1984) 『한국화폐금융사연구』, 박영사.

최제민, 김성현, 박상연(2018). "글로벌 금융위기 이후 한국의 소득불평등 변화에 관한 연구", 『경제학연구』, 제66집 제1호, 115―142.

토마스 소웰(2001), 『시티즌 경제학』(서은경 역), 물푸레.

한국은행(2017). 『한국의 통화정책』. https://www.bok.or.kr/portal/bbs/P0000602/view.do?nttId=234114&menuNo=200459

한국은행(2008). 「우리나라의 통화지표해설」.

Albanesi, S. (2007). "Inflation and Inequality," *Journal of Monetary Economics*, 54(4), p. 1088―1114.

Alesina, A. and Summers, L. H. (1993). "Central Bank Independence and Macroeconomic Performance: Some Comparative Evidence," *Journal of Money, Credit and Banking*, 25(2), p. 15―162.

Angel, Cynthia and Rowley, Clare D. (2006). "Breaking New Ground in U.S. Mortgage Lending," FDIC: Outlook Summer 2006 Federal Deposit Insurance Corporation.

Atkeson, A. and Kehoe, P. (2004). "Deflation and Depression: Is There an Empirical Link?" *American Economic Review*, Vol. 94, No. 2, May, p. 99―103.

Balac, Z. (2008), "Monetary Inflation's Effect on Wealth Inequality: An Austrian Analysis," *Quarterly Journal of Austrian Economics*, Vol. 11, p. 1―17.

Barro, R. J. (1997). *Determinants of Economic Growth; A Cross―Country Empirical Study*, Cambridge, Mass: MIT Press.

Bartlett, B. (1994) "How Excessive Government Killed Ancient Rome," *Cato Journal*, Vol. 14, No.2, p. 287―303.

Baumol, W. (2002). *The Free―Market Innovation Machine: Analyzing the Growth*

Miracle of Capitalism, Princeton, N.J.: Princeton University Press.

_____(1952). "The Transaction Demand for Cash: An Inventory Theoretic Approach," *Quarterly Journal of Economics,* 66(4), p. 545−556.

Bordo, M. D. (1990). "The Lender of Last Resort: Alternative Views and Historical Experience," *Federal Reserve Bank of Richmond Economic Review,* (January/February), p. 18−29.

Burns, A. R. (1927). *Money and Monetary Policy in Early Times,* New York: Alfred E. Knopf.

Cagan, P. (1956). "The Monetary Dynamics of Hyperinflation," in M. Friedman(ed.), *Studies in the Quantity theory of Money,* Chicago: University of Chicago Press.

Cameron, R. and Neal, L. (2003). *A Concise Economic History of the World,* 4th ed. New York: Oxford university Press.

Capie, F. (1997). "The Evolution of Central Banking", in *Reforming the Financial System: Some Lessons from History,* Cambridge: Cambridge University Press.

Carr, J., Mathewson, F., and Quigney, N. (1995). "stability in the Absence of Deposit Insurance: The Canadian Banking System, 1890−1966," *Journal of Money, Credit, and Banking,* 27(4), p. 1137−1158. http://www.cepr.org/pubs/Policy Insights/PI.asp.

Cecchetti, S. G. (2008). "Monetary Policy and the Financial Crisis of 2007−2008," Policy Insight, 21 (April), p. 1−17.

Chernow, R. (2007[1990]). *The House of Morgan* (강남규 역) 서울: 프래닛

Chu, K. H. (1996). "Is Free Banking More Prune to Bank Failures than Regulated Banking," *Cato Journal,* 16(1).

CNN(2012). "States seek currencies made of silver and gold." https://money.cnn.com/2012/02/03/pf/states_currencies/index.htm.

Dall'Orto Mas, R, Vonessen, B., Fehlker, C., & Arnold, K. (2020). "The Case for Central Bank Independence," European Central Bank, Occasional Paer Series No. 247. October.

Demianyk, Y. and van Hemert, O. (2007). "Understanding the Subprime Mortgage Crisis," Supervisory Policy Analysis Working Papers 2007−05, Federal Reserve Bank of St. Louis. http://stlouisfed.org/banking/SPA/WorkingPapers/SPA_2007_05.pdf

De Soto, Jesus Huerta (2006). *Money, Bank Credit, and Economic Cycle,* Ludwig von

285

Mises Institute.

Diamond D. W. and Dybvig, P. H. (1983). "Bank Runs, Deposit Insurance, and Liquidity," *Journal of Political Economy*, 91 (June), p. 401−419.

Dowd, K. (1989). The State and the Monetary System, Hertfordshire: Philip Allan.

_____(1992). *The Experience of Free Banking*, London and New York: Routledge.

Dwyer, G. P. Jr. (1996) "Wildcat Banking, Banking Panics, and Free Banking in the United States," *Economic Review*, (December), Federal Reserve Bank of Atlanta.

Freund, C. and Oliver, S. (2016). "The Origins of the Superrich: The Billionaire Characteristics Database," WP 16−1, Peterson Institute for International Economics.

Friedman, D. and Macintosh, K. (2003). "Technology and the Case for Free banking," in Fold vary and Klein (ed.), *The Half−Life of Policy Rationales: How New Technology Affects Old Policy Issues*, New York: New York University Press.

Friedman, M. (1986). "The Resource Cost of Irredeemable Paper Money," *Journal of Political Economy*, Vol. 94. No. 3, (June), p. 642−647.

_____(1968). "The Role of Monetary Policy," *American Economic Review*, 58(1), p. 1−17.

_____(1982) "Monetary Policy: Theory and Practice," *Journal of Money, Credit and Banking*, 14(1), p. 98−118.

_____(1961) "Real and Pseudo Gold Standards." *Journal of Law and Economics* 4 October, p. 66−69.

_____(1959). *A Program for Monetary Stability*, New York: Fordham University Press.

Friedman, M. and Schwartz, A. (1986). "Has Government Any Role in Money?" *Journal of Monetary Economics*, 17(1), p. 37−62.

Garrison, R. W. (2005). "The Austrian Theory of the Business Cycle in the Light of Modern Macroeconomics," *The Review of Austrian Economics,* vol. 3, 3−29.

_____(2001). *Time and Money: The Macroeconomics of Capital Structure*. London: Routledge.

Glasner, D. (1998). "An Evolutionary Theory of the State Monopoly over Money," *Money and the Nation State*, New Brunswick(U.S.A.) and London(U.K.):

Transaction Publishers.

Goodhart, C. (1988). *The Evolution of Central Banks*, Cambridge: MIT Press.

Gorton, G. (1985). "Clearinghouses and the Origin of Central Banking in the U.S." *Journal of Economic History,* 45(2) (June).

Gwartney, J., Schuler, K., and Stein, R. (2001). "Achieving Monetary Stability at Home and Abroad," *Cato Journal,* 21(2), p. 183−203.

Hanke, S. (2009). "R.I.P. Zimbabwe Dollar," CATO INSTITUTE. https://www.cato.org/zimbabwe

Hayek, F. A. (1978). *Denationalization of Money,* 2nd ed. The Lancing, Sussex: Institute of Economic Affairs.

_____(1945). "The Use of Knowledge in Society", in F. A. Hayek, *Individualism and Economic Order,* Chicago: University of Chicago Press.

_____(1937). "Economics and Knowledge", in F. A. Hayek, *Individualism and Economic Order,* Chicago: University of Chicago Press.

_____(1935). *Prices and Production,* 2nd ed. London: Routledge & Kegan Paul Ltd.

Horwitz, S. (2000). *Microfoundations and Macroeconomics,* New York, N.Y.: Routledge.

Greenspan, A. (1997). "Rules vs. Discretionary Monetary Policy," Remarks at the 15th Anniversary Conference of the Center for Economic Policy Research at stanford University, (September 5). http://www.federalreserve.gov/broaddocs/speeches/1997/19970905.htm.

Kane, E. J. (1989). *The S&L Insurance Mess: How Did It Happen?* Washington, D.C.: Urban Institute Press.

Kaufman, G. G. (1996). "Bank Failures, Systemic Risk, and Bank Regulation," *Cato Journal,* 16(1), p. 17−45.

_____(1991). "Capital in Banking: Past, Present, and Future," *Journal of Financial Services Research,* 5, p. 385−402.

_____(1988)."The Truth about Bank Runs," In *The Financial Services Revolution: Policy Directions for the Future,* Chap. 2, Edited by Catherine England and Thomas Huertes, Boston: Kluwer Academic Publishers.

Kiff, J. and Mills, P. (2007). "Money for Nothing and Checks for Fee: Recent Development in U.S. Subprime Mortgage Market," IMF Working Paper.

King, R. C. (1983). "On the Economics or Private Money," *Journal of Monetary*

Economics, 12(1), p. 127–158.

Kirzner, I. M. (1973). *Competition and Entrepreneurship*, Chicago: University of Chicago Press.

Krozner, R. S. (2003). "Currency Competition in the Digital Age," *Evolution and Procedures in Central Banking*, (edited by Altig and Smith), Cambridge: Cambridge University Press.

Kydland, Finn E. and Prescott, Edward C. (1982). "Time to Build and Aggregate Fluctuations," *Econometrica*. 50(6), p. 1345–1370.

_____(1977). "Rules Rather than Discretion: The Inconsistency of Optimal Plans," *Journal of Political Economy* 85(3), p. 473–491.

Landes, W. and Posner, R. (1981). "Market Power in Anti–Trust Cases," *Harvard Law Review*, 94, p. 937–996.

Lijonhufvud, A. (2007). "Monetary Policy and Financial Stability," *Policy Insight*, 4 (October), p. 1–8. http://www.cepr.org/pubs/PolicyInsights/PI.asp.

Lucas, Robert (1981). *Studies in Business–Cycle Theory*. MIT Press.

Macey, J. R. and Millser, G. R. (1997). *Banking Law and Regulation*, 2nd ed. New York: Aspen Law & Business.

Matthews, L. "What Caused the Great Depression of the 1930's?" (http://www.shambhala.org/business/goldocean/causdep.html)

McCulloch, J. H.(1982). Money and Inflation 2nd edition, New York: Academic Press.

McCullum, B. T. "Misconceptions regarding Rules vs. Discretion for Monetary Policy," *Cato Journal*, 23(3), p. 365–372.

Meltzer, A. H. and Robinson, S. (1989). "4. Stability Under the Gold Standard in Practice," *Money, History, and International Finance: Essays in Honor of Anna J. Schwartz*, University of Chicago Press.

Mises, L. von (1980[1912]). *The Theory of Money and Credit*, Indianapolis: Liberty Press.

_____(1998[1949]). *Human Action*, San Francisco: Fox & Wilkes.

_____(1920). "Archiv fur Sozialwissenschaft and Socialpolitik" 47: p. 80–121 (S. Adler 번역) in *Collectivist Economic Planning: Critical Studies of the Possibilities of Socialism*, ed. by F. A. Hayek, London: G. Routledge & Sons.

Mishkin, F. (2019). *The Economics of Money, Banking, and Financial Markets*, 12th ed. New York: Pearson.

Mosley, L. (2005). "Dropping Zeros, Gaining Credibility? Currency Redenomination in Developing Nations," https://www.researchgate.net/publication/229051710.

Norton, S. W. (1998). "Poverty, Property Right, and Human Well Being: A Cross na—tional Study," *Cato Journal*, 18(2), p. 233−245.

Read, L. (1996). "I, Pencil," *The Freeman: Ideas on Liberty*, 46(5), http://www.fe—e.org/publications/the—freeman/article.asp?aid=3308 (이완재 역 "나는 연필입니다" 자유기업원).

Rockoff, H. (1975). *The Free Banking Era: A Re—Examination*, New York: Arno Press.

Rolnick, A. J. and Weber, W. E. (1984). "The Causes of Free Bank Failures: A Detailed Examination," *Journal of Monetary Economics*, 14(3), p. 267−291.

_____(1985). "Banking Instability and Regulation in the US Free Banking Era," Federal Reserve Bank of Minneapolis, *Quarterly Review* (Summer), p. 2−9.

Romer, D. (2011). "Real—Business—Cycle Theory". *Advanced Macroeconomics* (Fourth ed.). New York: McGraw—Hill, p. 189−237.

Rothbard, M. (1990). *What Has Government Done to Our Money?* Ludwig von Mises Institute, Auburn University.

_____(1962). *Man, Economy, and State(*인간, 경제, 국가)*, (전용덕, 김이석 역), 자유기업원(2019).

Schuler, K. (1996). *Should Developing Countries Have Central Banking?* Institute of Economic Affairs.

Selgin. G. (1985). "The Case for free Banking: Then and Now," *Policy Analysis* no. 60 (Oct. 21), CATO Institute.

_____(1988). The Theory of Free Banking, Totowa, N. J.: Rowman & Littlefield.

_____(1994). "How would the Invisible Hand Handle Money?" *Journal of Economic Literature* 32(4), p. 1718−1749.

_____(1996). Bank Deregulation and Monetary Order, New York, N.Y.: Routledge.

_____(1997). *Less Than Zero: The Case for a Falling Price Level in a Growing Economy*, The Institute of Economic Affairs.

_____(2005). "Currency Privatization As a Substitute for Currency Board and Dollarization," Cato Journal, 25(1), p. 141−151.

Timberlake, R. H. Jr. (1984). "The Central Banking Role of Clearinghouse Associations," *Journal of Money Credit, and Banking*, 16(1), p. 1−15.

White, L. (1999). *The Theory of Monetary Institutions,* Malden, MA: Blackwell Publishers.

_____(1995). *Free Banking in Britain: Theory, Experience, and Debate, 1800—1845,* 2nd ed. Institute of Economic Affairs.

_____(1989). *Competition and Currency,* New York: New York University Press.

Wicker, E. (1980). "A Reconsideration of the Causes of the Banking Panic of 1930, *Journal of Economic History,* 40(September), p. 571—583.

Woodford, M. (2003). *Interest and Prices,* Princeton: Princeton University Press.

찾아보기

｜국문｜

▌영문 ▌

안재욱

경희대학교 경제학과를 졸업하고 미국 오하이오 주립대학교에서 경제학 박사 학위를 취득하였다. 1989~2020년 동안 경희대학교 경제학과 교수로 재직했으며, 현재 경희대학교 경제학과 명예교수이다. 경희대학교 부총장, 한국하이에크소사이어티 회장, 한국제도경제학회 회장을 역임했고, 한국경제신문 객원논설위원으로 활동했다. 주요 저서로는 『경제학 – 시장경제원론』(공저), 『세계경제를 바꾼 사건들 50』(공저), 『자본주의 오해와 진실』(공저), 『흐름으로 읽는 자본주의 역사』, 『새경제학원론』(공저), 『시장경제와 화폐금융제도』, 『응답하라! 자유주의』, 『얽힌 실타래는 당기지 않는다 – 시장경제와 정부의 역할』, 『피케티의 <21세기 자본> 바로읽기』(공저) 등이 있으며, 역서로는 『한 권으로 읽는 국부론』, 『도덕 감성』(공역), 『화려한 약속 우울한 성과』(공역)가 있다.

화폐와 통화정책

초판발행	2022년 1월 30일
지은이	안재욱
펴낸이	안종만 · 안상준
편 집	조보나
기획/마케팅	조성호
표지디자인	BEN STORY
제 작	고철민 · 조영환
펴낸곳	㈜ **박영사**
	서울특별시 금천구 가산디지털2로 53, 210호(가산동, 한라시그마밸리)
	등록 1959. 3. 11. 제300-1959-1호(倫)
전 화	02)733-6771
f a x	02)736-4818
e-mail	pys@pybook.co.kr
homepage	www.pybook.co.kr
ISBN	979-11-303-1452-5 93320

정 가   22,000원